Max Sager
Michael McGarty

Informationsmanagement und Administration

VERLAG:SKV

Rolf Bänziger
(Tabellenkalkulation)

ist Fachvorsteher für IKA an der Handelsschule KV Schaffhausen, Dozent für SIZ-Lehrgänge und Leiter der Höheren Fachschule für Wirtschaft Schaffhausen. Er ist Ehrenmitglied im Verband Lehrende IKA.

Carola Brawand-Willers
(Schriftliche Kommunikation/
Korrespondenz)

ist IKA-Lehrende und Referentin in Weiterbildungskursen an der Wirtschafts- und Kaderschule KV Bern. Sie ist Ehrenmitglied im Verband Lehrende IKA.

Stefan Fries
(Textverarbeitung/
Textgestaltung)

ist Fachvorsteher für IKA am Berufsbildungszentrum Wirtschaft, Informatik und Technik in Willisau sowie Kursleiter am Berufsbildungszentrum Weiterbildung Kanton Luzern. Er ist Präsident des Verbandes Lehrende IKA.

Michael McGarty
(Grundlagen der Informatik/
Outlook)

Informatiker und Telematiktechniker HF, ist Lehrer an der WirtschaftsSchule Thun, an den HSO Schulen Thun Bern AG und an der European Business School AG.

Max Sager
(Informationsmanagement
und Administration)

Betriebsökonom FH, ist Lehrer am Gymnasium und an der Handelsmittelschule Thun-Schadau. Er ist Ehrenpräsident des Verbandes Lehrende IKA.

Fredi Schenk
(Präsentation)

Bürofachlehrer, unterrichtete IKA an der WirtschaftsSchule Thun und war Kursleiter für IKA-Kurse am EHB.

Haben Sie Fragen, Anregungen oder Rückmeldungen?
Wir nehmen diese gerne per E-Mail an verlagskv@kvschweiz.ch oder Telefon 044 283 45 21 entgegen.

4. Auflage 2011
Nachdruck 2012

ISBN 978-3-286-33624-7

© Verlag SKV AG, Zürich
www.verlagskv.ch

Lektorat: Katia Soland, Yvonne Vafi-Obrist
Umschlag: Agenturtschi, Adliswil

Modul 1	**IKA – Informationsmanagement und Administration** behandelt das ganze Spektrum des Büroalltags: Outlook, die richtige Wahl und den Einsatz von technischen Hilfsmitteln, die Gestaltung von Arbeitsprozessen, ökologisches und ergonomisches Verhalten und den zweckmässigen und verantwortungsvollen Umgang mit Informationen und Daten.
Modul 2	**IKA – Grundlagen der Informatik** vermittelt das nötige Grundwissen über Hardware, Software, Netzwerke und Datensicherung.
Modul 3	**IKA – Schriftliche Kommunikation und Korrespondenz** führt in die Kunst des schriftlichen Verhandelns ein und zeigt, wie Brieftexte partnerbezogen, stilsicher und rechtlich einwandfrei verfasst werden.
Modul 4	**IKA – Präsentation** vermittelt die wichtigsten Funktionen von PowerPoint und erklärt, wie Präsentationen geplant und gestalterisch einwandfrei erstellt werden.
Modul 5	**IKA – Tabellenkalkulation** zeigt die wichtigsten Funktionen von Excel auf: Berechnungen, Diagramme, Daten- und Trendanalysen usw.
Modul 6	**IKA – Textverarbeitung und Textgestaltung** stellt die vielfältigen Möglichkeiten des Textverarbeitungsprogramms Word dar und vermittelt die wichtigsten typografischen Grundregeln für Briefe und Schriftstücke aller Art.
Modul 7	**IKA – Gestaltung von Bildern** vermittelt sowohl visuelle als auch rechtliche Aspekte hinsichtlich der Konzeption und des Einsatzes von Bildern und führt in die grundlegenden Funktionen gängiger Bildbearbeitungsprogramme ein.
	IKA – CD-ROM für Lehrkräfte enthält Lösungsvorschläge zu den Modulen, die Aufgabendateien sowie weitere Zusatzmaterialien für den Unterricht.

Unterrichten mit digitalen Inhalten

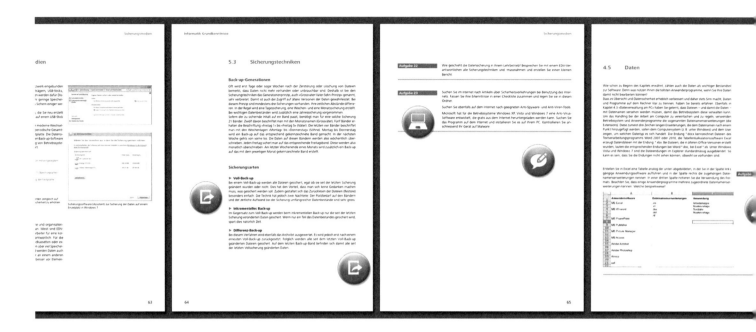

«Information, Kommunikation, Administration – IKA» ist auch als Enhanced Book erhältlich: In der digitalen Ausgabe ist das Lehrmittel speziell für den Unterricht mit digitalen Inhalten aufbereitet – natürlich Plattform unabhängig.

Bewusst orientieren sich die Enhanced Books an der Gestaltung der gedruckten Ausgabe. Jede Seite des Lehrmittels kann in der sogenannten Lightbox dargestellt werden. Textpassagen können gedruckt werden. Zusätzlich aufbereitete oder die gedruckte Ausgabe ergänzende Inhalte sind mit einem Icon gekennzeichnet.

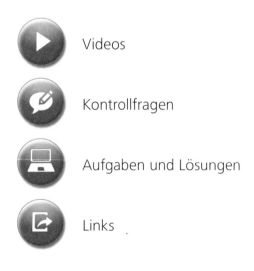

Videos

Kontrollfragen

Aufgaben und Lösungen

Links

Weitere Informationen
auf www.verlagskv.ch

VERLAG:SKV

Vorwort

Voraussetzungen für erfolgreiches wirtschaftliches Handeln ist die Wahl der passenden Kommunikationsform und der Einsatz der richtigen Sachmittel.

Kaufleute müssen Informationstechniken kennen und Informationsprozesse verstehen. Sie sind sich der wirtschaftlichen und gesellschaftlichen Bedeutung von Informationen bewusst und zeigen einen verantwortungsvollen Umgang damit. Neue Informationsverarbeitungs- und Kommunikationstechnologien ermöglichen und verlangen auch neue Verhaltensweisen. Aufgrund dieser Leitideen wurden die folgenden Kapitel verfasst. Ob mit oder ohne technische Hilfsmittel – versetzen Sie sich beim Kommunizieren immer in die Lage des Partners. Welche Sprache versteht er? Wie kommt meine Botschaft an? Welches Ziel soll erreicht werden? Stimmen Form und Mittel?

Die Sachmittel der Telematik erleichtern den Informationsaustausch. Wichtig ist vor allem, dass sie situationsgerecht und sinnvoll eingesetzt werden; darum finden Sie hier vorwiegend Hinweise zum Einsatz und Verhalten. Informationen zu aktuellen technischen Verfahren und Details erhalten Sie in der Fachpresse und im Internet.

Der Siegeszug der digitalen Information hat eine Datenflut ausgelöst, die kaum mehr organisierbar scheint. Heute wird ein überwiegender Teil der Informationen elektronisch erzeugt. Dieser Umgang mit Informationen muss geplant werden. Outlook von Microsoft ist ein bekanntes Programm, mit dem sich Informationen organisieren und steuern lassen. Das Kapitel 3 vermittelt Ihnen einen Überblick und führt Sie in die wichtigsten Module dieses komplexen Programms ein.

Die Gesundheit ist nicht nur am Arbeitsplatz wichtig. Ergonomische und ökologische Grundsätze gelten überall und jederzeit. Auch zu Hause sollten Sie Ihren Arbeitsplatz ergonomisch einrichten und sich umweltbewusst verhalten! Das Kapitel Büroökologie wurde zusammen mit dem Bildungszentrum WWF verfasst und zeigt, nach welchen Normen energieeffiziente Bürogeräte eingekauft werden, dass Papier aus klima- und urwaldgerechter Produktion verwendet werden soll und wie sich dank richtiger Geräteeinstellungen Kosten und Energie einsparen lassen.

In vielen Büros türmen sich Papierberge, und so entfallen mindestens 20 % der Arbeitszeit auf das Suchen von Unterlagen. Das Kapitel 8 zeigt Ihnen, mit welchen Hilfsmitteln für die Dokumentenbewirtschaftung ein effizienteres Arbeitsumfeld geschaffen werden kann. Herzlich danken wir Roland Noth und der Biella AG für die wertvollen Hinweise und Unterlagen. Datenschutz und Datensicherheit werden immer bedeutungsvoller und sind Voraussetzung für das Vertrauen und die Akzeptanz der Informationsgesellschaft.

Max Sager
Michael McGarty

Inhaltsverzeichnis

Kommunikation immer und überall

1.1 Kommunikationsmöglichkeiten und -formen

Die Bedeutung der weltweiten Kommunikation und der Bedarf an Kommunikation werden immer grösser – wichtig ist dabei, dass der Mensch im Mittelpunkt bleibt. Kommunikation ist nicht ein technischer Informationsprozess auf einer Einbahnstrasse – (menschliche) Kommunikation soll Gefühle, Emotionen und Individualität enthalten, sie sollte auch von einer Wertschätzung gegenüber dem Partner und der Partnerin getragen sein und dem Bedürfnis, Erfahrung und intellektuelle Leistung zu teilen und mitzuteilen.

Kommunizieren bedeutet Austausch von Gedanken, Informationen und Emotionen.

Die Aspekte der Kommunikation sind vielfältig:

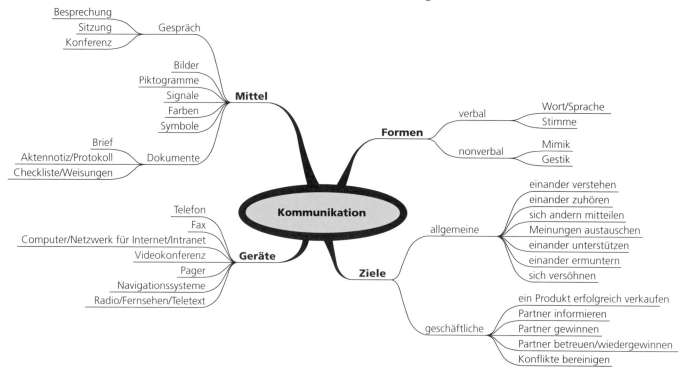

Mündliche Kommunikation

Wer seine Meinung und seine Vorschläge erfolgreich kommunizieren will, muss seine Gedanken richtig formulieren und sie überzeugend darlegen können; aber auch gut zuhören und auf die Geschäftspartnerin oder den Gesprächspartner eingehen sind wichtige Voraussetzungen für eine erfolgreiche Kommunikation.

Der Erfolg eines Gesprächs oder einer Rede hängt nicht nur vom Fachwissen ab; die Gesprächspartnerin oder die Zuhörer beurteilen zuerst die Person. Überzeugend wirken natürliches Verhalten, Spontaneität, echte Gefühle und eine normale Sprechweise. Sogar rhetorische Fehler sind erlaubt – bieten sie dem Zuhörer doch eine Möglichkeit zur Identifikation («Das hätte mir auch passieren können!»).

Schriftliche Kommunikation

Wenn zwei Personen miteinander sprechen, können sie unmittelbar aufeinander reagieren: Die eine sagt etwas, die andere schüttelt den Kopf oder nickt, widerspricht oder stimmt zu, blickt zweifelnd, fragend oder zustimmend. Die Sprecherin kann erkennen, ob der Gesprächspartner die Aussage verstanden hat und wie er sie aufnimmt.

Diese unmittelbare, persönliche Rückmeldung der Partner entfällt beim Schreiben. Der Schreiber oder die Schreiberin ist deshalb gezwungen, wichtige nicht sprachliche Mittel der gesprochenen Sprache – Satzmelodie, Betonung, Mimik, Gestik – durch sprachliche Mittel auszudrücken. Geschriebene Texte sind darum meist überlegt aufgebaut, die einzelnen Teile besser miteinander verknüpft. Sie weisen eine grössere Ausdrucksvielfalt und Genauigkeit in der Wortwahl auf.

Welche Möglichkeiten haben Sie, einen Text spannend und werbewirksam zu verfassen? Nennen Sie fünf sprachliche Mittel.

Aufgabe 1

1. _____

2. _____

3. _____

4. _____

5. _____

Suchen Sie aus einer Zeitschrift einen Text, der Sie anspricht. Finden Sie heraus, welche der von Ihnen genannten sprachlichen Mittel die Journalistin oder der Journalist eingesetzt hat.

Das Schreiben hat auch andere grosse Vorteile: Man hat Zeit zum Formulieren, kann sich ungestört ein Konzept ausdenken, kann die Worte in Ruhe wählen, darüber nachdenken, sie verwerfen oder gutheissen.

Dank E-Mail kommunizieren wir heute häufiger, schneller und weiter – die Sprache wird dadurch aber auch oberflächlicher, lockerer und informeller. Weil E-Mail so schnell ist, erwarten sofort alle eine Antwort; dies beeinflusst das Schreiben und das Denken.

Im Modul «Schriftliche Kommunikation/Korrespondenz» erfahren Sie, wie Erfolg versprechende Schriftstücke verfasst werden.

1.2   Informationsmanagement

Im Mittelpunkt der Arbeit im Büro steht die Information. Täglich werden für die vielfältigen Bedürfnisse des Unternehmens Informationen

- aus verschiedenen Quellen und Medien empfangen,
- in Aktenarchive und elektronische Speicher abgelegt,
- durch Bearbeitung und Selektion zu neuen Informationen umgesetzt,
- über unterschiedliche Kanäle innerhalb des Unternehmens verteilt und mit anderen Unternehmen ausgetauscht.

Das Planen, Gestalten, Überwachen und Steuern von Informationen und die Kommunikation im Unternehmen wird als Informationsmanagement bezeichnet. Die aufgabenorientierte Informationsverarbeitung und Kommunikation soll zur Erreichung der Unternehmensziele beitragen.

Informationsmanagement soll die richtige Information zum richtigen Zeitpunkt der richtigen Person zu wirtschaftlichen Bedingungen zur Verfügung stellen.

Dieses Ziel hat auch Auswirkungen auf die Gestaltung der Arbeitsabläufe und umfasst daher neben technischen auch personelle und organisatorische Gesichtspunkte, z.B. in Form von Umstrukturierung von Arbeitsaufgaben, Qualifikation und Weiterbildung der Mitarbeiterinnen und Mitarbeiter sowie Änderungen in der Ablauforganisation.

Der koordinierte und abgestimmte Einsatz von Menschen, Maschinen, Verfahren und Technologien zur Aufbereitung und Bereitstellung von Informationen in Form von Sprache, Daten, Texten, Bildern (Standbildern und bewegten Bildern) und Grafiken wird auch als Bürokommunikation bezeichnet und umfasst die Erfassung, Bearbeitung, Speicherung, Verteilung und das Wiederfinden von Informationen im Bürobereich. Diese wichtige Aufgabe muss laufend den Bedürfnissen der Unternehmung sowie der Mitarbeiter und Mitarbeiterinnen angepasst werden und erfordert darum einen hohen Einführungs-, Schulungs- und Betreuungsaufwand.

In einem Unternehmen lassen sich Bürokommunikationskonzepte nicht von anderen Bereichen trennen: So verschmelzen z.B. in einem Industriebetrieb Bürokommunikations- und Industrieautomationslösungen (wie Produkteplanungs- und Steuerungssysteme), damit die Arbeitsprozesse optimiert werden können. Reibungsverluste durch verschiedenartige, nicht zusammenpassende Kommunikations, Datenverarbeitungs- und Produktionssteuerungssysteme müssen vermieden werden.

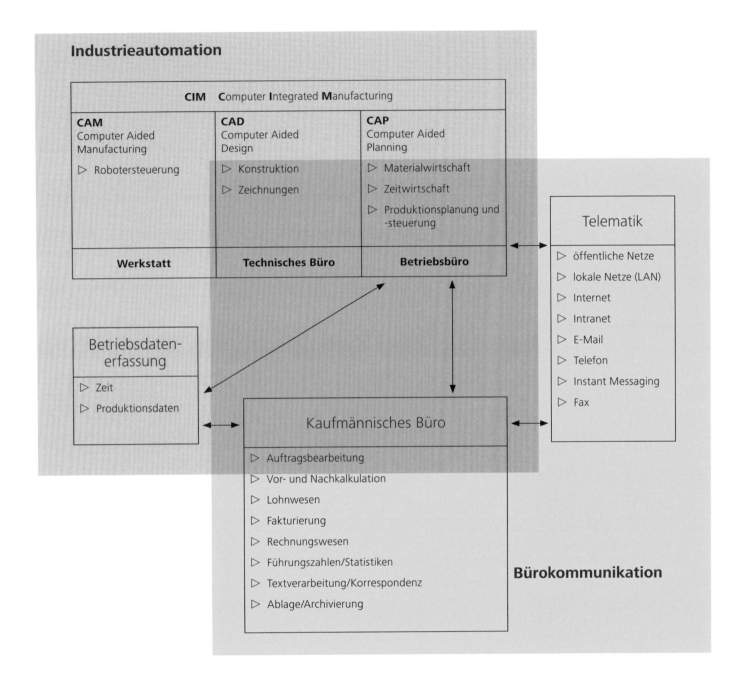

Industrieautomation

CIM   Computer Integrated Manufacturing

CAM
Computer Aided
Manufacturing

▷ Robotersteuerung

CAD
Computer Aided
Design

▷ Konstruktion

▷ Zeichnungen

CAP
Computer Aided
Planning

▷ Materialwirtschaft

▷ Zeitwirtschaft

▷ Produktionsplanung und
   -steuerung

Werkstatt   **Technisches Büro**   **Betriebsbüro**

Betriebsdaten-
erfassung

▷ Zeit

▷ Produktionsdaten

Kaufmännisches Büro

▷ Auftragsbearbeitung

▷ Vor- und Nachkalkulation

▷ Lohnwesen

▷ Fakturierung

▷ Rechnungswesen

▷ Führungszahlen/Statistiken

▷ Textverarbeitung/Korrespondenz

▷ Ablage/Archivierung

Telematik

▷ öffentliche Netze

▷ lokale Netze (LAN)

▷ Internet

▷ Intranet

▷ E-Mail

▷ Telefon

▷ Instant Messaging

▷ Fax

Bürokommunikation

Was bringt Bürokommunikation?

- Entlastung von Routineaufgaben: Informationen werden z. B. nur einmal erfasst und klassifiziert und stehen dann für weitere Anwendungen zur Verfügung.
- Vereinfachter Zugriff auf Informationen, z. B. über Datenbanken oder Informationssuche im Intranet/Internet aufgrund von Stichwortangaben.
- Technische Unterstützung im Büroalltag.
- Verkürzung von Durchlauf- und Transportzeiten, indem die Dokumente auf elektronischem Weg weitergeleitet werden.
- Gespeicherte Informationen und Bearbeitungsregeln stehen den Mitarbeiterinnen und Mitarbeitern rasch zur Verfügung; Rückfragen und Bearbeitungszeiten werden vermindert.
- Verbesserung der Kommunikation für Sprache, Text, Daten, Grafik und Bild dank dem Einsatz von multifunktionalen Geräten mit einfachen, einheitlichen Benutzerschnittstellen.

Aufgabe 2

Bringen Bürokommunikationssysteme auch in Ihrem Lehrbetrieb Vorteile? Erstellen Sie eine Tabelle und nennen Sie zu jedem Punkt ein Beispiel sowie den entsprechenden persönlichen Nutzen für Ihre Arbeit.

Vorteil	Beispiel und Nutzen
Entlastung von Routineaufgaben	
Technische Unterstützung bei schwierigen Aufgaben	
Gespeicherte Informationen stehen rasch zur Verfügung	
Verbesserung der Kommunikation	

1.3   Wahl des Kommunikationsmittels

Je nach Anforderung an den Kommunikationsvorgang sollen die passende Form und das geeignete Kommunikationsmittel gewählt werden:

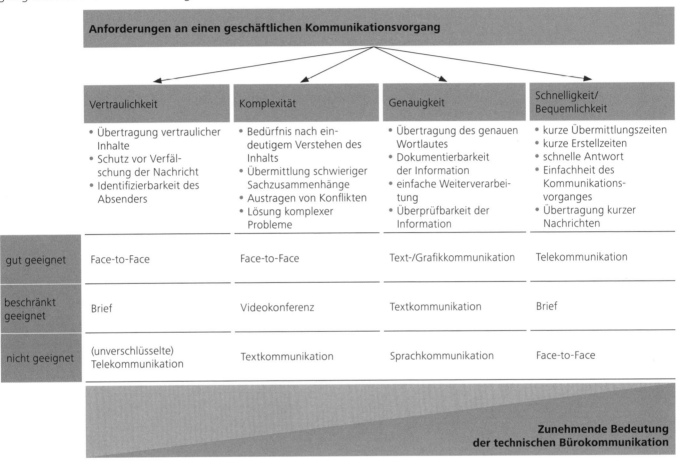

Anforderungen an einen geschäftlichen Kommunikationsvorgang			
Vertraulichkeit	Komplexität	Genauigkeit	Schnelligkeit/ Bequemlichkeit
• Übertragung vertraulicher Inhalte • Schutz vor Verfälschung der Nachricht • Identifizierbarkeit des Absenders	• Bedürfnis nach eindeutigem Verstehen des Inhalts • Übermittlung schwieriger Sachzusammenhänge • Austragen von Konflikten • Lösung komplexer Probleme	• Übertragung des genauen Wortlautes • Dokumentierbarkeit der Information • einfache Weiterverarbeitung • Überprüfbarkeit der Information	• kurze Übermittlungszeiten • kurze Erstellzeiten • schnelle Antwort • Einfachheit des Kommunikationsvorganges • Übertragung kurzer Nachrichten
gut geeignet	Face-to-Face	Face-to-Face	Text-/Grafikkommunikation	Telekommunikation
beschränkt geeignet	Brief	Videokonferenz	Textkommunikation	Brief
nicht geeignet	(unverschlüsselte) Telekommunikation	Textkommunikation	Sprachkommunikation	Face-to-Face

Zunehmende Bedeutung der technischen Bürokommunikation

(nach Reichwald, R./Stauffert, T.)

Sachmittel der Telematik erleichtern den Informationsaustausch

2

2.1 Begriff der Telematik

Ursprünglich sprach man nur von der Telekommunikation als Austausch von Informationen mithilfe der Nachrichtentechnik (wie Telefon, Radio oder Fernsehen). Telematik (aus dem Französischen «télématique») bezeichnet die Informationsform, welche durch das Zusammenwachsen von Telekommunikation und Informatik entsteht. Telematikanwendungen sind sehr vielfältig; hier einige Beispiele:

Schulen, Universitäten	Wissensaustausch über nationale und internationale Datenbanken, Fernkurse via Internet
Industrie	ferngesteuerte Wartungs- und Alarmsysteme, Fernabfrage von Zählern, Ferninstallation von Software
Spital	medizinische Ferndiagnose, ferngesteuerte Operationen
Transport	Verkehrsleitsysteme, Navigationssysteme

Nennen Sie fünf weitere Telematikanwendungen.

Branche/Sektor	Anwendung/Einsatzgebiet
Bank	
Reisebüro	
Versicherungen	
Detailhandel	
Post	

In diesem Kapitel werden die wichtigsten Dienste und Sachmittel der Telematik nur kurz beschrieben; hingewiesen wird vor allem auf deren Einsatz und den Umgang damit. Ergänzende, aktuelle und weiterführende Informationen finden Sie u. a. in Zeitschriften, Broschüren und Prospekten der Telematikanbieter sowie auf folgenden Websites:

• Bundesamt für Informatik und Telekommunikation (BAKOM)
www.bakom.ch

• Informationen zum Thema Kommunikation
www.wikipedia.ch

2.2   Telefon

Das erste Telefon entwickelte 1861 der Deutsche Johann Philipp Reis. Am 14. Februar 1876 meldeten die beiden Amerikaner Alexander Graham Bell und Elisha Gray gleichentags einen Telefonapparat zur Patentierung an. Die Sprechmaschine löste eine soziale Revolution aus. Als Menschen über Distanzen miteinander reden konnten, weiteten sie ihren sozialen Horizont aus, vergrösserten ihren Bekanntenkreis und koordinierten weiträumige Aktivitäten. Am 20. September 1881 nahm die Umschaltstation in Bern für die ganze Schweiz ihren Betrieb auf. Heute gehört die Schweiz mit über fünf Millionen Anschlüssen zu den Ländern mit der grössten Telefondichte der Welt. Das Angebot wird mit modernsten Techniken laufend ausgebaut. Und doch: Die Hälfte der Menschheit hat noch nie ein Telefongespräch geführt und wird vermutlich nie eines führen.

Das Telefonnetz ermöglicht es, Informationen rasch und im Dialog auszutauschen. Von allen Kommunikationsmitteln hat die Telefonie weltweit die grösste Verbreitung.

Telefon aus
dem 19. Jahrhundert

Festnetz

Besonders im privaten Bereich ist der **analoge Telefonanschluss** der am meisten verbreitete Kommunikationsweg. Analoge Telefone sind preiswert, und schon einfache Geräte bieten Zusatzfunktionen wie Repetitionstaste und Nummernspeicher. Komforttelefone sind mit Display, Namensspeicher, Gesprächsgebührenzähler, Lautsprecher, Sperrfunktionen, Anrufbeantworter usw. ausgestattet. Auch Datenübertragung (via Modem) ist mit dem analogen Telefonnetz möglich, allerdings bei einer geringen Übertragungsgeschwindigkeit.

Das **digitale Telefonnetz** überträgt Sprache, Daten und Bilder in hoher Qualität und Geschwindigkeit; ISDN oder Integrated Services Digital Network heisst diese Technologie. Mit einem Basisanschluss können bis zu acht verschiedene Endgeräte (Telefon, Fax, Modem) mit eigenen Rufnummern betrieben und zwei Verbindungen gleichzeitig aktiviert werden. Mehrere Basisanschlüsse lassen sich zu einem Mehrfachanschluss zusammenschalten. Für den Anschluss mittlerer oder grösserer Telefonanlagen, für die Verbindung zwischen lokalen Netzwerken, für die Übertragung von Videokonferenzen und die Anbindung von Grossrechnern bietet der Primäranschluss mit 30 Nutzkanälen ein Vielfaches an Übertragungsleistung.

ISDN-Komforttelefon
mit Adressbuch und Zugriff auf
das Internet

Das Telefonieren wird durch verschiedene Zusatzdienste, welche über die Tastatur selber aktiviert oder beim Telekomanbieter bestellt werden können, komfortabler; hier eine Auswahl:

Anrufumleitung	Eintreffende Anrufe können auf einen beliebigen Anschluss umgeleitet werden.
Rückruf bei besetzt	Wenn die gesuchte Gesprächsperson besetzt ist, kann mit dieser Funktion noch während des Besetztzeichens ein automatischer Rückruf veranlasst werden.
Dreierkonferenz	Während eines laufenden Gesprächs kann eine dritte Person beigezogen werden.
Anklopfen	Wenn der Anschluss besetzt ist, kann trotzdem eine dritte Person anrufen und anklopfen. Durch einen Signalton wird die angerufene Person auf den neuen Anruf aufmerksam gemacht.
Verbindung halten	Eine bestehende Verbindung kann gehalten werden, um über die gleiche Linie eine Rückfrage an eine andere Person zu machen oder einen wartenden Anruf zu beantworten.
Sperren abgehender Verbindungen	Es stehen verschiedene Sperrmöglichkeiten zur Auswahl (alle Verbindungen sperren, Sperren aller internationalen Verbindungen, Sperren von bestimmten Service- oder Mehrwertdienstnummern).
Ruhe vor dem Telefon	Für eine bestimmte Zeit kann der Anschluss für ankommende Gespräche ausgeschaltet werden. Für abgehende Gespräche bleibt der Anschluss weiterhin offen.
Anzeige der Kosten	Während des Gesprächs werden die Verbindungsgebühren laufend angezeigt.

Welche Bedingungen und Einschränkungen sind beim Einsatz der Zusatzdienste zu beachten?

Aufgabe 4

Was sind Mehrwertnummern, und welche Sicherheitsmassnahme sollte in diesem Zusammenhang ergriffen werden?

Mobilfunknetz

Mobile Telefone ergänzen das Festnetztelefon. Sie verschaffen Bewegungsfreiheit, verändern aber auch das Zusammenleben. So wird heute häufiger, weiter und schneller kommuniziert. Keine technische Erfindung setzte sich so rasch durch wie das Handy; 125 Jahre dauerte es, bis im Jahre 2001 auf sechs Milliarden Menschen eine Milliarde privater Telefonanschlüsse kam. Das Mobiltelefon hat in weniger als zehn Jahren die Milliardengrenze erreicht!

Seit der Einführung des GSM-Netzes (Global System for Mobile Communications, 2G) können die Mobiltelefone neben Gesprächen auch E-Mails, Kurzmitteilungen, Faxe, Bilder sowie Dateien senden und empfangen. Nachfolger sind Universal Mobile Telecommunications System (UMTS), ein Mobilfunkstandard der dritten Generation (3G), und Next Generation Mobile Networks (NGMN), ein Standard der vierten Generation (4G), welcher auch unter dem Namen Long Term Evolution (LTE) bekannt ist. Ziele des Standards 4G sind neben höheren Übertragungsgeschwindigkeiten auch ein ortsunabhängiger Breitband-Internetzugang, welcher zusätzlich Videotelefonie, High-Definition-Radio und -TV ermöglicht. Auch die Mobiltelefone werden immer vielseitiger und individueller; so verfügen Smartphones über einen besonders leistungsfähigen Prozessor, welcher den Funktionsumfang des Mobiltelefons um den eines Personal Digital Assistants (PDA) erweitert. Diese Smartphones verfügen über ein Betriebssystem, das es ermöglicht, zusätzliche Programme (Apps) nach Belieben zu installieren.

Die Bandbreite der Anwendungsprogramme (Apps) ist sehr hoch; je nach Softwareplattform gibt es Apps für das iPhone oder für Android-Geräte.

Die 71 Iridium-Satelliten umkreisen die Erde in einer Höhe von 780 km in 100 Minuten.

Weltweiten Empfang – z. B. in den Alpen, in der Wüste oder auf dem Ozean – ermöglichen Telefone, welche über Nachrichtensatelliten (wie beispielsweise Iridium, Globalstar oder Inmarsat) kommunizieren. Das Satellitentelefon muss keine Bodenstationen betreiben, kann aber Gespräche, Fax, E-Mail und Daten weltweit in die öffentlichen Telefonnetze übertragen. Die Verbindungspreise sind höher als beim terrestrischen Mobilfunksystem oder beim Festnetz, und die Antennen müssen zum Satelliten ausgerichtet werden, was die Bewegungsfreiheit einschränkt.

Das komplette Büro in der Tasche: Dieses mobile Telefon bietet folgende zusätzliche Funktionen: Fax, E-Mail, Kalender, Datenbank, Textverarbeitung, Präsentationsprogramme, Internet, GPS, Spiele usw.

Vielfältig sind die **Daten- und Zusatzdienste** für die mobilen Telefone:

> **COMBOX:** speichert Meldungen, die mit dem Handy oder einem beliebigen Telefonapparat (Tontastenwahl) nach Eingabe des persönlichen Passwortes – auch am PC – abgehört werden können; Faxe werden direkt auf dem Bildschirm angezeigt.
>
> **Kurznachrichtendienst:** Short Message Service (SMS, max. 160 alphanumerische Zeichen) wird direkt auf ein Mobiltelefon, eine E-Mail-Adresse, einen Fax, ein SMS-taugliches ISDN-Telefon oder einen Pager übermittelt. Eine Weiterentwicklung der Kurznachricht ist der Multimedia Messaging Service (MMS); mit diesem können Bilder, Töne oder umfangreiche Textdokumente auf MMS-fähige Handys übermittelt werden.

InfoService: Via SMS- oder MMS-Dienst können zahlreiche Informationen auf das Display des Handys übermittelt werden. Der aktuelle Stand des Kontos, Finanz- und Börseninformationen, News, Sportinformationen, Fahrpläne und vieles mehr können abgerufen und auf dem Display angezeigt werden.

Surfen und e-mailen: Mit Public Wireless LAN lassen sich Reise- und Wartezeiten in Hotels, auf Bahnhöfen, an Flughäfen sinnvoll nutzen. Für Anwender, die ausserhalb von Städten und Hauptverkehrsachsen wohnen oder sich in der ganzen Schweiz bewegen, ermöglichen Breitbandtechnologien eine schnelle und sichere Verbindung.

BeeTagg   Kaywa QR

Mobile Tagging: Zweidimensionale Strichcodes wie BeeTagg oder Kaywa QR verbinden Handys mit Kamera automatisch mit dem Internet. Eine besondere Software aktiviert die Kamera und sucht nach dem Strichcode. Ist dieser gefunden, genügt ein Knopfdruck, und es wird eine Verbindung ins Internet aufgebaut. BeeTaggs oder Kaywa-QR-Codes können geschäftlich oder privat genutzt werden; auf Visitenkarten, Briefmarken, T-Shirts, Papierdokumenten, Inseraten, Produkten, Wegweisern – überall können diese Strichcodes angebracht werden. Sie ermöglichen, das Medium zu wechseln, weiter gehende Links zu konsultieren und zusätzliche Informationen nachzulesen.

Mobile Ticketing: Das Mobilticket (oder auch Handyticket) ersetzt Eintritts-, Fahrkarten oder auch andere bisher übliche Belege durch eine auf dem Handy gesendete und dort elektronisch gespeicherte Information. Mobiltickets kommen bereits im Bahn- und Flugverkehr, auf gebührenpflichtigen Parkplätzen (Handyparken) sowie bei Sport- und Kulturveranstaltungen zum Einsatz. Verschiedene Technologien zur kontaktlosen und raschen Datenübertragung auf kurze Distanz sind in Entwicklung und kommen auch bereits zum Einsatz.

Folgende **Verhaltensregeln** sollten beim Gebrauch des Handys beachtet werden:

• Vorzugsweise an Orten mit gutem Empfang telefonieren: Das Handy arbeitet dort mit weniger Leistung.

• Handy nicht unbedingt am Körper (sondern in einer separaten Tasche) tragen: Ein grösserer Abstand zum Körper bedeutet eine deutliche Reduktion der elektromagnetischen Wellen.

- Schalten Sie das Handy vor dem Besuch eines Konzerts, eines Theaters oder Vortrags aus.

- Die Funkwellen des Handys erwärmen das Gehirn nach dem Mikrowellenprinzip; führen Sie darum nur kurze Gespräche über das mobile Telefon und verwenden Sie bei längeren Gesprächen eine Freisprecheinrichtung; sie bewirkt, dass der Abstand zwischen Kopf und Handy grösser wird.

- Beim Verbindungsaufbau ist die Sendeleistung besonders hoch. Also warten, bis die Verbindung aufgebaut ist, bevor Sie das Handy ans Ohr pressen.

- Verwenden Sie im Auto eine Freisprecheinrichtung und bringen Sie eine Aussenantenne an; schneller Netzzellenwechsel und die Absorption durch die Karosserie zwingen das Handy oft, mit maximaler Leistung zu senden. Aussenantennen schaffen Abhilfe. Am besten unterbrechen Sie während eines Gespräches die Fahrt, da durch das Telefonieren die Reaktionszeit deutlich ansteigt und die Fahrtüchtigkeit nicht mehr gewährleistet ist.

- Moderne Bahnwagen mit eingebauten Repeatern vorziehen: Sie nehmen Handysignale mit geringer Sendeleistung auf und leiten diese weiter.

- Handys haben gute Mikrofone – lautes Sprechen bringt nichts.

- Mobile Telefone dürfen in Spitälern und Flugzeugen aus Sicherheitsgründen nicht oder nur beschränkt verwendet werden. Auch bei Tankstellen ist auf den Gebrauch zu verzichten, und Banken verbieten den Einsatz des Handys in Schalterhallen.

- Erkundigen Sie sich beim Kauf eines Handys nach dem SAR-Strahlungswert (Specific Absorption Rate). Ein Grenzwert von zwei Watt pro Kilogramm (W/kg) verhindert zwar die Erwärmung des Gehirns, kann aber nicht garantieren, dass keine anderen Krankheiten ausgelöst werden. Je kleiner der SAR-Wert ist, desto geringfügiger wird das Gewebe durch die Strahlung erwärmt. Der SAR-Wert wird für die maximale Sendeleistung angegeben, in gut ausgebauten Netzen arbeitet das Mobiltelefon mit geringerer Sendeleistung.

- SIM-Karten enthalten wichtige Daten (wie die eigene Telefonnummer und PIN für den Netzzugang, digitale Signaturen für Bankgeschäfte, empfangene und versandte Kurznachrichten, private Daten wie Telefonnummern und Adressen) und sind leicht zu knacken – Hacker können diese Karten kopieren und die gespeicherten Daten missbrauchen. Darum das Handy nie unbeaufsichtigt liegen lassen und die persönliche Identifikationsnummer (PIN) nicht deaktivieren.

- Bluetooth-Kurzstreckenfunk ermöglicht es Hackern, in die Mobiltelefone einzudringen, um auf fremde Kosten zu telefonieren, Daten auf der SIM-Karte zu manipulieren oder sich sogar Zugang in das Firmennetzwerk zu verschaffen. Aus diesem Grunde sollten Handynutzer in der Öffentlichkeit Bluetooth auf ihren Geräten ausschalten.

Aufgabe 5

Beantworten Sie folgende Fragen und stellen Sie die Antworten mithilfe eines Textverarbeitungsprogramms übersichtlich dar.

▶ Sie möchten für den privaten Gebrauch ein Handy; welches Abonnement wählen Sie? Vergleichen und beurteilen Sie die aktuellen Angebote der Telekommunikationsanbieter.

▶ Worauf achten Sie beim Kauf eines Handys?

▶ Wann eignen sich SMS, wann MMS? Nennen Sie Beispiele.

Internettelefonie (Voice over Internet Protocol, kurz VoIP)

Beim Telefonieren über ein Computernetzwerk auf der Grundlage des Internetprotokolls werden digitalisierte Sprachsignale über ein Datennetz wie das Internet übertragen. Im Normalfall sind beide Endgeräte der Gesprächspartner an das Internet angeschlossen. Falls nur ein Endgerät an das Internet angeschlossen ist, das zweite an das herkömmliche Telefonnetz, ermöglichen Netzübergangsrechner (Gateways) das Telefonieren.

Telefonieren über
Computernetzwerk

Die Verbindungen zwischen den Teilnehmern können mit geschlossenen oder offenen Systemen verwaltet werden:

▶ Geschlossene, proprietäre Systeme

Beide Gesprächspartner müssen dasselbe Programm besitzen und zur gleichen Zeit am Computer sein. Das wohl bekannteste Programm ist Skype, das kostenlos und sehr einfach einzurichten ist. Bei geschlossenen Systemen besteht die Gefahr, dass der zentrale Anmeldeserver komplett ausfallen kann und keine Verbindungen mehr in diesem Netz aufgebaut werden können.

▶ Offene Systeme

Session Initiation Protocol (SIP) ist ein weit verbreiteter offener Standard. SIP-Server sind verteilt, und bei einem Ausfall eines Servers bricht das Telefonnetz nicht zusammen. Die SIP-Technologie funktioniert weltweit, der Anschluss kann darum an jedem beliebigen Ort auf der Welt immer unter der gleichen Telefonnummer erreicht werden.

Mit dem VoIP-Benutzerkonto erhält man eine Telefonnummer mit einer Schweizer Vorwahl, und es kann ganz normal von jedem Telefon auf diese Nummer angerufen werden. Der VoIP-Server nimmt die Anrufe entgegen und leitet das Gespräch über das Internet an das VoIP-Telefon weiter.

VoIP-Benutzer telefonieren über eine Software oder mit einem äusserlich normalen Telefon, welches direkt am Breitbandanschluss (z. B. DSL, Kabel) betrieben wird:

▶ Softwaretelefone

Diese Telefone bestehen nur aus Software und können auf dem PC oder Notebook installiert werden. Diese Lösung ist kostengünstig und erlaubt in Verbindung mit einer Sprechgarnitur (Headset) komfortables Telefonieren. Programme für die Internettelefonie gibt es verschiedene. Sie unterscheiden sich vor allem in Sprachqualität, Bedienungskomfort und Zusatzfunktionen wie z.B. Textchat, Anruflisten oder Konferenzschaltungen. Verschiedene Programme bieten auch Video- und Datenaustauschfunktionen und ermöglichen Videokonferenzen mit bis zu 200 Teilnehmern. Den Gesprächspartnern können auch Fotos, Tabellen, Präsentationen oder Anwendungen gezeigt werden.

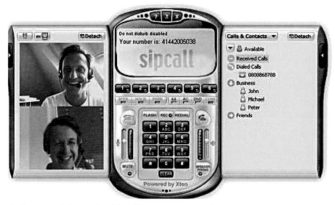

Softwaretelefon mit Videoübertragung eyeBeam

▶ Hardwaretelefone

Diese besonders für die VoIP-Telefonie entwickelten Telefone können direkt am Breitbandanschluss angeschlossen werden und ersetzen das bestehende Telefon.

▶ Adapterboxen

Mittels einer Adapterbox können herkömmliche Telefone einfach mit dem Breitbandanschluss verbunden werden.

Adapterbox für Internet- und Festnetztelefonie (FRITZ!Box)

Wichtigste Vorteile

- VoIP-Telefone lassen sich wie herkömmliche Telefone bedienen und bieten viele Zusatzfunktionen. Ausser Telefonnummern lassen sich auf SIP-Telefonen auch SIP-Adressen (auch URI genannt) wählen, die genau wie E-Mail-Adressen geformt sind und das Schema-Präfix sip: tragen, z. B. sip:info@siemens.ch.

- Beim Einsatz in Unternehmen wird das LAN zur Übertragung der Telefonate genutzt, wodurch die separate Verkabelung von Telefonleitungen überflüssig wird und dadurch Kosten eingespart werden können.

- Zwischen Endgeräten kann weltweit kostenlos telefoniert werden, wenn diese denselben Provider nutzen.

- Telefonate im Inland sind in der Regel sehr günstig, da die Daten über das Internet geleitet werden und nur ein sehr kurzer Abschnitt bei einem Anruf auf ein reguläres Telefon über das alte System läuft.

- Bei Auslandsgesprächs sind in der Regel nicht mehr als die Preise eines Ortsgesprächs zu bezahlen. Beispiel: Für ein SIP-Telefon wurde eine Telefonnummer in Bern zugeteilt. Das SIP-Telefon wird jedoch in Paris in das Netz eingeklinkt. Wird diese Berner Nummer angerufen, so klingelt das SIP-Telefon in Paris ohne Mehrkosten für den Anrufenden. Das Telefon kann sich auch in jedem anderen Ort der Welt, an dem es einen Internetanschluss gibt, befinden und unter der zugeteilten Nummer angerufen werden.

Nachteile

- Manchmal ist die Qualität etwas schlechter, Verbindungsabbrüche kommen vor.

- Notrufnummern (144, 118) sind nur beschränkt wählbar und führen oft nicht zu den nächsten Dienststellen, sondern zu einer vom Provider festgelegten Stelle.

- Internettelefone sind im Gegensatz zur analogen Telefontechnik verwundbarer und unterliegen denselben Sicherheitsproblemen (Computerviren, Hacker, Angriffe auf Server) wie die Datenanwendungen im Netz.

- Diebstahl von vertraulichen Daten via Telefon: Mit Vishing, abgeleitet vom englischen Begriff «Voice Phishing», werden Benutzer über Internettelefonie dazu verleitet, persönliche Daten wie Passwörter oder Kreditkartendaten preiszugeben. Die Betrüger machen sich die niedrigen Kosten der Internettelefonie zunutze und rufen automatisiert unzählige Telefonnummern an.

Weitere Informationen zur Internettelefonie:

www.VoIP-Portal.ch
www.skype.com
www.sipcall.ch

Aufgabe 6

Beantworten Sie folgende Fragen:

▶ Welcher Internetanschluss sollte für VoIP vorhanden sein?

▶ Wird für VoIP ein neues Telefon benötigt?

▶ Besteht bei Internettelefonie ein Sicherheitsrisiko?

▶ Erkundigen Sie sich auf der Website eines VoIP-Anbieters über die Kosten eines Internettelefonanschlusses.

Telefongespräch vorbereiten

Telefongespräche sollen gut vorbereitet werden; nachstehend einige Punkte, die vor dem Gespräch geklärt werden sollen:

- Bin ich zuständig für diese Angelegenheit?
- Was will ich mit meinem Anruf erreichen?
- Wer ist mein geeigneter Partner oder meine geeignete Partnerin in der anderen Firma?
- Welche Unterlagen muss ich bereithalten?
- Was will ich sagen, und was könnte die Partnerin oder der Partner entgegnen?
- Wie verbleibe ich mit dem Kunden/Partner oder der Kundin/Partnerin?

Verhalten am Telefon

Beim Entgegennehmen und Führen von Gesprächen am Telefon ist zu bedenken, dass wir nur über unsere Stimme und mit Worten wirken. Folgende Punkte sind darum zu beachten:

▶ Begrüssung

- Die anrufende Person möchte wissen, mit wem sie spricht; Sie melden also den Firmennamen, den eigenen Namen und allenfalls die Abteilung.

- Freundlichkeit am Telefon ist wichtig; die Anruferin oder der Anrufer soll sich willkommen fühlen.

▶ Gesprächsführung

- Aktiv zuhören, Interesse zeigen.

- Gespräch unter Kontrolle halten (nicht abschweifen) und es in eine nützliche Richtung lenken.

- Deutlich sprechen, nicht zu schnell und nicht zu laut. Zahlen in Gruppen durchgeben und wiederholen; unbekannte Namen buchstabieren (z. B. 3611 Eriz: 3 – 6 – 1 – 1, ich buchstabiere: E wie Emil, Rosa, Ida, Zürich).

- Fragen klar, verständlich und korrekt beantworten. Lassen Sie eine anrufende Person nicht warten, wenn Sie etwas abklären oder suchen müssen, sondern bieten Sie Rückruf an.

- Wenn Sie für die Sache nicht zuständig sind, unterbrechen Sie das Gespräch höflich und anerbieten, den Anrufer oder die Anruferin mit der richtigen Stelle zu verbinden. Spricht die zuständige Person auf einer anderen Linie oder ist sie nicht sofort auffindbar, dann bieten Sie Rückruf oder Weiterleitung einer Nachricht an.

- Bewahren Sie die Ruhe – bleiben Sie auch dann korrekt, wenn Sie provoziert werden.

▶ Abschluss

- Gespräch freundlich beenden; verabschieden Sie sich mit Nennung des Namens der anrufenden Person.

- Halten Sie Wichtiges sofort fest; wenn nötig erstellen Sie ein Protokoll.

Aufgabe 7

Eine Telefonnotiz kann folgende Angaben enthalten:

• gesprochen mit (Name, Vorname)

• Gesprächsnotiz für

• Strasse, PLZ und Ort

• weiteres Vorgehen (erbittet Rückruf, ruft wieder an, möchte Sie treffen, jeweils mit Angabe von Tag und Zeit)

• Telefon G und P, E-Mail

• Datum und Zeit

• Art des Gesprächs (rief an, war hier)

• Firma

• Was wollte der Gesprächspartner oder die Gesprächspartnerin? Wie war seine/ihre Stimmung?

• weiterer Verlauf der Angelegenheit (Raum für die Gesprächsnotiz!)

• aufgenommen von

Diese Angaben sind durcheinandergeraten; gestalten Sie am PC mit einem Textverarbeitungsprogramm ein logisch aufgebautes Telefonnotizformular.

Aufgabe 8

Ausgangslage: Sie nehmen jetzt (also heutiges Datum und aktuelle Zeit) einen Anruf entgegen. Erstellen Sie aufgrund des folgenden auszugsweisen Gesprächs auf einem Formular oder neutralen Blatt eine Gesprächsnotiz für die abwesende Geschäftsführerin Ruth Brunner.

… Anrufer: «Guten Tag, hier ist Huber von der Druckerei Lehner AG, Bern. Könnte ich Frau Brunner sprechen?» Sie: «Frau Brunner ist heute ausser Haus. Kann ich etwas ausrichten?» Anrufer: «Ja, die Formulare können wir erst Anfang Juli anstatt wie vorgesehen Mitte Juni liefern, da ein Mitarbeiter wegen eines Unfalls ausgefallen ist. Geht das? Frau Brunner soll doch bis Ende Woche Bescheid geben.» Sie: «Ich werde Frau Brunner eine Notiz auf den Schreibtisch legen und sie bitten zurückzurufen.» Anrufer: «Gerne, meine Nummer ist: 031 335 50 60.» …

Das «telefonische» Selbstbild
Als Gesprächspartnerin oder Gesprächspartner will ich auch am Telefon einen professionellen und überzeugenden Eindruck hinterlassen. Darum

▶ bin ich freundlich.

▶ _____

_____

▶ _____

_____

▶ _____

_____

Ich bin eine Gesprächspartnerin oder ein Gesprächspartner, die/der

▶ partnerbezogen denkt.

▶ _____

_____

▶ _____

_____

▶ _____

_____

Meine Einstellung zur Kundin oder zum Kunden beeinflusst das Gespräch. Die Kundinnen und Kunden erwarten, dass

▶ sie ernst genommen werden.

▶ _____

_____

▶ _____

_____

▶ _____

_____

Ich weiss, dass unser Betrieb ohne Kunden nicht bestehen kann. Darum ist es für mich wichtig, dass

▶ der Kunde zufrieden ist.

▶ _____

_____

Wenn ich Anrufe entgegennehme,

▶ melde ich mich mit dem Firmennamen oder der Abteilung sowie mit dem Vor- und Nachnamen.

▶ _____

_____

▶ _____

_____

▶ _____

_____

Wenn ein Kunde oder eine Kundin unzufrieden ist oder sich beschwert,

▶ bleibe ich ruhig und freundlich.

▶ _____

_____

▶ _____

_____

▶ _____

_____

2.3 Fax

Telefonleitungen können mehr übermitteln als nur Sprache. Das beweist das Telefax schwarz auf weiss – und auch in Farbe. Das Faxgerät sorgt dafür, dass Schriftstücke oder Bilder schnell und sicher ans Ziel kommen.

Faxgeräte gibt es in jeder Grösse: vom Multifunktions- beziehungsweise Kompaktgerät (das Komforttelefon, Anrufbeantworter, Drucker, Scanner, Modem und Fax in einem Gehäuse vereinigt) über den digitalen Laserfax bis zum Farbfax.

Das Übermitteln von Dokumenten mit einem Faxgerät ist eine einfache Sache; beim Vorbereiten und Senden eines Fax ist Folgendes zu beachten:

Drucker, Scanner, Fax und Kopierer in einem Gerät. Geeignet für das Klein- oder Heimbüro.

- Zerknitterte, gefaltete, besonders dünne und eingerissene Dokumente sollten nicht in ein Faxgerät mit Dokumenteneinzug eingelegt werden; Kopie erstellen und diese in das Faxgerät legen.

- Dunkle Papierfarben, markierte Textstellen und grosse Farbflächen verlängern die Übertragungszeit und beeinträchtigen die Qualität des Faxausdrucks beim Empfänger. Verwenden Sie nach Möglichkeit weisses Papier und wählen Sie eine grosse und gut lesbare Schrift.

- Vertrauliche oder geheime Dokumente sollten nur nach Absprache mit dem Empfänger versendet werden. Es gibt Faxgeräte, welche Dokumente geheim halten können. Diese werden auf normalem Weg übermittelt, aber nicht ausgedruckt, sondern in einen «vertraulichen Briefkasten» des Faxgeräts abgelegt. Sie können erst ausgedruckt werden, nachdem das richtige, geheime Kennwort eingegeben worden ist.

Laserfax mit Durchlaufeinzug

- Faxwerbesendungen unterlassen – ausser Ihr Kunde wünscht es, dass Sie ihn sofort auf aktuelle Angebote hinweisen.

- Viele Privatpersonen besitzen ein Fax, der in der Regel mit dem Telefon kombiniert ist. Halten Sie darum die Ruhezeiten ein.

- Auch Faxmeldungen sollen vertraulich behandelt werden; nur der adressierte Empfänger darf die Sendung kopieren, verbreiten und anderweitig verwenden.

- Bei irrtümlicher Zustellung ist dies dem Absender sofort zu melden.

Aufgabe 10

Gestalten Sie mit dem Textverarbeitungsprogramm ein Faxdeckblatt, das folgende Elemente enthält: Absender, Faxempfänger, Datum, Anzahl Seiten, Faxnummer, Betreff, Kopie an, Kurzmitteilungen zum Ankreuzen (wie: zur Kenntnisnahme, zur Prüfung, zur Erledigung, zur Stellungnahme, zum Entscheid, für Ihre Akten, gemäss Ihrer Anfrage, gemäss Besprechung usw.) und Platz für einen kurzen Kommentar.

2.4   Videokonferenz

Videokonferenz

Der steigende Informationsbedarf und der Zwang, (unternehmerische) Entscheide immer schneller herbeizuführen, verlangt nach neuen Kommunikationsformen. Eine davon ist die Videokonferenz; diese Konferenzform ermöglicht es, dass Personen an verschiedenen Orten über eine Bild-, Ton- und Datenverbindung miteinander konferieren können. Man verhandelt mit Blickkontakt, als ob man sich gegenübersitzen würde.

Neben der Übertragung von Stimme und Bild der Person ist auch zusätzlich die Übermittlung von Dokumenten möglich. So können beispielsweise Pläne, Zeichnungen, Bilder und Fotos eingeblendet werden. Aber auch grössere Objekte wie Modelle oder Fabrikationsmuster sind darstellbar.

Eine Videokonferenz bringt folgende Vorteile:

• Schnellere und bessere Entscheidungen, da die Gesprächspartner unmittelbar weitere Mitarbeiter beiziehen können, falls der Konferenzverlauf es erfordert.

• Gesparte Reisezeiten bringen produktive Arbeitsstunden.

• Reduktion der Reisen – jede Geschäftsreise ist finanziell aufwendig, belastet die Umwelt und bedeutet Stress sowie weniger Zeit für andere Dinge.

• Unterlagen können sofort ausgetauscht werden.

• Konferenzen können auch kurzfristig einberufen werden; die Unternehmung wird beweglicher und reaktionsschneller durch häufigere Konferenzen.

Die Videokonferenz wird in öffentlichen oder privaten Videokonferenzräumen, welche fest oder mobil eingerichtet sind, durchgeführt. Es sind verschiedene Einrichtungen möglich, von einer Kamera und einem Monitor bis zu sehr professionellen Studios. Die Übertragung erfolgt mit leistungsfähigen digitalen Leitungen und besonderen Datenanschlussgeräten. Dank dem Internet und ISDN können auch Kleinbetriebe und Privatpersonen die Vorteile von Videokonferenzen nützen. Auf dem Markt findet man heute eine ganze Reihe preisgünstiger «Videoconferencing Kits», «PC Video Cameras» und «Webcams», mit denen laut Herstellerversprechen die weltweite PC-gestützte Ton- und Bildkommunikation in guter Qualität möglich wird.

Aufgabe 11

Trotz dieser Vorteile der Videokonferenz gibt es auch Situationen, in denen das persönliche Gespräch vorteilhafter ist. Nennen Sie vier Gründe.

2.5   Internet, Intranet, E-Mail

Entstehung

1969 wurde vom amerikanischen Verteidigungsministerium das ARPANET (Advanced Research Project Agency Network) ins Leben gerufen.

Ziel war es, ein Computernetzwerk zu bauen, das selbst nach einem Ausfall grosser Teile des Netzes (z. B. im Fall eines Krieges) noch funktionsfähig ist. Um Daten zu übertragen, steckt ein Computer diese in ein «Paket» und adressiert es mit der Zieladresse. Der Weg, den dieses Datenpaket nimmt, ist unbedeutend, solange es sein Ziel erreicht.

Am Anfang (1969) bestand das ARPANET aus vier Computern, danach wurde es immer weiter ausgebaut, 1977 zählte es bereits 50 Computer. 1983 trennte sich das MILNET als militärischer Ableger vom ARPANET. Nach und nach wurden immer mehr Netzwerke in das ARPANET integriert, und seit 1990 spricht man vom Internet.

Es gibt zwar einzelne Organisationen, die bestimmte Aufgaben im Internet übernehmen (z. B. das Festlegen von Standards und Adressierungssystemen oder die Vergabe der Domainnamen), es existiert jedoch keine Organisation, der das Internet gehört oder die für das Internet verantwortlich ist. Genau diese dezentrale Organisation macht das ungeheure Wachstum möglich.

Wichtigste Bestandteile des Internets sind die sogenannten Hosts oder Server. Auf diesen Rechnern, die durch besonders leistungsstarke Leitungen («Backbones») miteinander verbunden sind, befinden sich riesige Datenmengen in Form von Internetseiten. Diese können von den PCs («Clients») abgerufen werden.

Aufgrund der Vernetzung der Server kann von jedem Punkt der Erde auf Daten an jedem anderen Punkt zugegriffen werden. Dazu muss lediglich ein Anschluss an irgendeinen Server – in der Regel durch einen Internet Service Provider – vorhanden sein.

Im Internet finden Sie unter www.internet-kompetenz.ch ausführliche Informationen und Testfragen zum Aufbau des Internets, zur Informationsbeschaffung und zur Sicherheit im Netz.

Internet im Überblick

Das Internet besteht aus einzelnen Diensten, welche verschiedene Möglichkeiten bieten:

▶ **E-Mail**
Die elektronische Post ist der Dienst, welcher wahrscheinlich am häufigsten genutzt und als die grösste Innovation des modernen Büroarbeitsplatzes betrachtet wird. Die elektronische Post funktioniert gleich wie die normale Briefpost: Der Brief wird mit dem Computer verfasst, mit einem Mail-Programm verschickt und in den Briefkasten (Mailbox) des Empfängers gelegt. Dort kann dieser ihn abholen und lesen, er kann ihn aufbewahren oder wegwerfen. E-Mail ist aber billiger und rascher als die normale Post.

▶ World Wide Web (WWW)

Neben E-Mail ist das WWW mit Abstand der bekannteste Dienst im Internet. Fast unendlich viele Informationen sind in diesem Dienst abrufbar. Texte, Bilder und Töne, ja sogar Videosequenzen können angesehen und gehört werden. Durch ein sogenanntes Hypertextsystem können Texte, die auf unterschiedlichen Servern liegen, miteinander verbunden werden. Folgt man als Benutzer den farblich unterlegten Querverweisen (Hyperlinks oder Links), kommt es zum Phänomen des «Surfens»: Man klickt von Website zu Website …

Dank der benutzerfreundlichen grafischen Oberfläche und den Hyperlinks, die es ermöglichen, mit einem Mausklick von einer Seite zu einer anderen zu springen, ist dieser Dienst sehr populär geworden.

Alles, was der Bildschirm aus dem Internet anzeigt, kann auf dem eigenen Computer gespeichert und in einem anderen Programm (z. B. Textverarbeitung) weiterverwendet werden. Zu beachten sind die Urheberrechte. Auch allgemeine Informationen aus dem Internet sollen in der Quellenangabe erwähnt werden.

▶ Voice over Internet Protocoll (VoIP)

Weltweites Telefonieren über das Internet; die Sprache wird über Datennetze übertragen.

▶ Themenspezifische Diskussionsforen (Groups, Usenet)

Zu allen erdenklichen Themen gibt es News-Gruppen, in denen jede angeschlossene Teilnehmerin, jeder Teilnehmer Beiträge verfassen kann, die dann an einen zentralen Server im Netzwerk gesendet werden. Jeder, der sich für dieses Thema interessiert, kann den Artikel lesen und darauf eine Antwort schreiben.

▶ Instant Messaging (IM)

Diese sofortige Nachrichtenübermittlung ist eine Kommunikationsmethode, bei der sich zwei oder mehr Teilnehmer per Textnachrichten unterhalten (chatten). Der Informationsfluss wird vom Sender gesteuert, und die Nachrichten kommen unmittelbar beim Empfänger an. Die Teilnehmer müssen über ein Netzwerk wie das Internet verbunden sein. Viele Programme unterstützen zusätzlich die Übertragung von Dateien sowie Audio- und Video-Streams. Benutzer können sich gegenseitig in ihrer Kontaktliste führen und sehen dann an der Präsenzinformation, ob der andere zu einem Gespräch bereit ist.

▶ File Transfer Protocol (FTP)

Ermöglicht die Übertragung/den Transfer von Dateien (wie z. B. Software, Tondateien, Grafikdateien) zwischen verschiedenen Computern respektive Servern.

▶ Web 2.0

Die Anwendung des Internets wandelt sich: Inhalte werden zunehmend von Benutzern ins Netz gestellt. Das Kernstück des Web 2.0 sind Plattformen, die den Austausch von Informationen zwischen Menschen unterstützen. Dazu gehören Wikis, Blogs, Bild- und Videoportale, Online Communities, Auktionen und Tauschbörsen. Auch Daten werden zum Teil nicht mehr auf dem eigenen PC, sondern auf einem Internetserver gespeichert, Mails werden oft nur noch in browserbasierten Programmen gelesen und beantwortet; zunehmend werden auch Dokumente online erstellt und zeitgleich durch verschiedene Personen bearbeitet.

Ergänzen Sie das Mindmap mit Stichworten zu den einzelnen Diensten im Internet (z. B. Einsatz, Besonderheiten, Vorteile, Nachteile).

Aufgabe 12

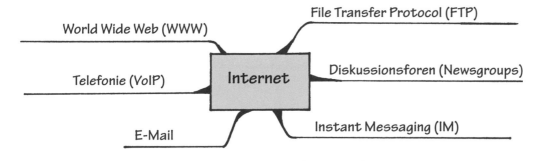

Zugang ins Internet

Um ins Internet zu gelangen, braucht es ein Endgerät (Computer, Handy, Personal Digital Assistant PDA, Laptop) und die entsprechende Software (Web-Browser, E-Mail-Programm) sowie einen Zugang ins Internet. Dieser erfolgt durch einen Internet Service Provider. Die Verbindung zum Provider ist auf verschiedene Arten möglich:

- Schmalbandzugang wie analoges Telefon mit Modem (Geschwindigkeit bis 56,6 Kbps) oder digitales Telefon (ISDN) mit Adapter (2 Kanäle zu 65 Kbps)

- Breitbandzugang wie Digital Subscriber Line (DSL) mit Router oder Bridge (300 Kbps bis 52 Mbps) oder TV-Kabel mit Cablemodem (100 Kbps bis 1000 Mbps)

- Drahtlose Netzwerke wie WLAN, UMTS und die darauf basierende HSPA-Technologie (High Speed Packet Access) oder WiMAX (Worldwide Interoperability for Microwave Access) und LTE (Long Term Evolution), welche Übertragungsgeschwindigkeiten zwischen 100 Kbps und 300 Mbps erreichen

Modem

- Glasfasernetz (100 Mbps bis 1 Gbps)

- Stromkabel (Powerline Communication PLC) mit PLC-Modem (384 Kbps bis 4 Mbps)

- Satelliten (Downstream [Empfang von Daten] bis zu 2 Mbps)

- Standleitung: Diese dauernde Verbindung zum Provider oder zwischen zwei Standorten wird häufig von Firmen oder staatlichen Einrichtungen eingesetzt; im Gegensatz zur Wählleitung steht der gesamte Übertragungsweg immer zur Verfügung und erlaubt hohe Geschwindigkeiten von mehreren Gigabytes (GB) pro Sekunde.

Zukunft des Internets

Forscher arbeiten unter dem Begriff «Future Internet» am zukünftigen Internet. Die Unterstützung der mobilen Kommunikation und die Verbesserung der Sicherheit stehen im Vordergrund. Die Ideen reichen von einer Verbesserung des heutigen Internets bis zu einem vollständigen Neuanfang, von neuen Transporttechnologien bis hin zu neuen Anwendungen.

Adressen im Internet

▶ Uniform Resource Locator (URL)

Jeder Computer am Internet hat eine eindeutige Adresse, die IP-Adresse, eine Zahl aus vier Blöcken zu höchstens drei Stellen. Diese Internetnummern sind schwer zu merken und ändern aus technischen Gründen oft. Die Computer können daher zusätzlich mit einem Klartext-namen versehen werden; DNS-Server übersetzen die Nummern in eine aus Buchstaben bestehende Domainadresse (URL):

195.141.95.130   ➔ www.firma.ch

Diese Domainadressen sind nach dem Domainnamen-System (DNS) aufgebaut. Zuhinterst steht die Top Level Domain, die oberste Ebene, mit der Länder- oder Bereichsendung wie **ch** für die Schweiz. **firma** ist die zweite Ebene (Second Level Domain) und bezeichnet den Namen des Servers, der meist nach der Organisation oder Firma benannt ist. Mit diesem Adresssystem kann man nicht nur jeden Computer, sondern auch jede Seite im Internet genau bezeichnen. Diese Adressen werden auch URL oder Uniform Resource Locator genannt.

Vor dieser Adresse muss auch noch der gewünschte Internetdienst angegeben werden. Im WWW ist dies **http** (Hyper Text Transfer Protocol), anschliessend folgt das Trennzeichen ://. Eine vollständige URL-Adresse sieht also wie folgt aus:

http://www.verlagskv.ch/
http://www.hotmail.com/

▶ E-Mail-Adressen

In einer E-Mail-Adresse kommt immer ein @ (At-Zeichen) vor. Die URL ist die Adresse einer WWW-Seite im Internet, die E-Mail-Adresse ist die Postadresse einer Person oder Firma; sie ist wie folgt aufgebaut:

Name@Firma oder Provider.Land oder Organisation
Rita.Meier@bluewin.ch
rolfwenger@gmx.de
S_Muster@swisscom.com

Jeder Provider bietet den Kunden neben dem Zugang zum WWW auch eine E-Mail-Adresse und ein Postfach (Mailbox) an. Mit einem E-Mail-Programm wird eine Nachricht geschrieben, dann loggt man sich ins Internet ein und sendet die Nachricht dem Provider. Die Software des Providers sucht nun den Empfänger und sendet ihm den elektronischen Brief. Wenn die Nachricht am Zielort angelangt ist, legt die Software die Meldung in den Briefkasten des Empfängers, bis ihn dieser mit seinem E-Mail-Programm leert.

| Aufgabe 13 | Beantworten Sie folgende Fragen: |

Beantworten Sie folgende Fragen:

▶ Welchen Zweck hat ein Domainname?

▶ Warum müssen Domainnamen registriert werden?

▶ Wo können Domainnamen registriert werden?

Suchdienste im Internet

Das Informationsangebot im Internet ist so gross, dass mithilfe von Suchdiensten, in denen Millionen von Links und Informationen gespeichert sind, das richtige Angebot gesucht werden muss.

Bekannte Suchdienste sind:

Google	www.google.ch
Alta Vista	www.altavista.com
Yahoo	www.yahoo.com
Search	www.search.ch
Bing	www.bing.com

In vielen Suchmaschinen kann man mithilfe verknüpfter Abfragen, sogenannter Booleschen Operatoren (and, not, or), nach Schlüsselwörtern suchen. Manche Suchprogramme unterstützen allerdings nicht alle genannten Möglichkeiten, manche zusätzliche.

wort1 AND wort2	Beide Wörter müssen vorkommen.
wort1 OR wort2	Eines der Wörter muss vorkommen.
wort1 NOT wort2	Das erste Wort muss, das zweite darf nicht vorkommen.
«wort1 wort2»	Beide Wörter müssen in dieser Reihenfolge vorkommen.
wort*	Das Wort kann unterschiedliche Endungen haben.
auch gebräuchlich	+ für AND – für NOT

Die Suchmaschine Google bietet weitere Möglichkeiten, um das Finden von Informationen zu erleichtern. Mehr dazu finden Sie unter «Funktionen der Websuche»:

Domaineinschränkung	Die Suchanfrage kann auf eine bestimmte Domain beschränkt werden: Informationen über die Zulassungsbedingungen der Berner Fachhochschule erhält man mit der Eingabe Suchwort site:Domain: **Zulassung site:www.bfh.ch**
Zugverbindungen	Fahrplanauskünfte erhält man durch die Eingabe des Abfahrts- und Zielbahnhofs. **Thun Bern**
Stadtplan	Der Ortsname ergibt einen direkten Link zum entsprechenden Stadtplan. **Zürich**
Wörterbuch	Wörter können mit folgender Eingabe übersetzt werden (deutsch-englisch und englisch-deutsch): **Buch deutsch-englisch**

Elektronische Post (E-Mail, Mail)

Die Vorteile der elektronischen Briefe sind unbestritten: Man kann sie jederzeit abschicken, der Empfänger oder die Empfängerin des E-Mails muss nicht gleichzeitig am Computer sitzen – und es geht schnell. E-Mail ist in nahezu allen Unternehmen zu einem wichtigen Bestandteil der innerbetrieblichen Arbeitsorganisation geworden. E-Mail beschleunigt und automatisiert dabei nicht nur bisher manuell auf dem Postweg abgewickelte Prozesse, sondern ermöglicht auch neue Formen der Arbeitsorganisation wie virtuelle Teams, Telearbeit oder Dezentralisierung.

E-Mail führt aber auch zu einer Informationsflut; so treffen bei vielen Mitarbeitenden in einer kurzen Zeitspanne mehr Mails ein, als beantwortet werden können. Das Abarbeiten von E-Mails nach Feierabend ist darum keine Seltenheit. Überfüllte Mailboxen machen es schwierig, Prioritäten zu setzen und wichtige und unwichtige Nachrichten als solche zu erkennen. In der Folge werden wichtige E-Mails nicht oder zu spät zur Kenntnis genommen. Ablauforganisatorisch können Probleme entstehen, wenn Mitarbeitende ihre E-Mails nicht abrufen oder lesen. Es besteht auch keine Sicherheit, dass ein E-Mail gesehen, gelesen und korrekt interpretiert wurde.

Aufgrund der Geschwindigkeit und Direktheit von E-Mails entsteht ein erhöhter Erwartungsdruck bezüglich schneller Antworten und Entscheidungen. Eine rasche Rückmeldung wird erwartet, und zwar auch bei komplexen Fragestellungen – dies erhöht die Belastung der Mitarbeitenden und setzt sie einem erhöhten Stress aus. Zudem leidet die Kommunikationskultur, wenn persönliche Gespräche abnehmen und mehrheitlich via E-Mail kommuniziert wird.
Im Kapitel 3 ab Seite 41 erfahren Sie, wie Sie mit Outlook Mails senden, empfangen, bearbeiten, weiterleiten und verwalten können.

Via Mail wird direkter und informativer kommuniziert. Diese Offenheit führt aber auch zu Problemen: Stimmungen und voreilige Meinungen werden zu schnell und unreflektiert weitergegeben.

Trotzdem ist E-Mail heute ein nicht mehr wegzudenkendes Hilfsmittel für die Kommunikation, Führung und Steuerung von Arbeitsprozessen. Die wichtigsten Anstandsregeln dürfen aber nicht vergessen werden – darum sind beim Einsatz von E-Mail die folgenden Regeln zu beachten:

▶ **Betreffzeile ausfüllen**
Vergessen Sie nicht, dem Empfänger in der Betreffzeile Ihres Mails einen kurzen Hinweis auf den Inhalt der Nachricht zu geben. So kann der Empfänger Ihre Meldung schon vor dem Öffnen richtig einordnen.

▶ **Anrede muss sein**
Beginnen Sie Ihr Mail immer mit einer Anrede. Im geschäftlichen Bereich ist es mit «Hallo», «Hi» oder «Ciao» nicht getan; das wirkt schnell einmal zu salopp. Verwenden Sie besser «Guten Tag» oder die sonst üblichen Anreden.

▶ **Bitte keine Romane**
E-Mail ist ein schnelles Medium: Fassen Sie sich daher kurz. Der optimale E-Mail-Stil sollte kurz, locker und freundlich sein.

▶ **Rechtschreibung beachten**
Zeigen Sie dem Empfänger Ihre Wertschätzung, indem Sie Ihre Meldung vor dem Versenden gründlich durchlesen oder das Rechtschreibeprogramm aktivieren. Besonders peinlich: falsch geschriebene Personen- oder Firmennamen.

▶ Vorsicht mit Humor und Ironie

Humor ist Geschmacksache, Ironie wird selten verstanden. Seien Sie deshalb zurückhaltend, wenn Sie diese Mittel einsetzen wollen. Ironie funktioniert nur unter Leuten, die sich gut verstehen.

▶ Signatur nicht vergessen

Fügen Sie am Ende jedes Mails Ihre Signatur quasi als Unterschrift ein. Diese sollte zumindest Ihren vollen Namen und Ihre elektronische Adresse enthalten. Zusätzlich können Sie Funktion, Adresse, Telefon- und Faxnummer angeben.

Die Unterschrift sollte nicht länger sein als vier Zeilen. Verzichten Sie auf unnötigen Ballast wie Bilder oder Verzierungen. Selbst speziell schön gemachte Signaturen werden mit der Zeit langweilig.

▶ Kein Mail im Affekt!

Haben Sie ein Mail erst einmal abgeschickt, können Sie es nicht mehr zurückholen. Es ist also nicht ratsam, Mails aus einer Wut heraus zu schreiben. Schlafen Sie also noch einmal darüber und lesen Sie das Mail vor dem Versenden noch einmal durch.

▶ «Schreien» Sie nicht

Schreiben Sie ganze Wörter in Grossbuchstaben, wird das allgemein als Schreien interpretiert. Sie sollten auf alle Fälle darauf verzichten, ganze Passagen in Grossbuchstaben zu schreiben. Bei einzelnen Wörtern ist es gerade noch tolerierbar.

▶ Keine umfangreichen Attachments

Sie haben die Möglichkeit, Ihren Mails Dateien (auch Bilder) als sogenannte Attachments anzuhängen. Verzichten Sie wenn immer möglich auf sehr umfangreiche Attachments. Lassen sich solche nicht verhindern, sprechen Sie sich vorher mit dem Empfänger ab. Klären Sie zudem vorgängig, ob der Adressat über die notwendigen Programme verfügt, um Ihre Attachments zu öffnen.

▶ Daten komprimieren

Wollen Sie die Datenmenge eines Mails reduzieren, können Sie für Ihre Attachments sogenannte Komprimierungsprogramme (z. B. Winzip) verwenden. Das kann sinnvoll sein, weil Sie so die Übertragungszeit verkürzen. Aber: Der Empfänger muss fähig sein, das Attachment auch wieder zu dekomprimieren. Sie ersparen sich und dem Empfänger Ärger, wenn Sie sich zuerst erkundigen.

▶ Antwortmails kürzen

Falls Sie ein empfangenes Mail mit dem Befehl «Antwort» erwidern: Kürzen Sie das ursprüngliche Mail und lassen Sie nur jene Zeilen stehen, auf die Sie Bezug nehmen. Löschen Sie insbesondere auch die Signatur des ersten Senders. Mehrfachsignaturen sind ärgerlich.

▶ Vorsicht bei «Antwort an alle»

Wenn Sie dem Absender ein Mail beantworten wollen, das an mehrere Empfänger gerichtet war: Achten Sie darauf, dass Sie Ihre Antwort nicht versehentlich an den ganzen Empfängerkreis schicken.

▶ Vorsicht bei Mails an mehrere Empfänger

Verschicken Sie ein Mail an mehrere Empfänger, dann achten Sie darauf, dass nicht jeder Empfänger automatisch die Mailadressen aller anderen Empfänger erhält. Nicht jeder Internetnutzer ist begeistert, wenn seine Mailadresse beliebig weitergegeben wird. Verwenden Sie die Bcc-Funktion Ihres Mailprogramms für eine sogenannte Blindkopie. Tragen Sie die E-Mail-Adressen der Empfänger einfach in die entsprechende Zeile ein. So sehen die Empfänger nicht, wer das Mail auch noch erhalten hat.

▶ **Weiterleiten**

Beim Weiterleiten ist Vorsicht angebracht. Wortwahl und Stil sind manchmal nur für ein ganz bestimmtes Augenpaar gedacht. Formulieren Sie in diesem Fall den Inhalt sinngemäss um.

▶ **Kopien**

Kopien sparsam einsetzen: Ein persönlich adressiertes Mail mit den wichtigsten Punkten ist oft sinnvoller.

▶ **Prioritäten und Lesebestätigungen**

Die Möglichkeit, die Dringlichkeit von E-Mails zu verdeutlichen, ist durchaus praktisch. Denken Sie jedoch an den Empfänger und seine Prioritäten, bevor Sie ein rotes Ausrufezeichen platzieren. Beim Anfordern von Lesebestätigungen ist ebenfalls Zurückhaltung geboten. Wenn Sie nach einer Nachricht stets noch eine Aufforderung für eine Lesebestätigung erhalten, kann das auf die Dauer nerven.

▶ **Verbreiten Sie keine Spams**

Als Spam bezeichnet man unverlangte kommerzielle Massenwerbung. Spam ist äusserst lästig. Er kostet den Empfänger Zeit und Geld. Nach Ansicht von Juristen handelt es sich bei Spam sogar um unlautere und damit illegale Werbung.

▶ **Schicken Sie Ketten-E-Mails nicht weiter**

Für Ketten-E-Mails gilt dasselbe wie für Spam. Sie gehören in den Papierkorb. Ketten-E-Mails erkennen Sie daran, dass sie häufig einen reisserischen Titel aufweisen, als Anreiz leichtes Geldverdienen versprechen, ultimativ zum Weiterleiten auffordern oder an Ihr Mitleid appellieren.

▶ **Gehen Sie niemals auf Anforderungen in Phishingmails ein**

Phishing ist eine Abwandlung des englischen Begriffs für Fischen und steht für eine neue Form der Cyberattacke. Der Angreifer versucht, das Opfer mittels gefälschter E-Mail auf eine ebenfalls gezinkte Website zu leiten und ihm persönliche Daten wie Passwörter, Kreditkartennummern und Benutzernamen zu entlocken. Häufig werden Gründe wie Sicherheitsanpassungen oder verlorene Daten vorgehalten. Die gefälschten Mails und Websites sind nahezu perfekte Kopien des Originals, sodass der Benutzer kaum Verdacht schöpft. Auf solche Aufforderungen soll nie eingegangen werden!

Aufgabe 14

Verfassen Sie ein E-Mail und senden Sie dieses mit einer Beilage (Attachment) eines Dokuments an Ihre Kollegin oder Ihren Kollegen. Lassen Sie sich von Ihrem Kollegen oder Ihrer Kollegin ebenfalls ein Mail mit Beilage senden.

Beantworten Sie das Mail.

Öffnen Sie das beigelegte Dokument und kopieren Sie Teile daraus in ein anderes, vorhandenes Textdokument. Dabei passen Sie Schrift, Zeilenabstand und weitere Formatierungen dem bestehenden Text an.

Benimmregeln im Internet (Netiquette)

Der Begriff **Netiquette** ist ein Kunstwort, das ursprünglich aus den Wörtern **Net** und **Etiquette** gebildet wurde. Die Netiquette steht für die Sammlung von Verhaltensregeln innerhalb des Internets und den einzelnen Diensten.

Netzanbieter (Provider, Firmen, Schulen) sichern sich vor missbräuchlicher Nutzung ihres Netzwerks durch die Benutzer mit «Richtlinien zur korrekten Nutzung» (Acceptable Use Policy, AUP) ab. In einer solchen Benutzungsordnung ist aufgeführt, was im Netzwerk nicht gestattet ist und welche technischen Regeln beim Gebrauch des Netzwerks einzuhalten sind. Dabei werden auch Verhaltensweisen erwähnt, die in der allgemeinen Netiquette als Empfehlung gelten. Eine AUP hat normalerweise – im Gegensatz zur Netiquette – verbindlichen Charakter und ist Bestandteil der Allgemeinen Geschäftsbedingungen (AGB) des Zugangsanbieters. Werden diese Richtlinien nicht eingehalten, kann der Netzanbieter den Zugang sperren, Schadenersatz fordern oder gar rechtliche Schritte einleiten.

Beispielsweise gelten folgende Handlungen als Missbrauch und sind daher verboten:

- Positionierung von illegalem Material auf einem System (wie Dokumente, welche Menschen diskriminieren; Bilder, Texte und Videos mit pornografischem Inhalt; Aufnahmen mit Darstellungen von Brutalität, Quälerei oder Mord; Hackerprogramme und Programme zur Erzeugung von Viren)
- Benutzung von beleidigenden Ausdrücken und Schimpfwörtern oder das Blossstellen von Personen sowohl in privaten als auch öffentlichen Nachrichten
- Versenden von nicht angeforderten geschäftlichen Nachrichten oder Mitteilungen (Spam)
- Fälschen von Benutzer- oder anderen Informationen
- Verletzung oder widerrechtliche Aneignung von Urheberrechten, Warenzeichen, Patenten, Betriebsgeheimnissen oder anderer geistiger Eigentumsrechte Dritter
- Bedrohung der Integrität und/oder Sicherheit eines Netzwerks oder Computersystems (z. B. durch Versenden von Würmern, Viren und anderen schädlichen Codes sowie unerlaubten Zugriff auf ein Gerät oder Daten)
- Belästigen von Personen via Internet (Cyberstalking), indem Falschinformationen im Internet verbreitet werden, um den Ruf einer Person zu schädigen, oder im Namen des Opfers Bestellungen aufgegeben oder in Foren Beiträge veröffentlicht werden

Beachten Sie im Zusammenhang mit dem Internet und der elektronischen Post privat und im Geschäft neben den Hinweisen auf den Seiten 34–36 folgende Punkte:

- Sie sind für den Inhalt und die Wartung Ihrer Mailbox verantwortlich.
- E-Mail täglich überprüfen!
- Ungewünschte Nachrichten sofort löschen, sie brauchen Speicherplatz.
- Gehen Sie niemals davon aus, dass nur Sie Ihre E-Mails lesen können. Andere können unter Umständen Ihre Mails auch lesen.
- Halten Sie sich an Hierarchieebenen. Schicken Sie E-Mails nicht direkt an den obersten Chef, nur weil dies möglich ist.
- Seien Sie professionell und vorsichtig in Bezug darauf, was Sie über andere schreiben. E-Mails können leicht weitergeleitet werden.
- Es wird als extrem unhöflich angesehen, persönliche E-Mails ohne Zustimmung des Absenders oder der Absenderin weiterzugeben.

Verhalten in sozialen Netzwerken (Social Media)

Sorgen Sie für eine nachhaltige, positive Präsenz: Jeder von Ihnen veröffentlichte Artikel, jeder Blogbeitrag, jedes Foto oder Video kann eine Auswirkung auf Ihren Ruf haben – positiv wie negativ. Wer sich im Umgang mit persönlichen Daten über das eigene Tun und Handeln bewusst ist, kann die Vorteile der sozialen Netzwerke durchaus sinnvoll für sich und die eigene Online-Identität einsetzen. Heute gehört es in vielen Personalabteilungen zum inoffiziellen Standardprozedere, Bewerbende zu googeln.

Achten Sie auf ein einheitliches Auftreten und vermeiden Sie Widersprüche. Wer unter seinem richtigen Namen bei verschiedenen Social Networks und Onlinediensten zu finden ist, sollte sicherstellen, ein über alle Profile hinweg konsistentes, widerspruchsfreies Bild abzugeben. Sich bei einem Geschäftsnetzwerk wie beispielsweise Xing als seriöser Mensch zu präsentieren und gleichzeitig an anderer Stelle als ausgeflippte, leichtsinnige Person aufzutreten, dürfte dem beruflichen Image nicht sehr dienlich sein. Besser ist hier der Einsatz eines Pseudonyms für weitere Online-Identitäten und deren strikte Trennung voneinander.

Zuerst überlegen, bevor man sich im Netz äussert. Jeder Kommentar, Foto- oder Video-Upload, jedes Status-Update und jede veröffentlichte Notiz beziehungsweise jeder gepostete Link bleibt im Gedächtnis des Internets erhalten und kann im schlimmsten Fall ein Risiko für die weitere persönliche Laufbahn darstellen. Darum sollten Sie sich insbesondere vor Bewerbungsgesprächen selbst googeln. So können Sie sich auf kritische Fragen vorbereiten. Wenn Sie einen Namensvetter haben, der sich im Netz unkorrekt benimmt, sollten Sie in den Bewerbungsunterlagen darauf hinweisen.

Selektiv Kontakte bestätigen: Was bei Geschäftsnetzwerken weniger problematisch ist, kann sich bei den auf die private Nutzung ausgelegten Social Media wie Facebook rächen. Wer grundsätzlich jeden Kontakt bestätigt, läuft Gefahr, seine vor dem Zugriff von aussen geschützten Daten unachtsam Fremden zugänglich zu machen – und man weiss nie, was diese im Schilde führen. Besser ist es, Kontakte selektiv zu akzeptieren und unter Umständen auch abzulehnen.

www.facebook.com	ist eine Website zur Bildung und Unterhaltung sozialer Netzwerke.
www.xing.com	ist eine Website, in der natürliche Personen vorrangig ihre geschäftlichen (aber auch privaten) Kontakte zu anderen Personen verwalten können.
www.myonid.org	enthält Tools zum Monitoring, Marketing und Management der Online-Identität.

Aufgabe 15

Besorgen Sie sich im Internet Informationen zu folgenden Fragen:

▶ Internetplattformen zur Bildung von sozialen Netzwerken wie Facebook oder MySpace ermöglichen es, kostenlose Benutzerprofile mit Fotos, Videos, Blogs, Gruppen anzulegen. Welche Gefahr besteht bei der Nutzung solcher Web-2.0-Dienste?

▶ Blogs – im Internet geführte öffentliche Tagebücher – sind sehr beliebt, sind sie doch ein einfach zu handhabendes Medium zur Darstellung von Aspekten des eigenen Lebens und auch von Meinungen zu spezifischen Themen. Was sollten Sie beim Verfassen von Blogeinträgen beachten?

▶ In Wikis kann sich jeder mit eigenen Artikeln zu Themen – über die man natürlich Bescheid wissen muss – beteiligen. Der grösste Vertreter ist Wikipedia, eine freie Enzyklopädie im Internet. Wie kann in Wikis die Verlässlichkeit und Qualität des Inhalts sichergestellt werden?

▶ Immer mehr Cyber-Konsumenten und -Konsumentinnen nehmen an Internetauktionen teil. Den Betreibern dieser Webseiten müssen in der Regel Name und geografische Adresse mitgeteilt werden, um an der Auktion teilnehmen zu können. Die Betreiber können, müssen aber nicht die Angaben überprüfen. Aus diesem Grund bieten immer wieder betrügerische Verkäufer ein Produkt an, der Käufer ersteigert es, zahlt, und prompt verschwindet der Anbieter spurlos aus der Cyberworld. Welche Vorsichtsmassnahmen beachten Sie, wenn Sie an einer Internetauktion teilnehmen?

Beantworten Sie folgende Fragen:

Aufgabe 16

▶ Die meisten Viren, Würmer und Trojaner werden per E-Mail verbreitet. Welche Sicherheitsmassnahmen treffen Sie darum?

▶ Warum ist beim Download von Software aus dem Internet Vorsicht geboten?

Erläutern Sie in einer kurzen PowerPoint-Präsentation, was einen guten Internetauftritt ausmacht. Punkte Ihrer Präsentation können sein:

Aufgabe 17

▶ Vorbereitung eines Internetauftritts

▶ Name der Site

▶ Was gehört auf die Homepage (Startseite) und was auf die folgenden Webseiten?

▶ Sitemap (Inhaltsverzeichnis, Übersicht)

▶ Navigation

▶ Bilder

▶ Kontaktaufnahme via E-Mail

▶ Gästebuch

▶ Gestaltung der Seiten

▶ Sünden eines Webgestalters

▶ Gute und schlechte Beispiele aus der Praxis

▶ Hilfsmittel, Links, Ratgeber

Wahl des Kommunikationsmittels

Sie müssen die Leiter der Agenturen Interlaken, Thun, Bern und Solothurn zu einer dringenden, kurzfristig einberufenen Sitzung einladen. Alle Agenturen sind mit Telefon, Internet/ Intranet sowie E-Mail und Fax ausgerüstet. Die Agenturbüros sind aber oft unbesetzt, da die Leiter auch Kunden besuchen müssen. Ihr Standort ist Olten, und die Sitzung findet in drei Tagen in Bern statt.

Bitte wählen Sie das zweckmässigste Kommunikationsmittel für die Sitzungseinladung. Begründen Sie auch, weshalb Sie sich nicht für die anderen Möglichkeiten entschieden haben.

Ihre Wahl:

▨ Brief   ▨ Internet/Intranet   ▨ E-Mail   ▨ Fax   ▨ Telefon/Natel

Ihre Begründungen:

Brief _____

_____

_____

Internet/Intranet _____

_____

_____

E-Mail _____

_____

_____

Fax _____

_____

_____

Telefon/Natel _____

_____

_____

3.1 Einführung

Register	Datei
Befehl	Öffnen
Befehl	Outlook-Datendatei öffnen

Der Lehrgang zeigt die wichtigsten Möglichkeiten von Outlook anhand eines durchgehenden Beispiels. Bei der Arbeit mit Outlook ist entscheidend, dass die Lernenden über ein eigenes Mailkonto verfügen und Kontakte (z. B. die Klassenkameraden) erfassen und damit arbeiten. Sofern die Lernenden im Unterricht immer wieder über das gleiche persönliche Profil verfügen und mit ihrer persönlichen Outlook-Oberfläche arbeiten, sollten sich im Unterricht keine Probleme ergeben. Jeder Lernende hat dann sein persönliches Outlook. Outlook speichert die aktuellen Daten (Kalender, E-Mails usw.) in der Datei Outlook.pst im persönlichen Profil. Sie können erkennen, wo Ihre Daten gespeichert werden, indem Sie im Register **Datei > Öffnen > Outlook-Datendatei öffnen** wählen:

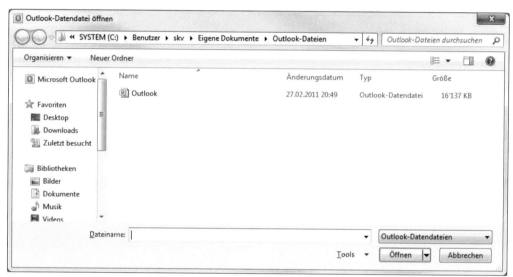

Outlook-Datendateien – wo werden die Dateien gespeichert?

Die Clients in Unterrichtsräumen sind sehr unterschiedlich eingerichtet, und es ist nicht immer so, dass die Outlook-Daten in der nächsten Lektion automatisch zur Verfügung stehen. In solchen Fällen werden die Daten z. B. auf einem Serverlaufwerk oder einem USB-Stick gesichert und bei der Fortsetzung des Unterrichts wieder eingelesen oder aktiviert.

Für Netzwerkadministratoren gibt es verschiedene Möglichkeiten, die Verwaltung von PST-Dateien einzurichten. Bevor Sie mit diesem Lehrmittel arbeiten, setzen Sie sich mit Ihrem Netzwerkadministrator in Verbindung. Er wird die entsprechenden Einrichtungen vornehmen. Eine Möglichkeit ist z. B., eine PST-Datei ins Datenverzeichnis der Lernenden zu legen und die PST-Datei von Outlook zu löschen. Sofern Outlook die PST-Datei nicht findet, wird nach der gewünschten Datei gefragt.

Wenn Sie eine leere PST-Datei benötigen, so kopieren Sie die vorhandene PST-Datei in einen andern Ordner. Beim Start von Outlook wird dann eine neue leere PST-Datei erstellt.

Da die Aufgaben individuell und je nach den gewählten Adressen verschieden gelöst werden können, haben wir auf Lösungsvorgaben verzichtet. Ausnahme bildet die Aufgabe 19 auf Seite 46.

Links

http://support.microsoft.com/kb/287070/de

http://www.microsoft.com/downloads/details.aspx?FamilyID=8b081f3a-b7d0-4b16-b8af-5a6322f4fd01&DisplayLang=de

http://support.microsoft.com/kb/830336/de

3.2 Grundlagen, Arbeitsoberfläche

Grundlagen

▶ Aufbau

Outlook ist ein Programm, das aus verschiedenen Komponenten besteht, die Sie bei Ihrer täglichen Arbeit unterstützen. E-Mails schreiben, Termine organisieren und Adressen verwalten gehören nicht nur zu den täglichen Arbeiten im Büro – diese Tätigkeiten sind für jede Privatperson genauso wichtig und bedeutend.

Haben Sie erst einmal eine E-Mail-Adresse, so möchten Sie diese ja auch komfortabel abfragen. Dabei unterscheidet sich Outlook allerdings in der Bedienung deutlich von den anderen Office-Anwendungen. Viele PC-Anwender benutzen Outlook nicht nur zur Verwaltung ihrer E-Mail-Adressen – Outlook dient oft als persönlicher Assistent für die Kommunikation.

▶ Funktionen

Outlook dient nicht nur zur Verwaltung von E-Mails, sondern ist gleichzeitig ein **Organizer.** Oft nennt man Programme wie Outlook auch PIM – **Personal Information Manager.** Mit Outlook verwalten Sie Ihre Termine, führen Ihre Geburtstagsliste, tragen Ihre noch zu erledigenden Aufgaben ein, oder Sie verwalten im Outlook Ihre Notizen. Mit anderen Mitarbeitern synchronisieren Sie Ihre Termine im Netzwerk, oder Sie gleichen Ihren PC mit Ihrem Palm ab. Viele Möglichkeiten von Outlook kommen allerdings erst beim Einsatz eines **Mailservers,** z. B. eines Microsoft-Exchange-Servers, zum Tragen. Der Microsoft-Exchange-Server unterstützt zahlreiche Aktivitäten für den Informationsaustausch zwischen Mitarbeitern. Dazu gehören unter anderem Zeitplanungsfunktionen für Gruppen, Diskussionsgruppen und Teamordner. Mit integrierten Funktionen zum Indizieren und Suchen nach Inhalten können die Benutzer Daten einfach und schnell suchen und gemeinsam nutzen. Arbeiten Sie im Büro und zu Hause mit Outlook, können Sie mit einem Exchange-Server Ihre Daten problemlos synchronisieren. Wir verzichten in diesem Lehrmittel auf die Möglichkeiten von Outlook beim Einsatz eines Exchange-Servers, weil es den Rahmen der IKA-Ausbildung sprengen würde. Seien Sie sich aber bewusst, dass Outlook gelegentlich anders bedient werden muss, wenn ein Exchange-Server installiert ist, und auch Registereinträge sich in diesem Fall ändern können.

Programmsymbol Outlook

▶ Outlook starten

Mit der Installation von Office wird in der Regel ein Verknüpfungssymbol von Outlook auf dem Desktop angezeigt. Ein Doppelklick auf dieses Symbol startet das Programm. Selbstverständlich können Sie das Programm auch wie gewohnt durch Klick auf die Schaltfläche **Start** aufrufen. Sofern Sie Outlook auf einem Einzelrechner zum ersten Mal starten, erscheint automatisch der Outlook-Start-Assistent. Sie können in diesem Fall ein E-Mail-Konto konfigurieren. Sollten mehrere Benutzerprofile auf Ihrem PC eingerichtet sein, weil der PC von verschiedenen Benutzern verwendet wird, müssen Sie zusätzlich Ihren Profilnamen und Ihr Kennwort eingeben. Sofern Ihnen diese Angaben nicht bekannt sind, fragen Sie den Administrator Ihres PC. Selbstverständlich können Sie später auch weitere E-Mail-Konten im Outlook hinzufügen.

Die Arbeitsoberfläche

▶ Outlook Posteingang

Die Arbeitsoberfläche von Outlook kann sich während Ihrer Arbeit ganz nach den individuell gewählten Einstellungen verändern. Nach dem Programmstart öffnet sich in der Regel der Posteingang. Ihr Outlook-Fenster sieht etwa so aus:

Navigationsbereich

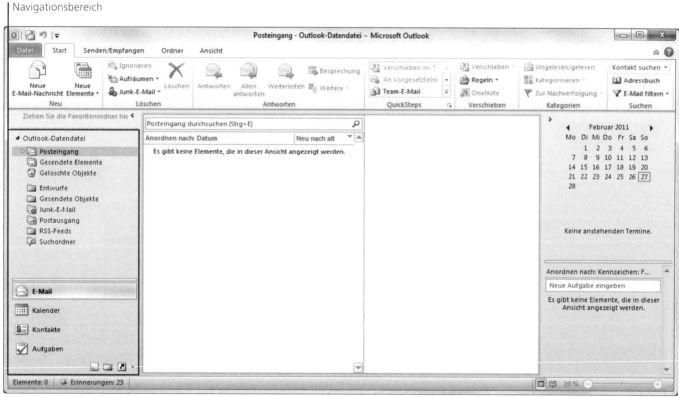

Bildschirm Outlook Posteingang

Navigationsbereich

Im unteren Teil des Navigationsbereichs sehen Sie grosse Schaltflächen (**Modulschaltflächen**) zum Wechseln zwischen den wichtigsten Outlook-Modulen E-Mail, Kalender, Kontakte und Aufgaben. Durch Anklicken der Schaltfläche **Schaltflächen konfigurieren** können Sie weitere Schaltflächen wie Notizen, Ordnerlisten und Verknüpfungen sichtbar machen. Outlook speichert alle Informationen in Ordnern, ähnlich der Verwaltungstechnik des Microsoft-Betriebssystems. Die Ordner wiederum sind in den verschiedenen Modulen zusammengefasst (E-Mail, Kalender, Kontakte, Aufgaben). Durch einen Mausklick wechseln Sie zwischen den Modulen und den Ordnern. Den Navigationsbereich können Sie auch ausblenden und wieder einblenden, indem Sie im Menü **Ansicht** die entsprechende Einstellung vornehmen.

Modulschaltflächen

Schaltflächen konfigurieren

Lesebereich

Beim Anklicken bestimmter Ordner öffnet sich automatisch der Lesebereich.
Der Lesebereich wird standardmässig im rechten Teil des Anwendungsfensters angezeigt. Er zeigt die wichtigsten Angaben (Betreff, Absender, Empfänger) einer E-Mail-Nachricht. Zudem sehen Sie den gesamten Nachrichtentext. Sie können das Fenster der einzelnen Bereiche ganz einfach mit der Maustaste verändern, indem Sie mit dem Mauszeiger auf den Fensterrand fahren und durch Ziehen die Fenstergrösse verändern. Im Register **Ansicht** bestimmen Sie unter **Lesebereich** zudem, wo dieser auf dem Bildschirm erscheinen soll.

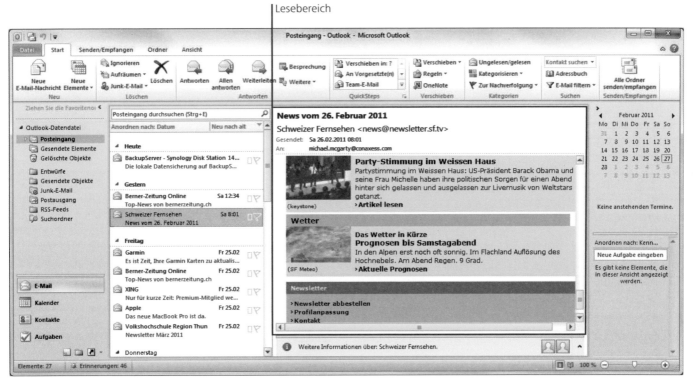

Der Lesebereich

Aufgabe 19

Beantworten Sie folgende Fragen:

Aus welchen drei Bereichen besteht die Outlook-Oberfläche?

_____

_____

_____

Welche Module kennt Outlook?

_____

_____

_____

_____

Wo können Sie den Lesebereich auf dem Bildschirm platzieren?

_____

_____

_____

_____

3.3 Kontakte

Neue Kontakte anlegen

Zur Eingabe und Verwaltung von Kontakten klicken Sie im Navigationsbereich die Modulschaltfläche **Kontakte** an. Standardmässig ist dann der Ordner Kontakte aktiviert. Sie können selbstverständlich auch mehrere Kontaktordner erstellen. Für unsere Arbeit verwenden wir jedoch den Standardordner. Unter dem Titel **Meine Kontakte** steht also der Eintrag **Kontakte**.
Sie legen einen neuen Kontakt an, indem Sie auf die Schaltfläche **Neuer Kontakt** klicken. Es öffnet sich das Kontaktformular mit dem Titel **Unbenannt – Kontakt**.
Im folgenden Kontaktformular Karl Muster wurden bereits einige Angaben eingetragen. Sie sehen, dass das Formular aus fünf Anzeigen besteht. Wichtig für Ihre Arbeit sind neben der Anzeige **Allgemein** vor allem die Anzeigen **Details** und **Aktivitäten**.

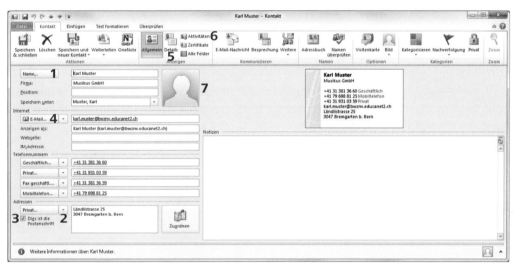

Kontaktformular

Navigationsleiste Kontakte

1 Wenn Sie die grauen Schaltflächen anklicken, z. B. Name…, öffnet sich ein weiteres Dialogfeld, das Ihnen die Dateneingabe erleichtert.

Tipp: Mit der Tastenkombination Ctrl+Shift+C können Sie das Kontaktfenster rasch aufrufen.

Dialogbox zur einfachen Dateneingabe

2 Über die Pfeilschaltflächen können Sie aus einem grossen Angebot weitere Eintragungen auswählen. Z. B. können Sie unter dem Stichwort Adressen die Geschäftsadresse, die Privatadresse und eine weitere Adresse für einen Kontakt angeben.

3 Wenn Sie mehrere Adressen eingeben, setzen Sie ein Häkchen bei derjenigen Adresse, welche für die Postanschrift gilt.

4 In einem Kontakt lassen sich bis zu drei E-Mail-Adressen einfügen.

Register	**Kontakt**
Gruppe	Anzeigen
Befehl	Details

5 In der Anzeige **Details** können Sie weitere Eintragungen zum entsprechenden Kontakt vornehmen wie z. B. die Abteilung, die Berufsbezeichnung, die Anrede.

Ein Eintrag unter dem Stichwort «Geburtstag» ergibt automatisch einen Eintrag im Terminkalender als wiederkehrendes Ereignis (ganzjähriger Termin).

Ein Geburtstagseintrag im Kontakt führt zu automatischem Eintrag im Kalender:

Register	**Kontakt**
Gruppe	Anzeigen
Befehl	Aktivitäten

6 Die Anzeige **Aktivitäten** gibt Auskunft über die Aktivitäten, die mit diesem Kontakt verknüpft sind. Das können E-Mail-Nachrichten, Termine, Kontakte, Aufgaben oder Journaleinträge sein.

7 Einem Kontoeintrag können Sie ein Bild hinzufügen. Klicken Sie dazu im Kontaktformular auf das Bildsymbol und wählen Sie im gewünschten Ordner das entsprechende Bild aus. Klicken Sie mit der rechten Maustaste auf das Bild, können Sie es wieder löschen.

Nach der Eingabe der Daten ins Kontaktformular drücken Sie auf **Speichern & schliessen** oder Sie verwenden die Tastenkombination **Ctrl+S.** Der eingegebene Kontakt wird sofort als Adresskarte angezeigt.

Erfassen Sie die Adressen Ihrer Klassenmitglieder. Füllen Sie die Formularfelder so weit als möglich aus, mindestens jedoch die Felder **Vorname, Nachname, Telefonnummer privat, Privatadresse, E-Mail-Adresse**. Wenn möglich füllen Sie auch die Felder **Firma, Geschäftsadresse, geschäftliche Telefonnummer** und **Geburtsdatum** aus. Als Postanschrift wählen Sie die Privatadresse. Jeder Kontakt sollte unbedingt über eine E-Mail-Adresse verfügen, damit Sie mit den Kontaktadressen sinnvolle E-Mail-Übungen durchführen können. Sofern ein Klassenmitglied noch nicht über eine E-Mail-Adresse verfügt, können Sie bei vielen Anbietern (z. B. gmx.ch, gmx.net, bluewin.ch) gratis eine E-Mail-Adresse einrichten.

Übrigens: Es schadet nichts, wenn man über zwei oder drei E-Mail-Adressen verfügt.

Nach dem Erfassen der Adressen sollte der Bildschirm **Kontakte** im Arbeitsbereich etwa so aussehen:

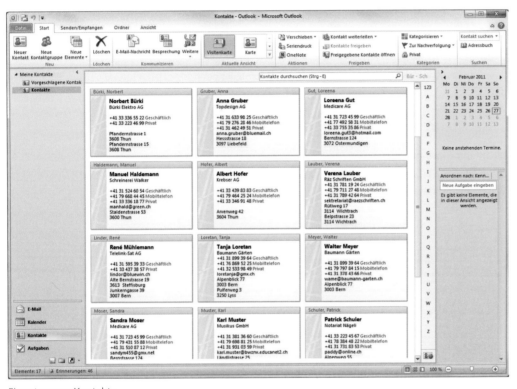

Eingetragene Kontakte

Kontakte bearbeiten

▶ Ansichten Kontakte

Register	**Ansicht**
Gruppe	Aktuelle Ansicht
Befehl	Ansicht ändern

Tipp: Die Breite der Spalten können Sie verändern, indem Sie bei gedrückter Maustaste die senkrechten Spaltentrenner verschieben.

Mit Outlook lassen sich einmal eingegebene Daten in verschiedenen Ansichten ausgeben. In der Standardansicht werden im Adressbereich die Kontakte in Form von Visitenkarten angezeigt. Ist dies nicht der Fall, klicken Sie im Register **Ansicht** unter **Aktuelle Ansicht > Ansicht ändern** auf **Visitenkarten**. Ändern Sie nun die Ansicht folgendermassen: Wählen Sie statt der Ansicht **Visitenkarte** die Ansicht **Liste**. Die Ansicht im Adressbereich ändert sich. Sie sehen nun die Einträge in einer Listenansicht. Alle Kontakte erscheinen nach Firmen geordnet. Mehrere Kontaktpersonen innerhalb derselben Firma werden gruppiert. In unserem Beispiel sieht die Auflistung nun so aus:

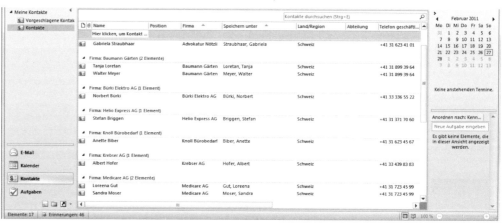

Listenansicht der eingetragenen Kontakte, nach Firma geordnet

Listen den eigenen Bedürfnissen anpassen

Die Flexibilität von Outlook zeigt sich, wenn Listen den eigenen Bedürfnissen angepasst werden sollen. Wählen Sie nun statt der Ansicht **Liste** die Ansicht **Telefon**.

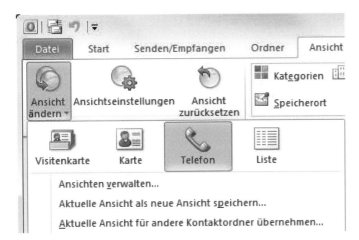

In unserem Beispiel sieht nun die Liste so aus:

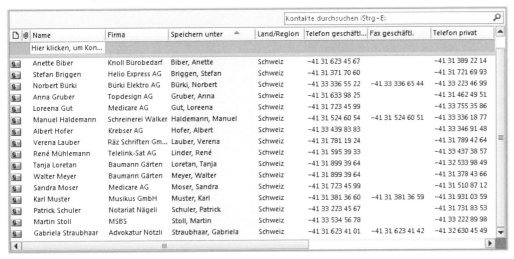

Die Ansicht Telefonliste

Sie sehen, dass die Namen zweimal erscheinen: einmal unter dem Titel **Name** und einmal unter dem Titel **Speichern unter**. Zudem sind verschiedene Felder vorhanden, die Sie wahrscheinlich in einer Telefonliste gar nicht benötigen. Nehmen wir an, Sie möchten nun von Ihren Klassenkameraden eine Liste, die nur den Namen, die private Telefonnummer, die geschäftliche Telefonnummer und die Natelnummer enthält. Das können Sie einfach erzielen. Klicken Sie mit der rechten Maustaste in die Spaltenüberschrift **Firma**. Auf dem Bildschirm erscheint eine Reihe von Optionen. Wählen Sie nun **Diese Spalte entfernen**. Wiederholen Sie diesen Vorgang mit allen Spalten, die Sie für Ihre Telefonliste nicht benötigen. Ihre Telefonliste sieht nun etwa so aus:

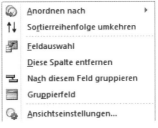

Optionen zu einer Spalte

Spaltenüberschriften

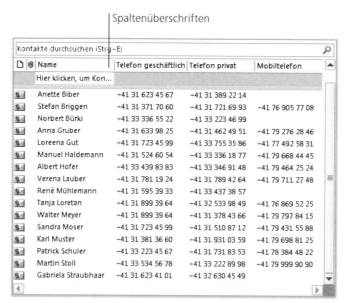

Telefonliste mit reduzierter Spaltenanzahl

Sie können die Liste mit einem Klick auf die linke Maustaste einfach sortieren. Mit einem Klick auf die rechte Maustaste in der Spaltenüberschrift können Sie weitere Einstellungen vornehmen oder Felder wieder sichtbar machen.

Register	Ansicht
Gruppe	Aktuelle Ansicht
Befehl	Ansicht ändern
Befehl	Ansichten verwalten

Neue Listen anlegen

Das Beispiel Telefonliste hat Ihnen gezeigt, wie Sie bestehende Listen anpassen. Sie können jedoch auch neue Listen anlegen und speichern. Als Beispiel soll uns eine Geburtstagsliste dienen.

1. Klicken Sie im Register **Ansicht** auf **Aktuelle Ansicht** > **Ansicht ändern** > **Ansichten verwalten.**

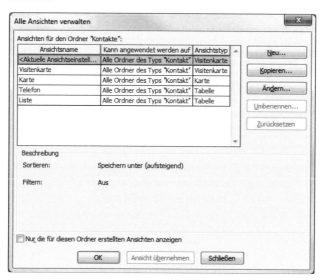

2. Klicken Sie auf **Neu** und geben Sie unter **Name der neuen Ansicht** den Begriff «Geburtstagsliste» ein. Als Ansichtentyp wählen Sie Tabelle. Klicken Sie auf **OK.**

3. Es erscheint das Fenster **Erweiterte Ansichtseinstellungen: Geburtstagsliste.** Klicken Sie auf **Spalten,** um die Spalten festzulegen, die später in der Geburtstagsliste erscheinen sollen.

4. Entfernen Sie alle Spalten ausser **Name** und **Telefon privat.**

5. Wählen Sie unter **Verfügbare Spalten auswählen** den Eintrag **Persönliche Felder** aus. Aus der Liste der verfügbaren Felder wählen Sie **Geburtstag** aus und klicken auf **Hinzufügen**. Klicken Sie dann auf **OK**.

6. Bestätigen Sie dreimal mit **OK**.

Die neue Ansichtsmöglichkeit ist nun im Register **Start** unter **Aktuelle Ansicht** eingetragen. Mit Klick auf den Spaltentitel können Sie die Liste sortieren:

Aktuelle Ansicht

Name	Telefon privat	Geburtstag ▼
Hier klicken, um Kontakt zu er...		
Anna Gruber	+41 31 462 49 51	23. April 1993
Patrick Schuler	+41 31 731 83 53	23. Dezember 1992
Sandra Moser	+41 31 510 87 12	27. April 1990
Loreena Gut	+41 33 755 35 86	28. Januar 1989
René Mühlemann	+41 33 437 38 57	30. August 1985
Anette Biber	+41 31 389 22 14	6. Dezember 1980
Stefan Briggen	+41 31 721 69 93	24. Juli 1979
Verena Lauber	+41 31 789 42 64	1. November 1976
Tanja Loretan	+41 32 533 98 49	19. Oktober 1972
Manuel Haldemann	+41 33 336 18 77	7. Mai 1971
Walter Meyer	+41 31 378 43 66	10. Juni 1967
Albert Hofer	+41 33 346 91 48	24. Februar 1966
Norbert Bürki	+41 33 223 46 99	14. März 1963
Gabriela Straubhaar	+41 32 630 45 49	2. Mai 1955
Karl Muster	+41 31 931 03 59	22. April 1954
Martin Stoll	+41 33 222 89 98	4. Oktober 1949

Geburtstagsliste

Ergänzen Sie die Geburtstagsliste mit dem Eintrag der Mobiltelefonnummer und ändern Sie die Reihenfolge der Spalten wie vorgegeben:

Name	Geburtstag ▼	Telefon privat	Mobiltelefon
Hier klicken, um Kontakt zu er...			
Anna Gruber	23. April 1993	+41 31 462 49 51	+41 79 276 28 46
Patrick Schuler	23. Dezember 1992	+41 31 731 83 53	+41 78 384 48 22
Sandra Moser	27. April 1990	+41 31 510 87 12	+41 79 431 55 88
Loreena Gut	28. Januar 1989	+41 33 755 35 86	+41 77 492 58 31
René Mühlemann	30. August 1985	+41 33 437 38 57	
Anette Biber	6. Dezember 1980	+41 31 389 22 14	
Stefan Briggen	24. Juli 1979	+41 31 721 69 93	+41 76 905 77 08
Verena Lauber	1. November 1976	+41 31 789 42 64	+41 79 711 27 48
Tanja Loretan	19. Oktober 1972	+41 32 533 98 49	+41 76 869 52 25
Manuel Haldemann	7. Mai 1971	+41 33 336 18 77	+41 79 668 44 45
Walter Meyer	10. Juni 1967	+41 31 378 43 66	+41 79 797 84 15
Albert Hofer	24. Februar 1966	+41 33 346 91 48	+41 79 464 25 24
Norbert Bürki	14. März 1963	+41 33 223 46 99	
Gabriela Straubhaar	2. Mai 1955	+41 32 630 45 49	
Karl Muster	22. April 1954	+41 31 931 03 59	+41 79 698 81 25
Martin Stoll	4. Oktober 1949	+41 33 222 89 98	+41 79 999 90 90

▶ Kontakte drucken

Wenn Sie den Wunsch haben, Kontakte auszudrucken, bietet Ihnen Outlook je nach gewählter Ansicht verschiedene Möglichkeiten des Ausdrucks. Standardmässig werden alle Kontakteinträge im Kartenformat gedruckt. Sofern Sie nur bestimmte Kontaktadressen ausdrucken wollen, müssen Sie diese zuerst im Anzeigebereich markieren. Beim Drucken im Kartenformat und im Heftformat druckt Outlook zusätzlich zwei Blankoformate. Damit können Sie Kontaktinformationen unterwegs von Hand erfassen und sie später in den Ordner Kontakte aufnehmen. Sie können über die Schaltfläche **Seite einrichten** des Druckdialogs festlegen, wie viele Blankoformate ausgedruckt werden sollen.

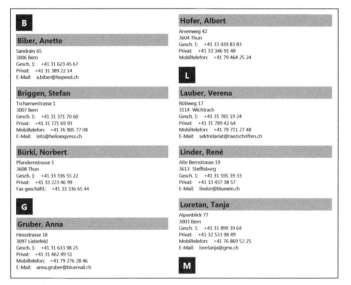

Kartenformat

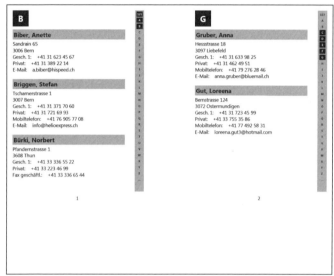

Heftformat

```
B

Biber, Anette ............................ Gesch. 1   +41 31 623 45 67
                                       Privat      +41 31 389 22 14

Briggen, Stefan ....................... Gesch. 1   +41 31 371 70 60
                                       Privat      +41 31 721 69 93
                                       Mobiltelefon +41 76 905 77 08

Bürki, Norbert ........................ Gesch. 1   +41 33 336 55 22
                                       Privat      +41 33 223 46 99
                                       Fax geschäftl. +41 33 336 65 44

G

Gruber, Anna .......................... Gesch. 1   +41 31 633 98 25
                                       Privat      +41 31 462 49 51
                                       Mobiltelefon +41 79 276 28 46

Gut, Loreena .......................... Gesch. 1   +41 31 723 45 99
                                       Privat      +41 33 755 35 86
                                       Mobiltelefon +41 77 492 58 31

H

Haldemann, Manuel ................ Gesch. 1   +41 31 524 60 54
                                       Privat      +41 33 336 18 77
                                       Mobiltelefon +41 79 668 44 45
                                       Fax geschäftl. +41 31 524 60 51

Hofer, Albert ......................... Gesch. 1   +41 33 439 83 83
                                       Privat      +41 33 346 91 48
                                       Mobiltelefon +41 79 464 25 24
```

Telefonbuchformat

Michael McGarty

Name:	Anette Biber
Nachname:	Biber
Vorname:	Anette
Firma:	Knoll Bürobedarf
Adresse privat:	Sandrain 65
	3006 Bern
Geschäftlich:	+41 31 623 45 67
Privat:	+41 31 389 22 14
E-Mail:	a.biber@hispeed.ch
E-Mail-Anzeigename:	Anette Biber (a.biber@hispeed.ch)
Geburtstag:	6. Dezember 1980

Memo-Format

▶ Das Adressbuch

Im Adressbuch werden Adresslisten gesammelt. Es hilft Ihnen zum Beispiel, E-Mail-Adressen nachzuschlagen und E-Mails zu adressieren. Das Adressbuch ist keine eigenständige Adressdatenbank. Es bietet lediglich eine für die Kommunikation optimierte Darstellung der Kontaktinformationen. Allerdings können Sie über das Adressbuch Kontakte und Verteilerlisten hinzufügen und entfernen, Kontakte bearbeiten und Verteilerlisten erstellen.

Das Adressbuch Kontakte

Sie können das Adressbuch öffnen, indem Sie das Icon-Adressbuch oder unter **Extras** den Befehl **Adressbuch** anklicken. Standardmässig wird nun der Inhalt des Adressbuchs Kontakte angezeigt. Haben Sie mehrere Kontaktordner angelegt, wählen Sie den gewünschten Ordner im Feld **Adressbuch anzeigen** aus. In einem Adressbuch sehen Sie nur die Felder Name, Anzeigename und E-Mail-Adresse.

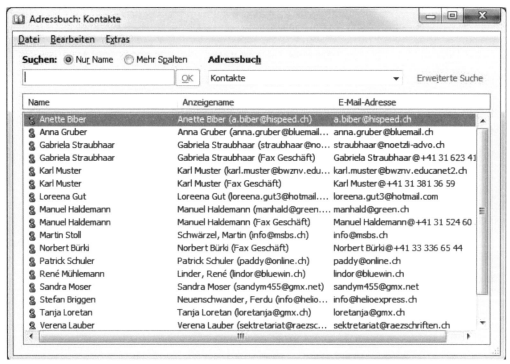

Das Icon-Adressbuch

Adressbuch Kontakte

Das Adressbuch wird standardmässig nach dem Vornamen sortiert. Hinter dem Anzeigenamen steht jeweils die E-Mail-Adresse bzw. Fax Geschäft oder Fax privat. Beachten Sie, dass Kontakteintragungen, die sowohl eine E-Mail-Adresse als auch eine Faxnummer beinhalten, zweimal im Adressbuch auftauchen.

Sie arbeiten leichter, wenn Sie die Adressen nach dem Nachnamen sortieren. Klicken Sie zu diesem Zweck im Anwendungsfenster das Register **Datei,** danach den Befehl **Kontoeinstellungen** an. Wählen Sie den Eintrag **Adressbücher.** Wählen Sie das gewünschte Adressbuch und klicken Sie auf **Ändern.** Aktivieren Sie das Kontrollfeld **Speichern unter** und schliessen Sie die Dialogboxen. Die Adressen sind nun nach dem Nachnamen sortiert.

Das Dialogfeld **Adressbuch: Kontakte** ist identisch mit dem Adressbuchteil des Dialogfeldes
Namen auswählen: Kontakte, das Sie in Nachrichtenformularen über die Schaltflächen An,
Cc und Bcc öffnen (vgl. Seite 67).

Im Adressbuch steht Ihnen zudem eine Suchfunktion zur Verfügung.

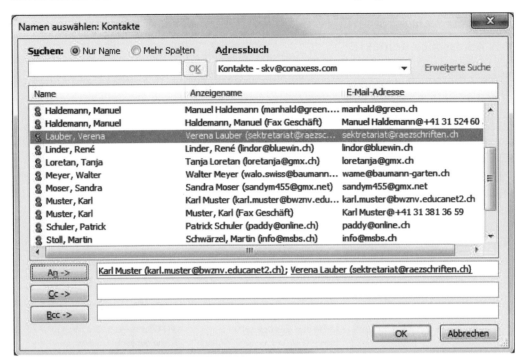

Suchfunktion im Adressbuch

Das Dialogfeld Namen auswählen: Kontakte

Eintragungen hinzufügen und löschen

Sie können direkt aus dem Adressbuch neue Kontakte oder eine Verteilerliste erstellen, indem
Sie mit der rechten Maustaste auf einen beliebigen Eintrag klicken und dann **Neuer Eintrag**
auswählen.

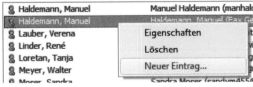

Eintragungen hinzufügen oder löschen

Wozu Verteilerlisten dienen, erfahren Sie im Kapitel 3.4 Nachrichtenaustausch.
Wenn Sie einen Eintrag im Adressbuch löschen, dann wird er automatisch auch im Ordner
Kontakte entfernt. Wenn Sie also beispielsweise den Eintrag für eine Faxnummer löschen,
wird die Faxnummer auch im Kontaktformular entfernt. Benötigen Sie z. B. eine zweite oder
dritte E-Mail-Adresse zu einem Kontakt nicht, löschen Sie den Eintrag ganz einfach im Adressbuch.

3.4 Nachrichtenaustausch

Wie funktioniert ein E-Mail?

▶ Voraussetzungen

Bevor Sie E-Mails versenden und empfangen können, benötigen Sie bei einem Provider (ISP – Internet Service Provider) eine E-Mail-Adresse (E-Mail-Konto). Die meisten Provider stellen E-Mail-Dienste webbasierend zur Verfügung (HTTP – Hypertext transport protocol). Damit können Sie überall auf der Welt Ihre eigenen Mails abrufen und versenden.

Zu Hause oder im Betrieb versenden und empfangen Sie E-Mails selbstverständlich mit einer Mailsoftware (E-Mail-Client), in unseren Beispielen Outlook. Outlook ist die Benutzersoftware von Microsoft, welche die Oberfläche bereitstellt, um E-Mails erstellen und lesen zu können. Für den Transport von E-Mails sind verschiedene Protokolle notwendig.

▶ Weg eines E-Mails

Karl Muster möchte seinem Bruder Sebastian ein Mail senden und ihn zu einem Abendessen einladen. Karl Muster ist bekanntlich Mitglied unserer Beispielklasse und verfügt über eine Mailbox bei Educanet[2], dem Bildungsserver. Sein Lehrer hat ihm diese Mailbox eingerichtet. Sebastian besitzt ein Konto bei Bluewin, welches er kostenlos einrichten konnte. Im Überblick läuft für diese E-Mail-Einladung Folgendes ab:

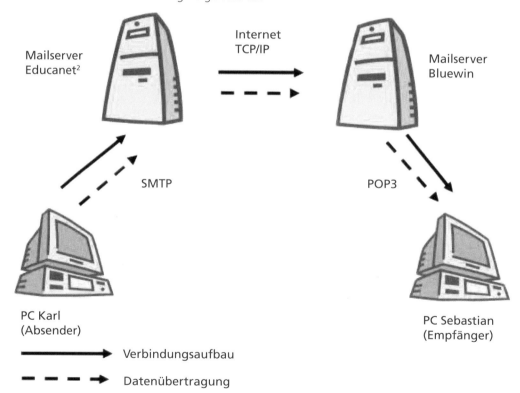

Die E-Mails, die Karl versendet, werden zuerst in den Outlook-Postausgang auf seinem PC abgelegt. Von dort aus werden sie über SMTP an den Mailserver des Providers von Karl (Educanet[2]) gesandt und an den Posteingangsserver von Sebastian weitergeleitet (in unserem Beispiel in den Mailserver von Bluewin). Sobald Sebastian mit Outlook Post empfängt, werden die E-Mails in den Outlook-Posteingang auf dem PC von Sebastian übertragen.

Es gibt verschiedene Arten von E-Mail-Servern, die sich in ihrem Leistungsumfang und in ihrer Funktionsweise unterscheiden. Von Outlook werden die Servertypen POP3, IMAP, Exchange Server und HTTP unterstützt.

▶ **Bedeutung der Begriffe**

SMTP   Für die Übermittlung eines E-Mails von Karls PC zu seinem ISP (Internet Service Provider) wird das SMTP (Simple Mail Transfer Protocol) verwendet. Dieses Protokoll basiert auf TCP/IP (Transmission Control Protocol/Internet Protocol). Jeder E-Mail-Teilnehmer benötigt eine weltweit eindeutige Adresse. Sie setzt sich zusammen aus der Benutzererkennung der Teilnehmerin oder des Teilnehmers und dem Namen des Mailservers:

Username   Domain Top Level Domain

$$\text{sebastian.muster@bluewin.ch}$$

Zwischen dem Namen des Teilnehmers und dem Namen des Mailservers steht das Zeichen @ («at» engl. = «bei»). In der Umgangssprache nennt man es gelegentlich Klammeraffe. Der Username ist der Name, unter dem der Internetnutzer dem Mailserver bei Bluewin bekannt ist. Bluewin ist der im Internet registrierte Name des Mailservers, der die Mailbox von Sebastian Muster verwaltet. Die Top Level Domain bezeichnet die übergeordnete organisatorische Einheit, in unserem Falle ch für die Schweiz.

TCP   Der Transport vom Mailserver Educanet[2] zum Mailserver Bluewin geschieht über das TCP/IP-Protokoll. Das Transmission Control Protocol (TCP) baut eine zuverlässige Verbindung zwischen zwei Rechnern auf. Die Hauptaufgabe von TCP ist die Fehlerkontrolle. Das Internet Protocol liefert einzelne Datenpakete, ist jedoch etwas unzuverlässig (Verluste, falsche Reihenfolge usw.).

POP   Zwischen dem Server von Bluewin und dem PC von Sebastian wird das E-Mail mit dem Post Office Protocol (POP) übertragen. Die auf dem Posteingangsserver eingehenden E-Mail-Nachrichten werden so lange auf dem Server aufbewahrt, bis sie von Sebastian abgerufen werden. Danach werden sie auf dem Posteingangsserver gelöscht.

IMAP   (Interactive message/mail access protocol). Arbeiten Sie auf mehreren Systemen und wollen Sie auf allen Systemen Zugriff auf Ihre E-Mail-Konten haben, z. B. an Ihrem Arbeitsplatz und zu Hause, dann ist ein IMAP-Konto sinnvoll. IMAP ermöglicht die Verwaltung von E-Mail-Nachrichten direkt auf dem Posteingangsserver. Sie arbeiten auf dem Posteingangs- und Postausgangsserver so, als befänden sich die Nachrichten im lokalen Postfach von Outlook. Dabei muss eine permanente Verbindung zum Internet bestehen. Der Verwaltungsaufwand wird durch dieses System natürlich etwas grösser, da die Nachrichten auf dem Server verwaltet werden müssen. Selbstverständlich ist IMAP nur möglich, wenn der Provider diesen Dienst auch tatsächlich anbietet.

Ein E-Mail-Konto einrichten

▶ Grundeinstellungen

POP3-Konten werden von fast allen Onlinediensten und Internetdienstanbietern bereitgestellt und von den meisten Benutzern verwendet. Damit Sie E-Mails senden und empfangen können, müssen Sie in Outlook ein Konto einrichten. Die Angaben zum Konto erhalten Sie bei der Anmeldung Ihres E-Mail-Kontos von Ihrem Provider. Achten Sie also darauf, dass Sie vor dem Einrichten über alle notwendigen Angaben verfügen. Selbstverständlich können Sie auch mehrere Kontos, die von Outlook verwaltet werden sollen, führen.

Wählen Sie im Outlook-Register **Datei** den Befehl **Informationen > Kontoinformationen hinzufügen**. Nehmen Sie für alle Konten die Einstellungen nach folgendem Schema vor:

Register	**Datei**
Befehl	Informationen
Befehl	Konto-informationen hinzufügen

- Setzen Sie bei **Servereinstellungen oder zusätzliche Servertypen manuell konfigurieren** ein Häkchen und klicken Sie auf **Weiter**.

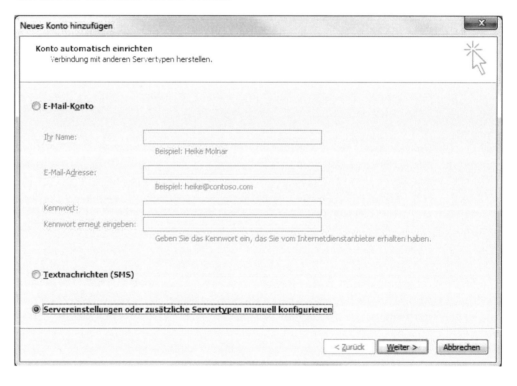

- Die oberste Option **Internet-E-Mail** ist bereits selektiert. Gehen Sie auf **Weiter**.

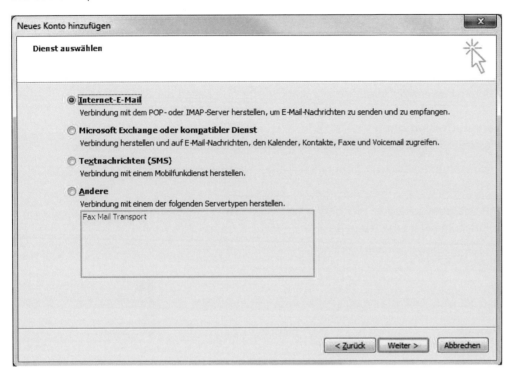

- In den **Internet-E-Mail-Einstellungen** geben Sie dann alle Einstellungen für Ihr Internetkonto ein.

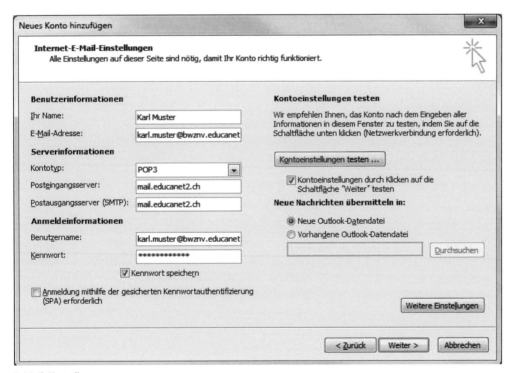

E-Mail-Einstellungen

Benutzerinformationen

In diesem Bereich geben Sie Ihren Namen und Ihre E-Mail-Adresse ein.

- **Ihr Name:** Geben Sie hier den Namen so ein, wie er bei Ihren E-Mails als Absender angezeigt werden soll. Verwenden Sie keine Umlaute, sondern schreiben Sie ae, ue oder oe.

- **Ihre E-Mail-Adresse:** Geben Sie hier Ihre E-Mail-Adresse ein, die Sie von Ihrem Provider, Ihrem Lehrer oder Ihrem Netzwerkadministrator erhalten haben.

Serverinformationen

Dieser Bereich enthält die Adressen des Posteingangs- und Postausgangsservers.

- **Kontotyp:** POP3 wird automatisch vorgegeben, es handelt sich um das gebräuchlichste Protokoll.

- **Posteingangsserver:** Hier geben Sie die Adresse des Posteingangsservers ein, die Sie von Ihrem Provider erhalten haben.

- **Postausgangsserver (SMTP):** Hier geben Sie die Adresse des Postausgangsservers ein, die Sie von Ihrem Provider erhalten haben.

Nachfolgend die Posteingangs- bzw. Postausgangsserver einiger wichtiger E-Mail-Anbieter:

Provider	SMTP-Server	POP3-Server
bluewin	mail.bluewin.ch	pop.bluewin.ch
Cablecom Hispeed	smtp.hispeed.ch	pop.hispeed.ch
GMX	mail.gmx.net	pop.gmx.net
Orange	smtp.orangemail.ch	pop.orangemail.ch
Sunrise	smtp.gmail.com	pop.gmail.com

Anmeldeinformationen

Mit diesen Angaben wird die Anmeldung bei Ihrem Konto vorgenommen. Zudem bestimmen Sie die Art der Anmeldung und ob das Kennwort jedes Mal abgefragt werden soll.

- **Benutzername:** Hier geben Sie die Bezeichnung Ihres Kontos auf dem Posteingangsserver ein, so wie Sie die Angaben von Ihrem Provider erhalten haben.

- **Kennwort:** Geben Sie hier Ihr persönliches Kennwort ein. Damit niemand Ihr Kennwort ablesen kann, sehen Sie in diesem Feld lediglich Sternchen. Seien Sie sich bewusst, dass Personen mit den notwendigen Fachkenntnissen Ihr Kennwort eventuell ausspionieren können. Die Sternchen werden nämlich nur im Outlook-Dialogfeld angezeigt. Das Kennwort selbst wird beim Speichern leider nicht verschlüsselt. Sofern Sie das Kontrollfeld **Kennwort speichern** aktiviert haben, brauchen Sie das Kennwort beim Zugriff auf Ihr E-Mail-Konto nicht mehr einzugeben. Allerdings besteht die Gefahr, dass andere Personen Ihr E-Mail-Konto benutzen.

Bei der Eingabe der E-Mail-Adresse und der Bezeichnungen für den Posteingangs- und den Postausgangsserver müssen Sie unbedingt auf eine korrekte Schreibweise achten. Überflüssige Leerzeichen, Punkte oder ähnliche Fehler ermöglichen keine Verbindung.

Beachten Sie, dass aus Spamschutzgründen immer mehr Anbieter Einstellungen verlangen, die von den hier gezeigten abweichen können. Verwenden Sie die Angaben, die Sie von Ihrem Provider erhalten haben.

Weitere Einstellungen

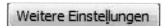

Über die Schaltfläche **Weitere Einstellungen** gelangen Sie zum Fenster **Internet-E-Mail-Ein-stellungen**. Unter dem Register **Allgemein** können Sie den Namen des E-Mail-Kontos verän-dern oder eine Antwortadresse eingeben, die sich von Ihrer E-Mail-Adresse unterscheidet.

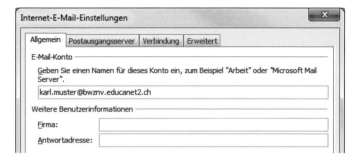

Der Postausgangsserver vieler Provideranbieter erfordert eine Authentifizierung. Damit soll sichergestellt werden, dass der Absender eines E-Mails bestimmt werden kann, dies ebenfalls vor allem aus Spamschutzgründen. Die erforderliche Einstellung für die Authentifizierung neh-men Sie im Register **Postausgangsserver** vor.

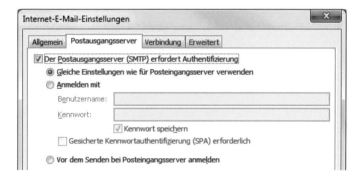

Standardmässig wird die Verbindung über das lokale Netzwerk (LAN) hergestellt.

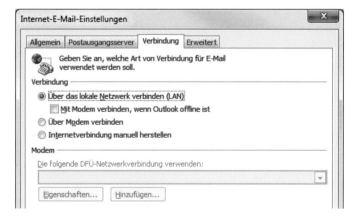

Standardmässig wird alle mit Outlook empfangene Post auf dem Mailserver gelöscht. Aus Sicherheitsgründen kann es sinnvoll sein, eine Kopie aller empfangenen Nachrichten auf dem Server zu belassen. Setzen Sie dazu bei **Kopie aller Nachrichten auf dem Server belassen** ein Häkchen. Wollen Sie, dass in Outlook gelöschte Post auch auf dem Mailserver gelöscht wird, müssen Sie zusätzlich das Häkchen bei **Entfernen, wenn aus «Gelöschte Objekte» entfernt** setzen.

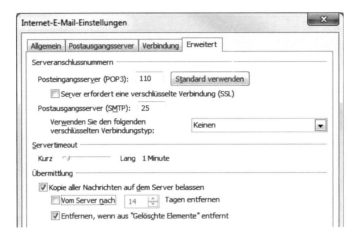

Kontoeinstellungen testen

Nachdem Sie alle Kontoangaben korrekt angegeben haben, prüfen Sie, ob die Übermittlungen korrekt ablaufen. Dazu klicken Sie auf die Schaltfläche **Kontoeinstellungen testen.** Outlook versucht darauf, eine Verbindung zum angegebenen Server herzustellen und sich beim Server anzumelden. Anschliessend wird eine Testmeldung automatisch durch Outlook abgesandt. Sofern Sie alles richtig eingegeben haben, erhalten Sie folgende Meldung:

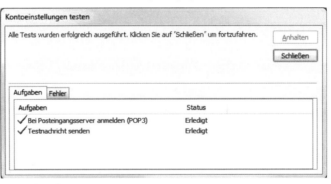

Kontoeinstellungen testen

Sollten Fehler aufgetaucht sein, finden Sie in der Registerkarte **Fehler** nähere Angaben.

Damit ist Ihr Konto fertig konfiguriert. Klicken Sie auf die Schaltfläche **Weiter** und dann auf die Schaltfläche **Fertig stellen,** um den Vorgang abzuschliessen.
Sie können nun die Testmeldung empfangen. Öffnen Sie das Register **Senden/Empfangen.** Klicken Sie auf **Alle Ordner senden/empfangen.** Die eingehende Meldung finden Sie dann im Posteingang.

POP3-Konten bearbeiten

Gelegentlich müssen Sie Ihr POP3-Konto bearbeiten. Dies wird z. B. notwendig, wenn Sie Ihr Kennwort bei Ihrem Provider ändern, den Namen Ihres E-Mail-Kontos verändern oder nachträglich eine andere Antwortadresse eingeben wollen.

Das Vorgehen ist ähnlich wie bei der Neueinrichtung eines Kontos. Wählen Sie im Register **Datei** die Schaltfläche **Kontoeinstellungen.** Klicken Sie im Fenster **Kontoeinstellungen** auf das zu ändernde Konto und fahren Sie mit einem Klick auf **Ändern** weiter.

Möglicherweise können Sie in einem Klassenzimmer nicht Ihr persönliches Mailkonto in Outlook einrichten. An Ihrem privaten Computer verwalten Sie jedoch Ihre Mails mit Vorteil in einem E-Mail-Client, anstatt Ihre Post über das Web zu verwalten. Richten Sie in Outlook Ihr persönliches E-Mail-Konto ein.

Aufgabe 22

Nachrichten erstellen, versenden und empfangen

▶ Auswahl eines geeigneten E-Mail-Formats

Denken Sie daran, dass nicht jeder Empfänger Ihres E-Mails jedes Format empfangen kann. Einige Firmennetzwerke gestatten beispielsweise den Empfang von HTML-Mails nicht, weil sie anfällig gegen Viren sind. Wenn Sie also sicher sein wollen, dass Ihr Geschäftspartner Ihre Mails lesen kann, wählen Sie mit Vorteil das «Nur-Text-Format».

Nur-Text

Wenn Sie «Nur-Text» wählen, sind im E-Mail keine Formatierungen erlaubt. Eine Gestaltung des Textes durch entsprechende Formatierungen ist also nicht möglich. Sie sind jedoch sicher, dass der Empfänger Ihre Nachricht korrekt lesen kann.

HTML

Mails im HTML-Format können beliebig formatiert werden. Sie können unterschiedliche Schriftarten, Hervorhebungen usw. einsetzen. Nachrichten im HTML-Format können jedoch unter Umständen nicht gelesen werden.

Rich-Text

Das Rich-Text-Format besteht aus einer Nur-Text-Version der Nachricht mit einer binären Anlage (winmail.dat). Es ermöglicht ähnliche Formatierungen wie das HTML-Format. Bei diesem Format besteht die grosse Gefahr, dass der Empfänger das E-Mail gar nicht lesen kann, ausser er arbeitet ebenfalls mit Outlook. Es ist deshalb empfehlenswert, auf dieses Format zu verzichten.

Register	Datei
Befehl	Optionen

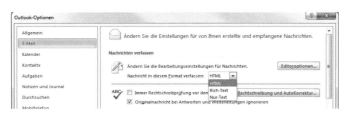

Das Nachrichtenformat können Sie auch im Nachrichtenfenster auswählen.

Register	Text formatieren
Gruppe	Format
Befehl	HTML

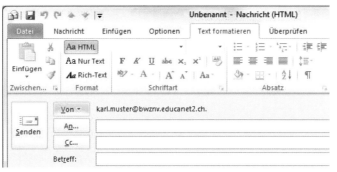

Wahl des Nachrichtenformats

▶ Nachrichten erstellen und versenden

Nachrichten erstellen Sie in Outlook über ein Nachrichtenfenster. Dieses enthält Felder für den Empfänger, einen Cc-Empfänger, den Betreff und den Nachrichtentext, so wie dies auch bei einem normalen Brief üblich ist.

Register	Start
Gruppe	Neu
Befehl	Neue E-Mail-Nachricht

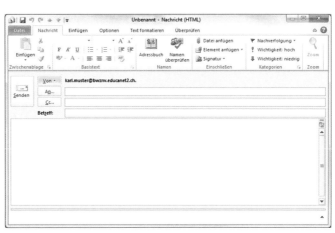

Das Nachrichtenfenster

- Die Einfügemarke befindet sich im Feld **An…** Hier geben Sie die E-Mail-Adresse des Empfängers ein.
  Sofern Sie sich vertippt haben, markieren Sie das Feld und löschen Sie den Eintrag. Bei der Eingabe von E-Mail-Adressen können Sie die Funktion **Auto-Vervollständigen** nutzen. Haben Sie dem Empfänger bereits einmal eine E-Mail gesendet, speichert Outlook die E-Mail-Adresse. Bei der nächsten Eingabe öffnet Outlook nach dem ersten Buchstaben ein Feld mit Adressvorschlägen. Klicken Sie die gewünschte Adresse an.

- Soll Ihre E-Mail-Nachricht an mehrere Personen gesendet werden, führen Sie die Empfänger nacheinander auf und trennen die Eintragungen mit einem Semikolon (;) voneinander.

- Ist der Empfänger bereits in Ihren Kontakten eingetragen, wählen Sie die E-Mail-Adresse am einfachsten aus Ihrem Adressbuch. Klicken Sie dazu auf die Schaltfläche **An…**, markieren Sie die Adresse im Adressbuch und klicken Sie auf **OK.** Sie können auch mehrere Empfänger auswählen, indem Sie bei nicht aufeinanderfolgenden Eintragungen die Ctrl-Taste bei der Auswahl drücken. Bei aufeinanderfolgenden Eintragungen drücken Sie die Umschalttaste. Zur Übernahme der Adressen klicken Sie auf die Schaltfläche **An…**

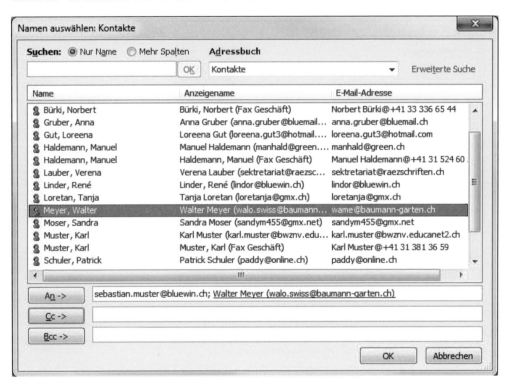

Empfänger aus der Adressliste wählen

- Soll Ihre E-Mail-Nachricht als Kopie an eine oder mehrere Personen gesendet werden, geben Sie deren E-Mail-Adresse ins Feld **Cc** (für englisch Carbon Copy = Durchschlag) ein.

- Wollen Sie von Ihrer Nachricht eine versteckte Kopie versenden, also eine Kopie, von der die eigentlichen Nachrichtenempfänger nichts wissen, so tragen Sie die Empfänger unter **Bcc** (Blind Carbon Copy) ein.

- Geben Sie als Nächstes ins Feld **Betreff** einen kurzen, aber aussagekräftigen Betreff ein. Statt der Angabe «Unbenannte Nachricht (HTML)» in der Titelleiste ist nun Ihr Betreff eingetragen.

- Ändern Sie bei Bedarf das Nachrichtenformat. Standardmässig ist dieses Format auf HTML gestellt.

- Nun können Sie Ihre Nachricht eintippen oder Text über die Zwischenablage aus einem anderen Dokument übernehmen. Outlook verwendet wie Word die automatische Korrekturfunktion und die Rechtschreib- und Grammatikprüfung. Sofern Sie den Text im HTML-Format oder im Rich-Text-Format erstellen, können Sie den Text auch formatieren.

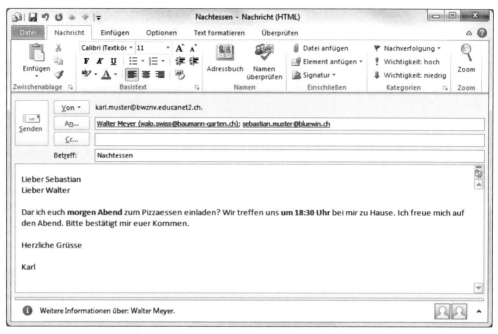

Texteingabe im Nachrichtenfenster

Register	**Datei**
Befehl	Optionen
Befehl	Erweitert
Abschnitt	Senden und Empfangen

- Klicken Sie zum Abschluss auf die Schaltfläche **Senden.** Die Nachricht wird nun in den **Postausgang** verschoben. In Outlook können Sie einstellen, ob bei bestehender Verbindung die Nachricht sofort versendet werden soll **(Datei > Optionen > Erweitert > Senden und Empfangen).**

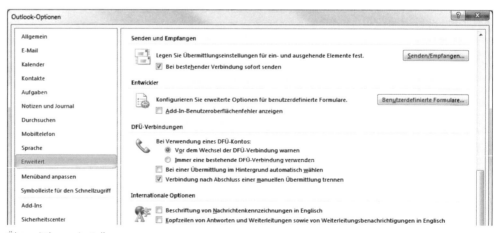

Übermittlungseinstellungen

- Sobald die Nachricht im Postausgang liegt, wird Sie in der Outlook-Leiste durch Fettdruck des Ordners **Postausgang** angezeigt. Die Zahl dahinter zeigt die Anzahl der E-Mails, die im Postausgang auf den Versand warten. Im Ansichtsbereich wird die Meldung in kursiver Schrift angezeigt, wenn sie zum Versand bereit ist. Sofern Sie nun an der Meldung noch etwas ändern wollen, klicken Sie zweimal auf den Eintrag und erneut auf «Senden». Ein Eintrag, der nicht in kursiver Schrift angezeigt wird, wird nicht abgesandt.

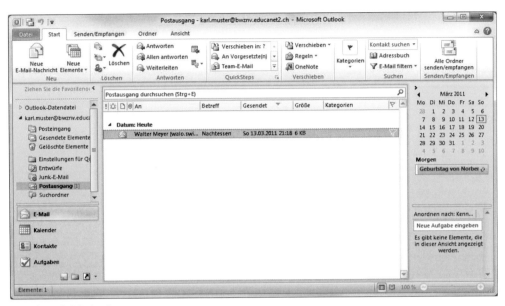

E-Mail-Nachricht im Postausgang

- Sobald die E-Mail-Nachricht versendet wurde, wird die Meldung im Ordner «Gesendete Objekte» abgelegt.

▶ Nachrichten empfangen

Die versandte Nachricht liegt nun bei Sebastian Muster im Postfach seines Providers Bluewin.ch. Er kann seine E-Mails abrufen, indem er auf **Alle Ordner senden/empfangen** klickt.

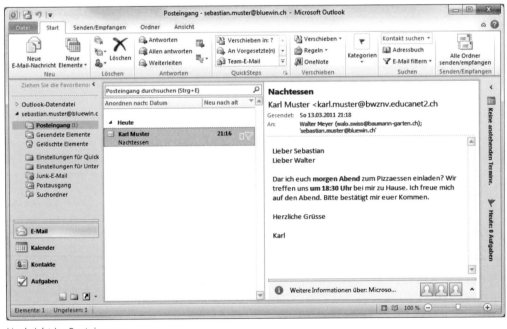

Nachricht im Posteingang

Beim Eintreffen der E-Mail-Nachricht erscheint der Ordner **Posteingang** fett gedruckt. Im Lesebereich wird die Nachricht sichtbar. Ein Doppelklick auf die Nachricht im Posteingang öffnet das Nachrichtenfenster, womit die Meldung als gelesen vermerkt wird.

Beim Löschen der Meldung wird die Nachricht im Ordner **Gelöschte Objekte** abgelegt, bis sie dort endgültig entfernt wird.

▶ Nachrichten beantworten und weiterleiten

Sie können empfangene Nachrichten direkt im Nachrichtenfenster beantworten. Markieren Sie dazu die Nachricht im Posteingang und klicken Sie auf **Antworten** oder **Allen antworten**. Es erscheint ein neues Nachrichtenfenster mit der Abkürzung **AW:** mit bereits ausgefüllter Betreffszeile. Unterhalb der Schreibmarke wird standardgemäss die ursprüngliche Nachricht mit den Sendedaten wiedergegeben. Wenn die empfangene Nachricht eine Anlage enthalten hat, wird diese nicht mitgeschickt.

Eine Nachricht kann auch an eine andere Person weitergeleitet werden. Dabei wird die Anlage mitgeschickt.

Wenn Sie eine Nachricht beantworten oder weiterleiten, behält die Nachricht das ursprüngliche Format.

Register	**Datei**
Befehl	Optionen
Befehl	E-Mail
Abschnitt	Antworten und Weiterleitungen

Unter **Datei > Optionen > E-Mail > Antworten und Weiterleitungen** können Sie einstellen, ob der Ursprungstext einer Antwort beigefügt wird, und Sie können weitere Einstellungen zur Nachrichtenbehandlung vornehmen.

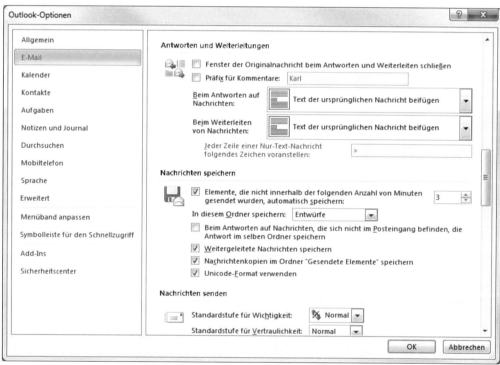

E-Mail-Optionen

▶ Nachrichten als Entwurf speichern

Eine Nachricht wird automatisch versandt oder in den Ordner Postausgang gelegt, bis Sie die Funktion **Senden/Empfangen** anklicken. Dies kann ärgerlich sein, wenn Sie eine Nachricht vor dem Versand nochmals überarbeiten wollten. Speichern Sie deshalb die Nachricht im Ordner Entwürfe. Dabei klicken Sie in der Symbolleiste des Nachrichtenformulars auf die Schaltfläche **Speichern**. Die Nachricht wird so im Ordner **Entwürfe** gespeichert. Wie im Posteingang wird die Nachricht im Lesebereich angezeigt. Um die Nachricht zu öffnen, klicken Sie sie doppelt an.

▶ Das Standard-E-Mail-Konto ändern

Sofern Sie mehrere Konten in Outlook eingerichtet haben, wird das Standard-E-Mail-Konto für den Versand von E-Mails verwendet. Gehen Sie folgendermassen vor, wenn Sie ein anderes Konto bestimmen möchten:

Klicken Sie im Register **Datei** auf **Kontoeinstellungen.** Markieren Sie im Register **E-Mail** das Konto, das fortan als Standard dienen soll, und wählen Sie **Als Standard festlegen.**

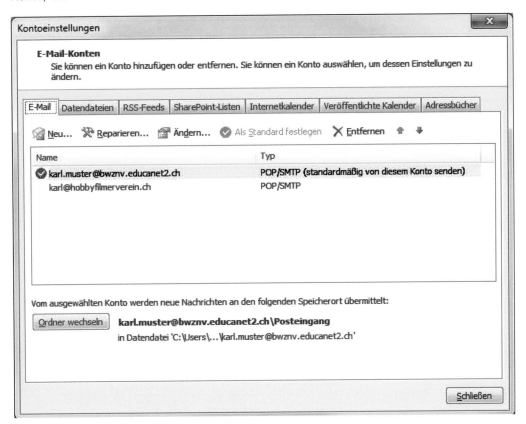

▶ Hyperlinks in Nachrichten einfügen

Häufig nutzt man in E-Mails die Möglichkeit, auf eine Website aufmerksam zu machen. Hyperlinks müssen aber nicht unbedingt zu Webseiten führen. Auch E-Mail-Adressen oder Namen können mit Hyperlinks unterlegt werden. Wenn Sie auf einen solchen Hyperlink klicken, öffnet sich das Nachrichtenformular. Die Empfängeradresse ist bereits eingetragen. Sie brauchen nur noch den Betreff und den Nachrichtentext einzufügen.

Register	Einfügen
Gruppe	Hyperlinks
Befehl	Hyperlinks

Senden Sie einer Kollegin/einem Kollegen oder einer Klassenkameradin/einem Klassenkameraden ein Mail, indem Sie mit einem Hyperlink auf eine interessante Website aufmerksam machen.

Aufgabe 23

Register	Datei
Befehl	Optionen
Befehl	E-Mail
Abschnitt	Nachrichten-eingang

▶ Beim Eintreffen neuer E-Mails benachrichtigen lassen

Sie können sich von Outlook jederzeit informieren lassen, wenn neue Nachrichten eingehen. Entsprechende Einstellungen wählen Sie im Register **Datei > Optionen > E-Mail > Nachrichten-eingang.** Aktivieren oder deaktivieren Sie die gewünschten Kontrollkästchen.

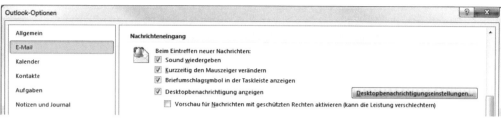

Einstellung von E-Mail-Optionen

▶ Lesebestätigung von Mails anfordern

Es kann sinnvoll sein, von wichtigen E-Mails eine Lesebestätigung zu erhalten. Eine Lesebestätigung erhalten Sie, wenn der Empfänger die Nachricht gelesen hat und die Lesebestätigung nicht unterdrückt. Es ist allerdings nicht sichergestellt, dass Sie eine Bestätigung erhalten.

Wenn Sie eine Lesebestätigung wünschen, stellen Sie Outlook folgendermassen ein: Register **Datei > Optionen > E-Mail > Verlauf.**

Register	Datei
Befehl	Optionen
Befehl	E-Mail
Abschnitt	Verlauf

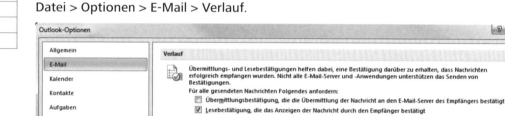

Angenommen, Sebastian nimmt die Einladung von Karl an und antwortet ihm wie folgt:

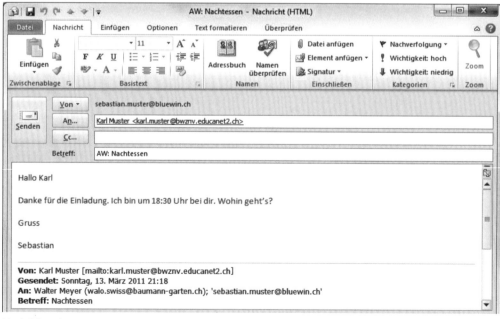

Nachrichtenfenster

Karl antwortet Sebastian, verlangt diesmal jedoch eine Lesebestätigung:

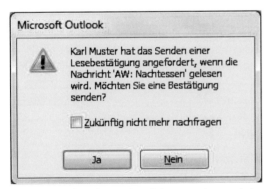

Nachricht, mit der eine Lesebestätigung verlangt wird. Zusätzlicher Einbau eines Hyperlinks

Sebastian erhält nun beim Öffnen der Nachricht folgende Meldung auf seinem Bildschirm. Er antwortet mit Ja, und die Lesebestätigung wird an Karl mit dem nächsten Postausgang versandt.

Microsoft Outlook

⚠ Karl Muster hat das Senden einer Lesebestätigung angefordert, wenn die Nachricht 'AW: Nachtessen' gelesen wird. Möchten Sie eine Bestätigung senden?

☐ Zukünftig nicht mehr nachfragen

[Ja] [Nein]

Fenster, mit dem die Lesebestätigung verlangt wird

Das ständige Bestätigen ist für den Empfänger nicht sehr angenehm und bedeutet für ihn auch eine kleine Mehrarbeit. Es ist deshalb sinnvoller, Lesebestätigungen ausschliesslich bei wichtigen Nachrichten zu definieren. Dazu gehen Sie so vor:

Register	**Optionen**
Gruppe	Verlauf
Befehl	Übermittlungs-bestätigung anfordern

- Wählen Sie im Nachrichtenfenster Ihrer E-Mail das Register **Optionen**.

- Aktivieren Sie in der Gruppe **Verlauf** das Kontrollkästchen **Die Übermittlungsbestätigung anfordern** oder **Lesebestätigung anfordern**. Sie können auch beide Kontrollkästchen aktivieren.

Karl erhält nun mit seiner Post folgende Meldung:

Eintreffen der Lesebestätigung

Aufgabe 24

▶ Senden Sie an Ihre eigene E-Mail-Adresse eine Nachricht. Schalten Sie die Lesebestätigung nur für diese Meldung ein. Antworten Sie auf Ihre eigene Nachricht, indem Sie die Lesebestätigung mit Ja akzeptieren. Kontrollieren Sie, ob die Lesebestätigung wiederum auf Ihrer eigenen Mailbox eingegangen ist.

▶ Schreiben Sie eine Meldung an sich selber oder an eine Kollegin/einen Kollegen. Nehmen Sie die Adresse aus dem Adressbuch (unter Umständen müssen Sie die Adresse noch im Adressbuch erfassen). Verwenden Sie unterschiedliche Schriftfarben und Schriftgrössen (geeignetes Format wählen!). Integrieren Sie eine Aufzählung mit Aufzählungszeichen in Ihre Mitteilung.

▶ Wichtigkeit und Vertraulichkeit der Nachricht bestimmen

In der Regel werden Wichtigkeit und Vertraulichkeit einer Nachricht mit dem Eintrag **Normal** versendet. Die Priorität kann allerdings auch höher eingestellt werden. Es macht jedoch keinen Sinn, dies für alle E-Mail-Nachrichten zu tun.

Register	**Nachricht**
Gruppe	Kategorien
Befehl	Wichtigkeit

Wichtigkeit

Sofern Sie jedoch tatsächlich eine wichtige Nachricht versenden, können Sie dies dem Empfänger signalisieren. Am einfachsten wählen Sie direkt im Nachrichtenfenster die Wichtigkeit «Hoch», was sich dann nur auf die aktuelle Nachricht bezieht. Klicken Sie auf das Symbol mit dem roten Ausrufezeichen. Dieses Symbol erscheint dann beim Empfänger ebenfalls im Arbeitsbereich. Im Lesebereich steht zusätzlich der Text «Diese Nachricht wurde mit Wichtigkeit ‹Hoch› gesendet».

❗ = Wichtigkeit «Hoch»

⬇ = Wichtigkeit «Niedrig»

Eine dringende Meldung, die Karl an Brigitte Frey sendet, kommt bei Brigitte so an:

Nachricht mit Wichtigkeit «Hoch»

Vertraulichkeit

Mit der Vertraulichkeit können Sie dem Empfänger mitteilen, ob es sich um eine private, persönliche oder vertrauliche Mitteilung handelt. Wählen Sie das Register **Optionen**. In der Gruppe **Weitere Optionen** (oder **Verlauf**) klicken Sie zum Öffnen des Dialogfelds **Nachrichtenoptionen** auf den Pfeil rechts unten. Nun können Sie die gewünschte Vertraulichkeitsstufe auswählen.

Der Hinweis wird nur im Lesebereich bzw. bei geöffneter Nachricht in der Kopfzeile sichtbar. Eine Nachricht mit dem Vermerk **Persönlich** von Karl an Brigitte erhält also folgende Kopfzeile:

Register	**Optionen**
Gruppe	Weitere Optionen
Befehl	Dialogfeld Nachrichtenoptionen

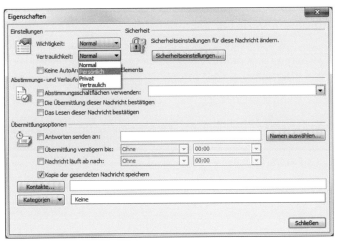

Mitteilung mit dem Vermerk «Persönlich»

▶ Anderen Personen die Antwort zukommen lassen

Brigitte Frey hat sich bereit erklärt, die monatliche Klassenzusammenkunft im September zu organisieren. Karl bittet Brigitte, ein provisorisches Programm vorzulegen. Die Antwort sollen alle Klassenmitglieder erhalten. Im Dialogfeld **Nachrichtenoptionen** unter **Übermittlungsoptionen** trägt Karl alle Adressen der Klassenmitglieder aus dem Adressbuch ein:

Nachrichten automatisch an andere Klassenmitglieder senden

Diese Nachricht geht nun von Karl an Brigitte:

Die Antwort von Brigitte geht automatisch an alle Klassenmitglieder:

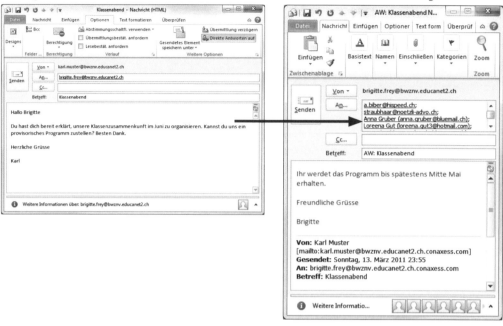

Aufgabe 25

Senden Sie an Ihren Lehrer eine Anfrage. Die Antwort sollen automatisch alle Klassenmitglieder erhalten. Setzen Sie die Wichtigkeit dieser Nachricht auf «Hoch».

Register	**Nachricht**
Gruppe	**Kategorien**
Befehl	Nachverfolgung

Nachrichten kennzeichnen (mit einem Vermerk versehen)

In Outlook können Sie jede Nachricht mit einem besonderen Vermerk versehen. Dieses Verfahren wird in Outlook «zur Nachverfolgung» genannt. Dabei spielt es keine Rolle, ob Sie aus einer Liste von Vermerken auswählen oder selbst einen Vermerk eingeben. Zur Eingabe eines Vermerks klicken Sie auf dieses Symbol: ▼ **Nachverfolgung ▾**

Wählen Sie nun aus der Liste den gewünschten Vermerk aus oder geben Sie unter **Benutzerdefiniert** einen persönlichen Text ein. Zusätzlich können Sie das Datum und die Uhrzeit festlegen, bis wann Sie die Reaktion des Empfängers erwarten.

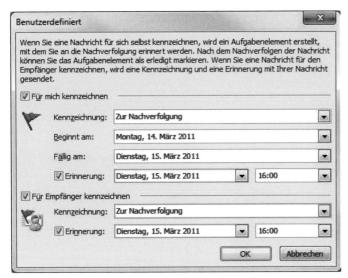

Eine Nachricht mit einem Vermerk versehen

Die Nachricht wird beim Absender mit dem Symbol 🏳 versehen. Der Empfänger hingegen sieht nun folgendes Symbol:

Empfang einer Nachricht, die mit einem Vermerk versehen ist

Ein Klick auf das Symbol 🏳 ändert dieses in ein Fähnchen, ein Klick auf das Fähnchen ändert das Symbol in ein Häkchen. So können Sie Ihre Nachrichten je nach Bearbeitungsstatus kennzeichnen.

**Datei
anfügen**

Symbol Datei anfügen

Register	**Nachricht**
Gruppe	Einschliessen
Befehl	Datei anfügen

Nachrichten mit Anlagen (Anhängen, Beilagen) versenden und empfangen

Ein wichtiger Vorteil von E-Mail-Nachrichten besteht darin, dass Sie Dateien anhängen können (Attachments); «to attach» bedeutet anbringen oder befestigen. Ein Attachment ist also eine an einer Nachricht befestigte Datei. Sie wird in Outlook mit einer Büroklammer signalisiert. Die Büroklammer ist das Symbol, um selber ein Attachment an eine Nachricht zu hängen, und auch das Symbol für eine angehängte Datei bei einem eingehenden Mail.

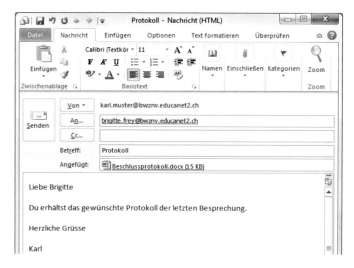

Um eine oder mehrere Dateien einzufügen, klicken Sie auf die Schaltfläche mit der Büroklammer: Es öffnet sich das Dialogfeld: **Datei einfügen.**

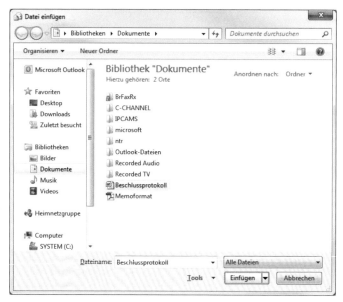

Datei einfügen

Wählen Sie den entsprechenden Ordner aus, in dem die Datei abgelegt ist. Markieren Sie dann die Datei, die Sie als Anlage verschicken wollen. Sie können auch mehrere Dateien auswählen. Halten Sie dazu die Ctrl-Taste gedrückt und klicken Sie auf alle Dateien, die Sie versenden wollen. Am Schluss klicken Sie auf die Schaltfläche **Einfügen.**

Damit wird die Datei oder werden die Dateien in die Nachricht eingefügt. Im Nachrichtenfenster finden Sie nun ein zusätzliches Feld **Anfügen.** Hier sind alle Anlagen aufgeführt. Für jede Anlage wird die Dateigrösse in Klammern angegeben. Mehrere Anlagen werden durch Semikolon voneinander getrennt.

Nicht anhängen sollten Sie:

- **Zu grosse Anhänge**

  Oft werden in Firmen Dateien ab einer bestimmten Grösse – sie liegt in der Regel zwischen 2 und 5 MB – nicht mehr zugestellt. Wenn Sie unter diesen Voraussetzungen ein Mail versenden, erhält der Empfänger im besten Fall eine Fehlermeldung. Ob Sie als Absender informiert werden, hängt von den Einstellungen beim Empfänger ab. Das Gleiche gilt natürlich auch, wenn Sie selbst an einem Firmennetz angeschlossen sind und ein zu grosses Mail versenden möchten. In diesem Fall erhalten Sie in der Regel vom Administrator eine Meldung, dass eine so grosse Nachricht nicht versandt werden konnte.

- **Ausführbare Programme**

  Solche Programme, die bei einem Doppelklick etwas ausführen und starten, werden nicht gern gesehen. Sollten Sie durch Outlook tatsächlich versandt werden, löscht der Empfänger in der Regel solche Anhänge unverzüglich.

  Bestimmte ausführbare Dateien wie z. B. EXE- (executable – ausführbar) und BAT-Dateien (Batch-Programme) werden jedoch von Outlook selber blockiert. Solche Dateien sind oft virenverseucht. Wollen Sie solche Dateien trotzdem versenden, so erstellen Sie entweder eine ZIP-Datei (komprimierte Form einer Datei) oder ändern Sie die Dateiendung (z. B. Datei. exe_1 statt Datei.exe). In diesem Falle schicken Sie dem Empfänger in der Nachricht eine Anleitung für die Rückbenennung der Datei mit. Als Empfänger einer solchen Datei müssen Sie jedoch vorsichtig sein und die Datei unbedingt vor dem Öffnen mit einem Virenprogramm auf Viren überprüfen.

- **Ausführbare Skripte**

  Dateien mit den Endungen com, bat, vs, wsb und viele andere deuten auf sogenannte Skriptdateien hin. Auch sie starten mit einem Doppelklick irgendwelche Befehle und führen sie aus. Das kann unerwünscht sein und Schäden hervorrufen. Solche Anhänge werden in vielen Firmen automatisch gelöscht.

- **Bildschirmschoner**

  Auch bei Bildschirmschonern handelt es sich um ausführbare Dateien. Sie haben die Endung scr oder msi. Es gilt das Gleiche wie für die EXE-Dateien. Sie sind gefährlich und möglicherweise schädlich und darum unerwünscht.

- **Scherzprogramme**

  Auch wenn Sie Fehlermeldungen, die laufend auf dem Bildschirm erscheinen, lustig finden – andere können meist nicht darüber lachen. Vor allem Administratoren von Netzwerken schätzen solche Programme nicht. Bei wenig geübten Computeranwendern führen solche Scherze oft zu unüberlegten Handlungen oder gar zum Löschen von Programmen. Datenverlust ist oft noch die mildeste Form des Ärgers.

Anlagen erhalten

Im Posteingang wird das Dokument unter Anlagen aufgeführt. Gespeichert wird das Dokument im Ordner Temporary Internet Files. Sobald Sie das Mail löschen, ist auch das beiliegende Dokument wieder weg. Es ist nicht sinnvoll, Anhänge im Outlook-Ordner zu belassen. Dokumente finden Sie leichter wieder, wenn Sie sie in Ihrer normalen Ablagestruktur auf der Festplatte speichern. Durch einen Doppelklick auf die Datei können Sie die Datei öffnen. Dies ist nicht ganz ungefährlich: Eine Datei kann nämlich auch Viren enthalten, und ein Doppelklick auf einen Anhang beschert Ihnen im schlimmsten Fall eine Malware (bösartiger Virus, Trojaner oder Würmer).

Eventuell erhalten Sie deshalb eine Meldung, welche Sie auf die Gefahr aufmerksam macht.

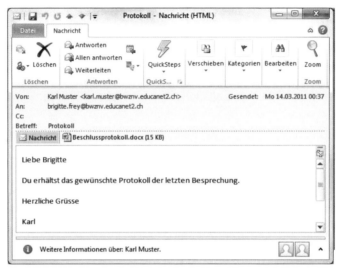

Empfang einer Meldung mit Anhang (Word-Datei)

▶ Dokumente aus Office-Anwendungen versenden

Erstellen Sie gerade eine Tabelle in Excel, eine Präsentation in PowerPoint oder ein Dokument
in Word, das Sie per E-Mail versenden wollen, brauchen Sie die entsprechende Anwendung
nicht zu verlassen. Sie können sich einige Arbeitsschritte ersparen, wenn Sie die E-Mail-Nachricht direkt aus dem Programm an eine Nachricht anhängen und in den Postausgang stellen.
Nachdem Sie eine Office-Datei erstellt oder geöffnet haben, klicken Sie auf die Schaltfläche
Office 🗐. Unter **Senden** öffnet sich folgende Auswahl:

Testen Sie die verschiedenen Möglichkeiten, indem Sie Mails direkt aus Office-Anwendungen
an einen oder mehrere Klassenkameraden versenden. Benutzen Sie dazu Word, Excel und
PowerPoint.

Aufgabe 26

▶ Verteilerliste erstellen

Verteilerlisten sind ein einfaches Instrument, womit Sie Nachrichten an eine Gruppe von Personen senden können. Zur Hauptsache dient diese Einrichtung für den beruflichen Alltag. Sie können aber auch eine Verteilerliste erstellen, um ausgewählten Klassenkameradinnen und Klassenkameraden ein Mail zu senden, zum Beispiel bei einer Gruppenarbeit.

Nachrichten, die aufgrund einer Verteilerliste adressiert werden, erhalten alle in der Liste definierten Mitglieder. Den Empfängern wird in der **An-Zeile** die eigene Adresse und die aller anderen Empfänger angezeigt.

So erstellen Sie die Liste:

- Wählen Sie unter **Start, Neu** den Befehl **Verteilerliste**.

- Bestimmen Sie den Namen der Verteilerliste.

Register	Start
Gruppe	Neu
Befehl	Kontaktgruppe

- Wählen Sie **Mitglieder hinzufügen.** Es öffnet sich folgende Dialogbox:

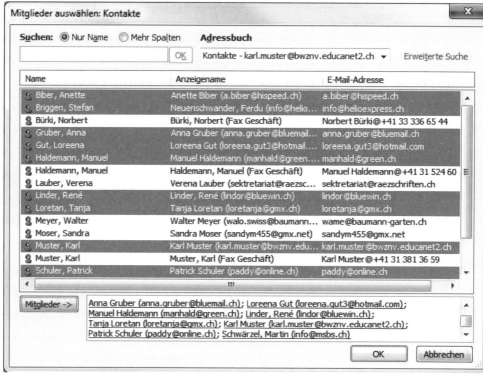

In der gleichen Dialogbox können Sie auch später weitere Mitglieder hinzufügen oder Mitglieder entfernen. Sie können der Verteilerliste auch eine Notiz hinzufügen oder Verteilerlisten Kategorien zuweisen.

- Zum Speichern wählen Sie **Speichern & Schliessen.**

Verteilerlisten werden standardmässig im Ordner Kontakte gespeichert.

Um eine Nachricht an die Namen in der Verteilerliste zu senden, öffnen Sie eine neue Nachricht und tragen Sie den Namen der Verteilerliste in das **An**-Feld ein. Möglich ist auch, auf das **An**-Feld zu klicken und die Verteilerliste aus dem Listenfeld auszuwählen:

Sollen die Mitglieder einer Verteilerliste nicht erfahren, dass sie in einer Verteilerliste zusammengefasst wurden, tragen Sie die Verteilerliste im **Bcc**-Feld ein. Ins **An**-Feld geben Sie ihre eigene E-Mail-Adresse ein.

Wenn sich Daten eines Kontakts, der auch in einer Verteilerliste angelegt wurde, ändern, müssen Sie diese Änderungen nicht von Hand in die Verteilerliste eingeben. Nachdem Sie die Änderungen im Kontaktordner eingetragen haben, öffnen Sie die Verteilerliste und wählen **Jetzt aktualisieren**.

Register	**Verteilerliste**
Gruppe	**Mitglieder**
Befehl	Jetzt aktualisieren

▶ Signaturen und Visitenkarten erstellen

Signaturen

Signaturen dienen dazu, standardmässig einem E-Mail automatisch bestimmte Angaben beizufügen. Meist enthalten sind Namen, Telefonnummer und Anschrift des Absenders, und sie werden am Ende einer Nachricht eingefügt. Die in einer Signatur enthaltenen Daten können nicht automatisch ins Adressbuch eingefügt werden. Dazu dienen die Visitenkarten, vCards genannt.

Signaturen können in Outlook mittels eines Assistenten erstellt werden, oder Sie legen eine HTML-Datei an und verwenden diese als Signatur.

So erstellen Sie eine neue Signatur:

Register	**Datei**
Befehl	Optionen
Befehl	E-Mail

- Wählen Sie **Datei > Optionen > E-Mail.** Klicken Sie im Bereich **Nachrichten verfassen** auf das Feld **Signaturen** und wählen Sie **Neu**. Weisen Sie der Signatur einen Namen zu. Die Option **Die vorhandene Signatur als Vorlage verwenden** ist sinnvoll, wenn eine neue Vorlage auf der Basis einer bereits existierenden erstellt werden soll. Wählen Sie **Weiter** und geben Sie den Text Ihrer Signatur ein.

- Nachdem Sie alle Formatierungen vorgenommen haben, klicken Sie auf **OK.**

So könnte die Signatur von Brigitte Frey aussehen:

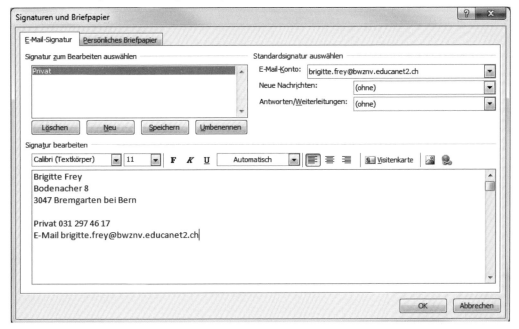

Erstellen einer Signatur

Nachdem Sie die Signatur erstellt haben, können Sie diese auf zwei Arten einfügen:

- Automatisches Einfügen: Sie geben unter Standardsignatur auswählen das entsprechende E-Mail-Konto an und geben an, wann die Signatur erscheinen soll (z. B. nicht bei Antworten/Weiterleitungen).

Register	**Einfügen**
Gruppe	Einschliessen
Befehl	Signatur

- Manuelles Einfügen: Vielleicht wollen Sie die Signatur nur bei bestimmten E-Mails einfügen. Klicken Sie im Textbereich der E-Mail-Nachricht an die Stelle, wo die Signatur eingefügt werden soll. Beim Register **Einfügen** unter der Gruppe **Einschliessen** wählen Sie anschliessend den Befehl **Signatur**.

▶ Visitenkarten (vCards)

Mit vCards können Sie die wichtigsten Informationen Ihrer Kontakte schnell in den Kontaktordner aufnehmen. Das Gleiche gilt für Ihre Partner. Wenn Sie eine vCard einer Nachricht beifügen, können die Empfänger diese Angaben ebenfalls problemlos in den Kontaktordner aufnehmen und müssen Ihre Daten nicht von Hand eintippen.

Wenn Sie eine vCard empfangen, sind Sie nie ganz sicher, ob sie nicht virenverseucht ist. Seien Sie also vorsichtig und überprüfen Sie vCards zuerst mit einem Virenscanner.

Register	**Kontakt**
Gruppe	Aktionen
Befehl	Weiterleiten

Visitenkarten aus Kontakte versenden

Um eine eigene vCard zu erstellen, wechseln Sie in den **Kontaktordner**. Geben Sie alle gewünschten Angaben ein, aber denken Sie daran, dass Sie nie sicher sind, wer letztlich Ihre vCard erhält. Gehen Sie also vorsichtig mit Ihren Daten um.

Visitenkarten können direkt aus dem Kontaktordner gesandt werden. Klicken Sie auf die entsprechende Visitenkarte. In der Dialogbox wählen Sie in der Gruppe **Kontakt** den Befehl **Weiterleiten**. Natürlich können Sie auch beim Verfassen einer neuen E-Mail-Nachricht direkt eine Visitenkarte anfügen.

Register	**Nachricht**
Gruppe	Einschliessen
Befehl	Element anfügen

Visitenkarten einem E-Mail beifügen

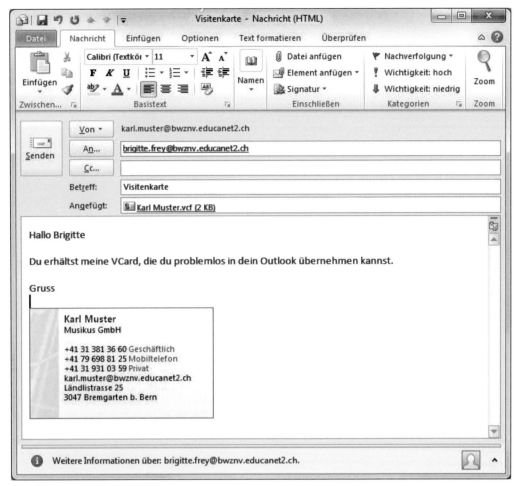

Erstellen einer vCard

Erstellen Sie eine Verteilerliste mit Adressen aus Ihrem Kontaktordner und senden Sie Ihre vCard an diese ausgewählte Gruppe.

Aufgabe 27

▶ Regeln erstellen

Outlook bietet Ihnen viele Möglichkeiten, ein- und ausgehende Nachrichten automatisch zu kennzeichnen, zu verschieben, zu kopieren oder an andere Benutzer weiterzuleiten. Der **Regel-Assistent** beherrscht komplexe Abläufe. Beachten Sie jedoch, dass falsch definierte Regeln im schlimmsten Fall dazu führen können, dass zugestellte Nachrichten automatisch gelöscht oder irrtümlicherweise an jemanden weitergeleitet werden, der diese Nachricht nicht erhalten sollte.

Der prinzipielle Aufbau bei der Regelerstellung sieht so aus:

- Sie legen fest, welche eingehenden oder abgehenden Nachrichten mit der Regel erfasst werden sollen. Also beispielsweise alle Mails von Ihrer Lehrerin/Ihrem Lehrer.

- Sie bestimmen, was mit der Nachricht geschehen soll – z. B. soll eine Nachricht auf dem Bildschirm erscheinen und in einem bestimmten Ordner abgelegt werden.

• Sie regeln die Ausnahmen, z. B. wenn es sich um eine Abwesenheitsmeldung handelt.

• Sie geben der Regel einen möglichst aussagekräftigen Namen.

Register	**Start**
Gruppe	Verschieben
Befehl	Regeln

Eine neue Regel erstellen Sie, indem Sie in den Posteingang wechseln und im Register **Start** auf **Regeln** klicken. Drücken Sie im sich öffnenden Dialogfenster auf das Symbol **Regel erstellen**. Es öffnet sich der **Regel-Assistent**.

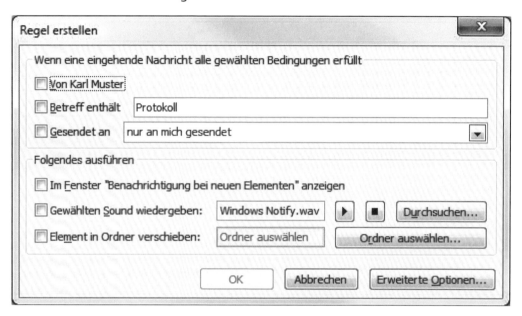

Regel erstellen

In diesem Fenster legen Sie fest, wann die definierte Regel angewandt werden soll. In unserem Beispiel wird ein Mail von Karl Muster automatisch in den Ordner Karl im Posteingang gelegt. Ein neuer Ordner kann während der Eingabe der Regel erstellt werden.

Die neue Regel wird jetzt in der Regelliste aufgeführt:

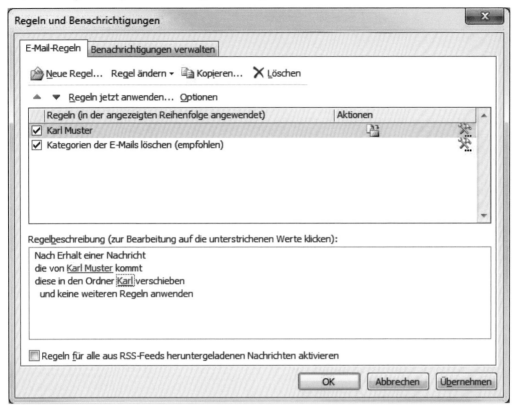

Liste der Regeln

Soll vorübergehend eine der angezeigten Regeln nicht angewandt werden, deaktivieren Sie das vor der Regel angezeigte Kontrollkästchen. Über die Schaltfläche **Regeln ändern** können Sie die Regel anpassen. Haben Sie die Regel nur für ein Konto erstellt, können Sie diese über die Schaltfläche **Kopieren** anpassen. Wählen Sie nach der Erstellung einer Regel nacheinander **Übernehmen** und **OK.**

▶ **Nachrichten als Basis für eine Regel benutzen**
Wenn Sie häufig E-Mails von gleichen Absendern bekommen und deren Nachrichten automatisch in einen Ordner verschieben wollen, können Sie eine der Nachrichten als Basis für eine neue Regel benutzen. Dazu öffnen Sie die betreffende Nachricht und klicken im Register **Verschieben** auf **Regeln.**

Sie erhalten von einem Absender häufig wichtige Nachrichten. Erstellen Sie eine Regel, welche

Aufgabe 28

▶ die Nachrichten in einen bestimmten Ordner legt.

▶ einen Sound wiedergibt (sofern dies auf Ihrem PC möglich ist).

▶ in einem Benachrichtigungsfenster den Text ausgibt: Wichtige Nachricht von ...

3.5 Termin- und Aufgabenverwaltung

Zeitplanung mit dem Kalender

Mit Outlook können Sie Ihre Zeit und Ihre Arbeit optimal planen. Sie können einzelne oder sich wiederholende Termine im Kalender eintragen, Geburtstage, Sitzungstermine und Ähnliches vermerken oder Besprechungsanfragen versenden, die vom Empfänger per Mausklick beantwortet werden.

Neben Terminen lassen sich in Outlook Ereignisse eintragen. **Ereignisse** können zum Beispiel Geburtstage oder Ferientage sein. Sie dauern mindestens einen Tag und werden nicht in Zeitblöcken im Kalender angezeigt, sondern als sogenannte Banner dargestellt. **Banner** sind kleine Einblendungen im Spaltenkopf.

Das Kalenderfenster

▶ **Termine im Kalender eintragen**

Termine direkt eintragen

Register	Start
Gruppe	Gehe zu
Befehl	Gehe zu Datum

Am einfachsten können Sie einen Termin direkt in der Tagesansicht eintragen. Dazu wählen Sie im Navigationsbereich den Ordner **Kalender.**

Gehen Sie zum gewünschten Datum, indem Sie den visuellen Kalender benützen oder den Befehl **Start** > **Gehe zu** > **Gehe zu Datum** wählen.

Geben Sie im entsprechenden Zeitintervall den Termin ein. Drücken Sie die Enter-Taste. Der Zeitblock ist nun als Termin markiert. Sie können die Zeitspanne jederzeit ändern, indem Sie mit der Maus den Rand erfassen und nach oben oder unten ziehen.

Der Termin wird standardmässig als «Beschäftigt» eingetragen. Sie können einem Termin auch den Status **Frei, Mit Vorbehalt** oder **Abwesend** zuweisen. Dazu klicken Sie mit der rechten Maustaste auf den Termin und wählen aus dem Kontextmenü **Zeitspanne zeigen als** gewünschten Eintrag. Die Kategorisierung von Zeitspannen ist vor allem dann nützlich, wenn andere Personen Zugriff auf Ihren Terminkalender haben. Dazu muss allerdings ein Microsoft-Exchange-Server eingerichtet sein.

Termine über das Terminformular eintragen

Wesentlich mehr Möglichkeiten stehen Ihnen offen, wenn Sie für Ihre Termineintragungen das Terminformular verwenden. Am einfachsten klicken Sie dazu in der Symbolleiste auf **Neuer Termin.** Dieses Beispiel zeigt einen einfachen Termineintrag:

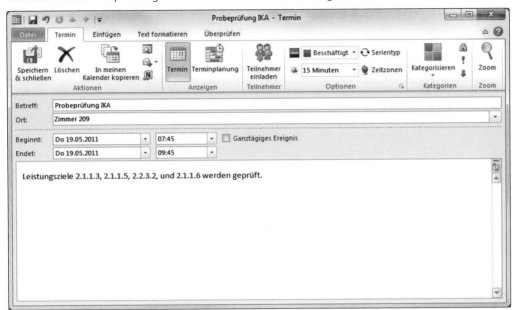

Register	**Start**
Gruppe	Neu
Befehl	Neuer Termin

Das Fenster Terminformular

▶ Geben Sie einen privaten Termin im Terminformular ein.

Aufgabe 29

▶ Wählen Sie als Option, dass Sie zwei Tage vorher an den Termin erinnert werden.

▶ Zur Erinnerung soll der standardmässige Sound aus Outlook erklingen.

▶ Der Termin soll als **Abwesend** angezeigt werden.

▶ Der Termin soll als **Privat** bezeichnet sein.

▶ Ihr Eintrag soll auch eine Beschreibung (Notizen) enthalten.

Mehrtägige Termine eintragen

Besuchen Sie einen mehrtägigen Weiterbildungskurs, sind Sie mehrere Tage bei einem Kunden im Ausland, so tragen Sie einen mehrtägigen Termin in Ihren Terminkalender ein. Im Feld **Beginnt um** tragen Sie den Starttag ein. Im Feld **Endet um** tragen Sie den Tag ein, an welchem der mehrtägige Termin endet. In der Ansicht **Woche** oder **Monat** sehen Sie, über welche Tage sich der Termin erstreckt. Der unten stehende mehrtägige Termin dauert vom 09.05., 08:00 Uhr, bis zum 12.05., 17:00 Uhr.

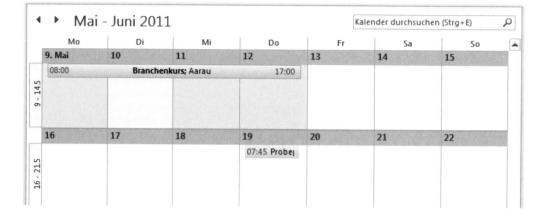

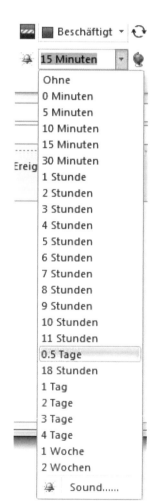

Das Erinnerungsfenster

Bei der Planung eines Termins können Sie die Erinnerung für einen Termin oder ein Ereignis einschalten und den gewünschten Zeitpunkt der Erinnerung eingeben. Zum gewählten Zeitpunkt öffnet sich ein Erinnerungsfenster:

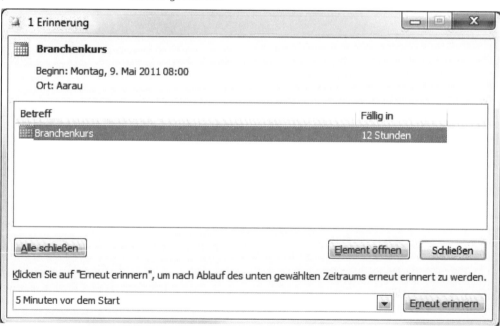

Erinnerungsfenster

▶ Kalenderfarben zuweisen

Der Einsatz von Farben unterstützt Sie, Ihre Termine sinnvoll zu verwalten. Sie erkennen so auf einen Blick, um welche Art von Termin es sich handelt. Beim Klick auf das Symbol **Kategorien** öffnet sich eine Auswahl von sechs Farben. Unter **Alle Kategorien …** können Sie den einzelnen Farben einen eigenen Text beifügen oder auch weitere Farben hinzufügen. Outlook bietet Ihnen eine Palette von 25 Farben.

▶ Terminserien planen

Regelmässig wiederkehrende Termine, z. B. wöchentliche Sporttrainings, können Sie im Terminformular als **Terminserie** eintragen. Dazu klicken Sie im Terminfenster auf das Symbol **Serientyp** und geben die notwendigen Angaben ein.

Register	Termin
Gruppe	Kategorien
Befehl	Kategorisieren

Fenster Kategorisieren

▶ Ereignisse eingeben

Einen ganztägigen Termin (Ereignis) geben Sie ein, indem Sie ein Terminformular öffnen und bei **Ganztägiges Ereignis** ein Häkchen setzen. Nun nehmen Sie die gewünschten Eintragungen vor und klicken auf **Speichern & Schliessen**. Der Ereigniseintrag wird in der Datumskopfzeile angezeigt. Regelmässige Ereignisse können Sie wie die anderen Termine als Serientyp in Ihren Kalender eintragen.

Ereigniseintragungen können Sie besonders schnell finden, indem Sie über **Ansicht** > **Aktuelle Ansicht** > **Ansicht ändern** > **Ereignisse** eine Liste der ganztägigen Termine anzeigen lassen.

☐ **Ganztägiges Ereignis**

Register	Ansicht
Gruppe	Aktuelle Ansicht
Befehl	Ansicht ändern
Befehl	Ereignisse

▶ Persönliche Arbeitszeiten vorgeben

Die Standardanzeigen des Kalenders können Sie Ihren persönlichen Arbeitszeiten anpassen. Wählen Sie dazu **Datei** > **Optionen** > **Kalender** > **Arbeitszeit**. Legen Sie die regelmässigen Arbeitstage fest und geben Sie Arbeitsbeginn und Arbeitsende ein. Alle Zeiten, die ausserhalb Ihrer Arbeitszeiten liegen, werden in der Kalenderansicht in etwas dunklerer Farbe angezeigt.

Register	Datei
Befehl	Optionen
Befehl	Kalender
Abschnitt	Arbeitszeit

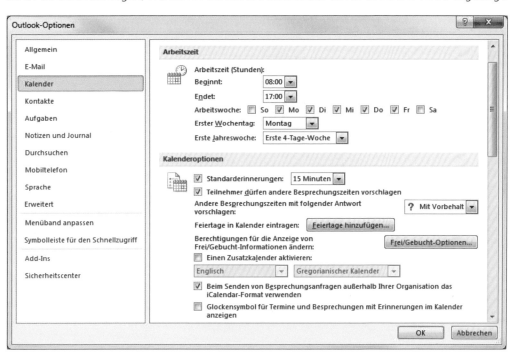

▶ Anzeigen der Termine

In der Kalenderansicht können Sie die Anzeige der Termine wählen:

Ansicht Tag

Ansicht Arbeitswoche

Ansicht Monat

Termine ändern, verschieben, kopieren

Einen Termin können Sie jederzeit bearbeiten. Gehen Sie im Kalender zum entsprechenden Eintrag und öffnen Sie das Terminfenster. Ändern Sie die entsprechenden Eintragungen.

Wollen Sie einen Termin innerhalb eines Tages verschieben, wählen Sie am besten die Ansicht Tag, klicken mit der Maus auf den Termin und ziehen ihn mit gedrückter Maustaste auf die neue Uhrzeit. Mit den Drag-and-Drop-Funktionen können Sie einen Termin bei der Wochen- oder Monatsansicht auch ganz einfach auf einen anderen Tag ziehen. Wiederholt sich ein Termin, ziehen Sie ihn mit gedrückter Ctrl-Taste auf das entsprechende Datum.

Über die Schaltfläche **Heute** wechseln Sie zum aktuellen Datum.

Wollen Sie mehrere aufeinanderfolgende Tage anzeigen? Klicken Sie im Datumsnavigator auf den ersten Tag und dann mit gedrückter Umschalttaste auf den letzten anzuzeigenden Tag oder markieren Sie die Tage mit der Maustaste. Sie können auch unzusammenhängende Tage anzeigen, indem Sie die Ctrl-Taste drücken und die einzelnen Tage anklicken.

Der Kalender verfügt über weitere Ansichtsoptionen. Testen Sie die verschiedenen Möglich-keiten: **Aufgabe 30**

Ansichtsoptionen im Kalender

▶ Am 1., 3. und 5. eines **bestimmten Monats** bereiten Sie sich in einem Sportklub auf ei-nen Wettkampf vor. Das Training findet jeweils von 19.30 bis 21 Uhr statt.

Tragen Sie den Termin in Ihren Kalender ein.
Verlängern Sie den Erinnerungszeitraum auf einen Tag.
Bezeichnen Sie den Termin als **«privat»**.
Beschriften Sie den Termin mit **«wichtig»**.

▶ Tragen Sie eine persönliche Terminserie in den Kalender ein (Musikunterricht usw.).

▶ Tragen Sie Ihre Ferien in den Kalender ein.

▶ Ändern Sie die Zeiteinteilung der Tagesansicht in 15-Minuten-Einheiten.

▶ Blenden Sie die Wochennummer im Datumsnavigator ein. Hinweis: Geben Sie in der Out-look-Hilfe das Stichwort «Datumsnavigator» ein und wählen Sie unter «Was möchten Sie tun» die entsprechende Anweisung.

Aufgabenverwaltung

Die Aufgabenverwaltung in Outlook ist mit dem Kalender eng verknüpft. Im Gegensatz zu einem Termin ist eine Aufgabe nicht an eine Uhrzeit gebunden. Dinge, die Sie erledigen müssen, tragen Sie als Aufgaben ein. Sie können sich an die Fälligkeit von Aufgaben erinnern lassen und benötigtes Text- und Bildmaterial mit der Aufgabe verknüpfen.

▶ Aufgaben erfassen

● Klicken Sie im Navigationsbereich auf **Aufgaben**.

● Klicken Sie im Navigationsbereich auf die Schaltfläche **Neue Aufgabe**.

Es öffnet sich das Aufgabenformular:

Das Aufgabenformular

● Ins Feld **Betreff** geben Sie einen aussagekräftigen Namen ein und drücken dann die Tabulatortaste. Der Betreff wird damit als Name übernommen und in der Titelleiste des Aufgabenformulars angezeigt. Das Feld **Fällig am** wird aktiviert. Sie können hier ein bestimmtes Datum eingeben oder über den Datumsnavigator auswählen.

Die weiteren Eintragungen in dieses Formular sind weitgehend selbsterklärend. Die Aufgabe wird nun ins Aufgabenfenster eingetragen.

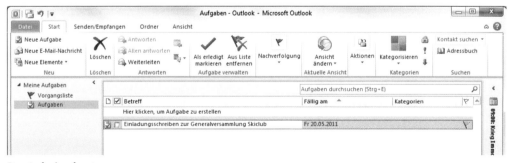

Das Aufgabenfenster

Register	Start
Gruppe	Neu
Befehl	Neue Aufgabe

Eine Aufgabe kann auch ohne Formular direkt eingetragen werden. Klicken Sie auf **Start > Neu > Neue Aufgabe**.

▶ Wiederkehrende Aufgaben erfassen

Sich wiederholende Aufgaben tragen Sie als Aufgabenserie ein. Klicken Sie dazu im Aufgabenformular auf **Serientyp**. Sie erhalten folgendes Formular, in dem Sie die Aufgabe als Serie definieren können:

Serientyp

Serie

Aufgabenserien definieren

Der Informatikverantwortliche an Ihrem Arbeitsort besucht jeweils am Freitag einen Weiterbildungskurs. Deshalb bittet er Sie, an diesen Tagen das Band für die Datensicherung am Server zu wechseln. Der Kurs dauert zwölf Wochen.

Tragen Sie diese Aufgabe als Aufgabenserie ein.

Aufgabe 31

▶ Aufgaben als erledigt kennzeichnen

Eine Aufgabe, welche Sie erledigt haben, können Sie einfach löschen. Sie können aber auch die Aufgabe stehen lassen und sie als erledigt kennzeichnen. Dazu aktivieren Sie ganz einfach in der Ansicht **Einfache Liste** das Kontrollkästchen **Erledigt**. Die Aufgabe wird durchgestrichen.

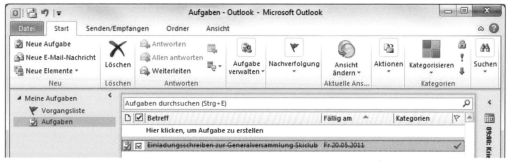

Aufgabe als erledigt kennzeichnen

Wenn Sie eine Aufgabe löschen, die Sie als Aufgabenserie eingerichtet haben, öffnet sich ein Meldungsfeld. Sie werden gefragt, ob Sie nur dieses eine Element oder alle Aufgaben der Aufgabenserie löschen möchten, und Sie können die gewünschte Option wählen.

► **Abrechnungsinformationen eintragen**

Im Aufgabenformular finden Sie ein Register **Details.** Hier können Sie den Arbeitsaufwand, die Reisekilometer, Hotelkosten usw. erfassen. Wenn Sie später die Abrechnung vornehmen, stehen Ihnen die Informationen in diesem Formular zur Verfügung.

Register	**Aufgabe**
Gruppe	Anzeigen
Befehl	Details

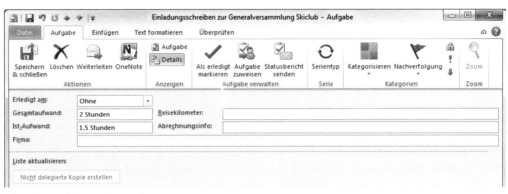

Abrechnungsinformationen eintragen

► **Eine Aufgabe an eine andere Person delegieren**

Haben Sie eine Aufgabe erfasst, können Sie aber nicht selbst erledigen, lässt sich diese mit Outlook bequem anderen Personen zuordnen. Nehmen wir an, Karl Muster sollte bis am 22.05. eine Einladung für die Generalversammlung des Skiclubs versenden. Vorab lässt er den Entwurf durch die Präsidentin Silvia Kunz begutachten. Vor dem Versand müssen noch die Etiketten gedruckt werden. Karl Muster trägt die Aufgabe so ins Aufgabenformular ein:

Karl Muster erfährt nun, dass er sich operieren lassen muss und die Aufgabe deshalb nicht erfüllen kann. Er bittet Brigitte Frey, sie zu übernehmen. Nach einem Klick auf **Aufgabe zuweisen** sendet er die Aufgabe per E-Mail an seine Kollegin.

Register	**Aufgabe**
Gruppe	Aufgabe verwalten
Befehl	Aufgabe zuweisen

Brigitte Frey erhält nun folgende Meldung in ihrer Post:

✓ Zusagen | ✗ Ablehnen

Einladungsschreiben zur Generalversammlung Skiclub

brigitte.frey@bwznv.educanet2.ch

ⓘ Wartet auf Antwort vom Empfänger.

Fällig am: **Diese Aufgabe ist am 20.05.2011 fällig.**
Status: **Nicht begonnen**
Priorität: **Normal**
Erledigt: **0%**

Einladung verfassen
Entwurf an Silvia Kunz
Etiketten drucken

Die Aufgabe wird bei Brigitte eingetragen. Mit einem Klick auf **Zusagen** bzw. **Ablehnen**, kann Brigitte Karl sofort mitteilen, ob sie die Aufgabe übernehmen kann. Karl erhält im Kopf dieses E-Mails die Meldung, wie sich Brigitte entschieden hat.

Als Aufgabenbesitzer kann nun Brigitte den Fortschritt der Aufgabe im Formular eintragen. Sobald Brigitte den Aufgabenfortschritt oder das Fälligkeitsdatum ändert, erhält Karl eine Meldung. Es ist auch jederzeit möglich, dem Aufgabensteller einen Statusbericht zu senden.

Tragen Sie eine Aufgabe im Outlook ein. Delegieren Sie die Aufgabe an eine Ihrer Klassenkolleginnen oder einen Ihrer Klassenkollegen.

Aufgabe 32

Dokumente auf nicht elektronischem Weg übermitteln

4

4.1 Einführung

Die Post befördert in der Schweiz pro Tag mehr als 15 Millionen Briefsendungen. Rund die Hälfte davon ist schriftliche Marktbearbeitung. Dahinter stehen Informationen, Einladungen, Spezialangebote, Dankesschreiben, Kundenpflegemassnahmen usw. Beachten Sie dazu die Hinweise im Modul «Schriftliche Kommunikation/Korrespondenz».

Die Dienstleistungen der Post sind vielfältig. Ausführliche und aktuelle Informationen finden Sie in der Broschüre «Briefpost Schweiz», erhältlich bei jeder Poststelle oder auf der Website www.post.ch.

Auch wenn die elektronische Übermittlung ohne Zweifel am schnellsten ist, müssen Original-dokumente (z.B. Urkunden, Gut-zum-Druck-Vorlagen, Verträge, Rechnungen) mit den her-kömmlichen Post- oder Kurierdiensten verschickt werden. Im Normalfall reicht die Zustellung mit der A- oder B-Post; muss die Sendung innert 24 Stunden beim Empfänger sein, kann auf Express- oder Kurierdienste zurückgegriffen werden.

In mittleren und grösseren Betrieben oder Verwaltungen ist der interne Postdienst verant-wortlich für die schnelle und reibungslose Abwicklung der betrieblichen Kommunikation; er trägt dazu bei, dass

- die eingegangene Post schnell zu den Sachbearbeiterinnen und Sachbearbeitern kommt,
- der rasche und sichere Aktenfluss im Betrieb gewährleistet ist,
- die ausgehende Post rechtzeitig verschickt wird,
- die Postbearbeitung möglichst kostengünstig erfolgt.

4.2 Posteingang

Folgende Arbeiten sind auszuführen:

1. Vorsortieren

- Die zu öffnende Post wird von der verschlossen abzuliefernden Post getrennt. Briefe, die einen «Persönlich»-Vermerk tragen oder persönlich adressiert sind, werden ungeöffnet an die betreffenden Personen weitergegeben. Dies gilt auch für den Vermerk «Vertraulich».

- Steht in der Adresse der Name einer Person nach dem Firmennamen, wird der Brief je nach Weisung der Firma geöffnet oder verschlossen weitergeleitet.

- Post an die Geschäftsleitung ist meistens verschlossen abzuliefern.

- Briefe mit Zustellnachweis (Einschreiben) werden je nach interner Regelung geöffnet oder weitergeleitet.

- Expressbriefe werden sofort behandelt.

- Irrläufer – das sind Sendungen, die nicht uns betreffen – werden beiseite gelegt und der Post möglichst rasch verschlossen zurückgegeben.

2. Öffnen und Auspacken

Für das Öffnen der Briefumschläge werden meistens mechanische oder elektrische Brieföffner verwendet.

3. Kontrollieren

Wird die Post den Umschlägen entnommen, sind folgende Punkte zu beachten:

Brieföffner

- Ist der Umschlag wirklich leer?

- Steht die Adresse des Absenders auf dem Brief?

- In Betrieben, wo Fristen rechtlich bedeutend sind: Bestehen keine grösseren Abweichungen zwischen dem Datum des Briefes und dem Datum des Poststempels?

- Hat uns der Brief rechtzeitig erreicht?

- Sind alle erwähnten Beilagen vorhanden? (Fehlendes vermerken)

- Sind alle Beilagen aufgeführt? (Sonst ergänzen)

Wenn mit der Adressierung oder Zustellung irgendetwas nicht stimmt, ist der Umschlag an den Brief zu heften und die Unregelmässigkeit auf dem Brief zu vermerken.
Die Briefumschläge werden noch einige Zeit aufbewahrt, denn es kann vorkommen, dass bei der Bearbeitung plötzlich das Datum der Briefaufgabe, eine nähere Absenderangabe usw. nachgesehen werden müssen.

4. Stempeln

Die Schriftstücke werden mit einem Eingangsstempel versehen; dieser kann folgende Angaben enthalten: Eingangsdatum, Uhrzeit, fortlaufende Nummer, Angaben über den Zirkulationsablauf.

5. Feinsortieren

Inhaltsangaben auf den Briefen erleichtern das Feinsortieren wesentlich. Die gesamte Post wird nun nach Empfängern sortiert und an diese verteilt.

Digitales Posteingangssystem:
Briefe maschinell öffnen,
einscannen, Empfänger automatisch erkennen.

Digitale Posteingangssysteme scannen eingehende Dokumente; diese werden anschliessend automatisch klassifiziert und zugeordnet, sodass sie sehr schnell den richtigen Adressaten erreichen. Zudem wird der Informationsfluss beschleunigt, da ein zeitgleicher Dokumentenzugriff von mehreren Arbeitsplätzen aus möglich ist.

4.3   Postausgang

Die zu versendende Post kann – aus Diskretionsgründen – fertig verpackt dem Postdienst übergeben werden. Oft übernimmt aber der Postdienst folgende Arbeiten im Postausgang:

1. Beilagen anfügen

Häufig zu versendende Beilagen sind meistens im Postdienst aufbewahrt und werden von diesem beigelegt.

2. Kontrollieren

Bevor ein Brief gefalzt und verpackt wird, ist zu kontrollieren, ob alle erwähnten Beilagen vorhanden sind, der Brief unterzeichnet ist und ob ein besonderer Dienstvermerk (wie Eilsendung, Lettre signature) zu beachten ist.

3. Falzen, Verpacken und Verschliessen

Je nach Grösse des Briefumschlages werden die Schriftstücke gefalzt. Für das Bearbeiten von Massensendungen (wie Rechnungen, Werbebriefe mit Beilagen, Lohnabrechnungen) werden Falz-, Zusammentrag- und Kuvertiermaschinen eingesetzt. Hochleistungsmaschinen können in der Stunde bis zu 26 000 Briefe mit Beilagen verarbeiten!

Falz-, Zusammentrag- und Kuvertiermaschine

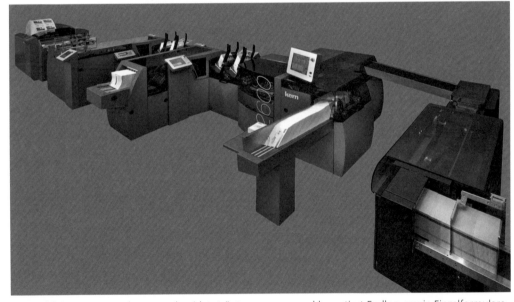

Ein Hochleistungsversandsystem schneidet, trägt zusammen und kuvertiert Endlos- sowie Einzelformulare.

4. Sortieren

Um der Post die Arbeit zu erleichtern und das Frankieren zu vereinfachen, werden die Sendungen nach Speditionsart (A- und B-Post, Briefe mit Zustellnachweis, Express usw.) sowie nach Empfangsort (Inland/Ausland) sortiert. Die Post vergütet bei Massensendungen ab 3000 Stück Vorleistungen wie das Sortieren nach Postleitzahlen oder Briefbotenbezirken und stellt dafür Postleitzahlen- und Sortierfiles zur Verfügung.

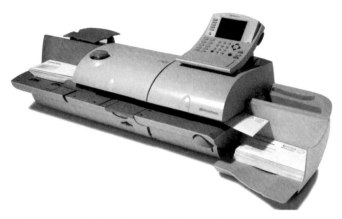

Modular ausgebautes vollautomatisches Frankiersystem

Sendungen verfolgen Business
(Login www.post.ch/mypostbusiness)

Einschreiben Inland:

Sendungsverfolgung (Track & Trace) im Internet

5. Frankieren und mit Barcodelabels versehen

Mit Intelligenten Frankiersystemen (IFS) wird der Beförderungspreis der Briefpost direkt auf die Sendungen oder auf Klebezetteln aufgedruckt. IFS-konforme Geräte können Daten über Aufgabemengen und Sendungsgattungen speichern, via Modemverbindung einen Betrag laden und anschliessend mit diesem Guthaben frankieren. Bei Preisanpassungen werden die neuen Tarife automatisch auf das Frankiersystem geladen.

Bei gewissen Sendungen und Aufgabemengen sind die Sendungen durch den Absender mit Barcodelabels zu versehen. Der Barcode enthält Angaben für die Sendungsverfolgung «Track & Trace». Mit dieser kann (auch im Internet unter www.post.ch) festgestellt werden, wo sich der Brief befindet und ob ihn der Empfänger schon erhalten hat.

In- und Auslandsbriefe sowie Inlandspakete lassen sich mit WebStamp digital frankieren. Diese Briefmarke wird vom Kunden im Internet erstellt, und es können eigene Bilder, Grafiken und Texte auf der Briefmarke platziert werden.

001.00
A
STANDARD
20021639
36615644
CH-3608
DIE POST

WebStamp

6. Aufgabeverzeichnisse

Je nach Sendungsgattung sind bei der Aufgabe der Post folgende Verzeichnisse abzugeben: Aufgabeverzeichnis, Barcode- oder Namensliste für Briefpostsendungen mit Zustellnachweis, Verrechnungsformular für die Barfrankatur.

Weitere Versandangebote der Post

Briefe und Pakete können durch die Post oder (private) Kurierdienste versandt werden; ausser den adressierten A- und B-Briefpostsendungen und der Paketpost bietet die Post vielfältige Versandmöglichkeiten; hier eine Auswahl:

- **Sendungen mit Zustellnachweis (Einschreiben)**
  Briefe mit wichtigem Inhalt sind als Sendung mit Zustellnachweis zu verschicken; sie werden dem Empfänger oder Berechtigten nur gegen Unterschrift ausgehändigt. So kann die Zustellung jederzeit rechtskräftig nachgewiesen werden. Für Briefpostsendungen mit Zustellnachweis gibt es weitere Möglichkeiten wie Rückschein, zweite Vorweisung und eigenhändige Auslieferung.

- **Expresspost und Kurierdienste**
  Bei der Expresspost hat der Postkunde, der einen Expressbrief vor 12 Uhr am Schalter abgibt, je nach Region die Wahl zwischen zwei Express- und zwei Kuriervarianten.

- **Briefe mit Nachnahme**
  Diese Sendungen werden dem Empfänger nur gegen Aushändigung des Nachnahmebetrages abgegeben. Der Absender kann sich den Nachnahmebetrag bar auszahlen oder seinem Postkonto gutschreiben lassen.

- **Wertsendungen**

  Sowohl Briefe als auch Pakete können als Wertsendung aufgegeben werden; sie müssen mit einem Wertverschluss (Siegellack, Plomben oder besonderem Klebband) versehen sein, damit Manipulationen während des Transports unmöglich sind oder sofort entdeckt werden. Die Sendungen sind bis zu CHF 3000.– versichert, die Versicherungssumme kann aber auch erhöht werden.

- **Geschäftsantwortsendungen**

  Das Porto für die Antwort ist bereits bezahlt – so können die Empfänger leichter und rascher auf ein Angebot oder eine Anfrage reagieren. Geschäftsantwortsendungen können als A- oder B-Post oder als Briefpostsendung mit Zustellnachweis befördert werden. Auch der Versand ins Ausland ist möglich. Für Geschäftsantwortsendungen gelten besondere Gestaltungsvorschriften; ein Probeabzug der Umschläge, Karten oder Adressetiketten ist der Post vor dem Druck vorzulegen.

Ausführliche Hinweise über das Angebot der Post und die Gestaltung, Adressierung und Kennzeichnung von Postsendungen finden Sie z.B. in den folgenden Publikationen der Post:

- Briefe Schweiz (Nr. 202.17)
- Sortierung von Briefpostsendungen (Nr. 202.11)
- Swiss-Express und Swiss-Kurier (Nr. 211.67)
- Paketpost Angebot (Nr. 210.50)
- Intelligente Frankiersysteme IFS (Nr. 203.10)

Auch verschiedene weltweit tätige Kuriere wie UPS, DHL oder TNT bieten ihre Dienstleistungen in der Schweiz an. Innerhalb einer Stadt sind Velokuriere am schnellsten.

▶ Besorgen Sie sich am Postschalter und via Internet Informationen über die Dienstleistungen der Post und der privaten Kurierdienste. Welche Expressangebote der Post gelten in Ihrer Stadt/Region?

Aufgabe 33

▶ Sie arbeiten in einer renommierten Treuhandfirma und versenden regelmässig vertrauliche Dokumente an Ihre Kundinnen und Kunden im Ausland. Ihre Chefin gibt Ihnen den Auftrag, abzuklären, mit welchem Kurierdienst Scheich El Hassan in Kuwait seine Dokumente am schnellsten erhält.

Büro der Zukunft
...papierlos oder papierarm?

5.1 Einführung

«Der PC ist der grösste Baumkiller seit Erfindung der Axt.»
(Steve Blanc von Pacific Gas and Electric)

Der seit vielen Jahren erwartete Rückgang des Papierverbrauchs durch Computereinsatz in der Bürokommunikation hat sich bis jetzt nicht eingestellt und rückt auch in den nächsten Jahren nicht in greifbare Nähe. In den Industriestaaten wächst der Papierverbrauch seit der Einführung des Computers um jährlich bis zu zehn Prozent. In amerikanischen Büros werden täglich rund eine Milliarde Blatt Papier bedruckt, davon mehr als die Hälfte durch Computerdrucker. Dazu kommen noch grosse Mengen Papier in Form von Benutzerhandbüchern, Werbematerial und Fachzeitschriften. Wurden 1970 noch 126 kg Papier pro Jahr und Kopf verbraucht, sind es heute rund 230 kg – also fast doppelt so viel. Verantwortlich dafür sind vor allem bequeme und schnelle Drucker und Kopierer.

Auch wenn elektronische Medien und Kommunikationsmittel eine immer grössere Verbreitung erfahren, wird Papier in Zukunft ein wichtiger Informationsträger bleiben:

- Papier ist – über einen längeren Zeitraum gesehen – immer noch der günstigste und unkomplizierteste Informations- bzw. Datenträger. Anders als bei elektronischen Speichermedien ist bei auf Papier vorliegender Information kein eigenes Lesegerät erforderlich. Diese Lesegeräte sind zudem bereits nach wenigen Jahren schon wieder veraltet und machen das Überspielen der Dokumente auf ein anderes Medium notwendig, um die Informationen weiterhin verfügbar zu halten.

- Artikel auf dem Bildschirm werden anders gelesen als auf Papier ausgedruckte. Amerikanische Wissenschaftler haben in Experimenten nachgewiesen, dass Texte auf Computerbildschirmen schwerer zu verstehen sind, nicht so interessant wirken und auch weniger glaubwürdig erscheinen.

- Der Brief hat gegenüber dem E-Mail einen höheren Rang erhalten. Oft werden E-Mails noch mit einem Brief bestätigt, sei es aus Gründen der Beweisbarkeit, Sicherheit oder als besonderen Dienst am Kunden; Dokumente der Versicherungen, Banken und Behörden sind Beispiele dafür. Die Korrespondenz unterstützt in erheblichem Mass Glaubwürdigkeit, Vertrauen und Image einer Firma oder Organisation.

Kopiergeräte sind aus dem Büro nicht mehr wegzudenken und gehören längst zur Grundausstattung. Vermehrt werden in diesem Bereich umweltschonende Verhaltensweisen beachtet: Die Geräte verbrauchen weniger Strom, ermöglichen Papiereinsparung durch doppelseitiges Kopieren und Verkleinern; das Verwenden von Recyclingpapier ist kein Problem mehr.

Die Erläuterungen zu Papier und Kopieren bilden Grundlage für die weiterführenden Themen Postdienst, Archivierung, Ergonomie und Ökologie.

5.2   Papier

Erst seit der Erfindung der Schrift lässt sich die Geschichte der Menschheit genau verfolgen. Das geschriebene Dokument löste die stummen Zeugen prähistorischer Zeit ab.

Schon vor vier Jahrtausenden wurden in Mesopotamien Tontafeln beschrieben und gebrannt. Wachstafeln, die sich immer wieder neu verwenden liessen, waren bei Griechen und Römern alltäglich, ebenso Pergamente aus der ungegerbten Haut von Ziegen und Schafen. Den Ägyptern gelang es, aus dem Mark der Papyruspflanze dünne Streifen zu schneiden und diese durch Pressen und Schlagen so miteinander zu verbinden, dass ein festes Blattgefüge entstand. Es trug den Namen der Pflanze. Und weil dieser Papyrus bis ins frühe Mittelalter auch in Europa verwendet wurde, leitete man von ihm später den Namen fürs Papier ab.

Im Jahre 105 stellte der Chinese Tsai Lun aus Maulbeerzweigen, Hanf, Lumpen und alten Fischernetzen in einem Sud mit Wasser und gelöschtem Kalk das erste Papier her. Die Chinesen hüteten das Geheimnis des Papiermachens während Jahrhunderten. 1276 wurde in Italien das erste Papier hergestellt. Gutenbergs Erfindung, die Druckform für den Buchdruck aus beweglichen Lettern zusammenzustellen, brachte im 15. Jahrhundert die grosse Ausbreitung nördlich der Alpen. Die erste Papiermühle in der Schweiz wurde 1411 in Marly bei Freiburg in Betrieb genommen.

Papier ist aus unserem Alltag nicht mehr wegzudenken, sei es als Kommunikationsmittel und Verpackungsmaterial, als Hygieneartikel oder für technische Zwecke. Der Papierkonsum ist eng mit dem Lebensstandard verknüpft. Die Papierindustrie ist ein wichtiger Industriezweig, der bezüglich Umsatz weltweit an dritter Stelle steht. Gleichzeitig ist sie global betrachtet in vielen Bereichen und je nach Region (Waldumwandlung, Holzverbrauch, Wasserverschmutzung und Chemikalienverbrauch) extrem umweltbelastend. Als Papierkonsumenten tragen wir auch Verantwortung für die ökologischen Auswirkungen der globalen Forstwirtschaft. Auf der Website des FUPS (Förderungsvereins für umweltverträgliche Papiere und Büroökologie Schweiz) finden Sie weitere Informationen zu Papier und Umwelt sowie Büroökologie: www.fups.ch.

Herstellung und Papierarten

Papier besteht aus Pflanzenfasern, welche mithilfe von Wasser zu einem Brei vermischt wurden. Der Faserbrei wird in der Papiermaschine verfilzt und unter Zusatz von Hilfsstoffen (Füllstoffe, Farbstoffe und Leim) zu Blattformen verarbeitet.

Für die Papierherstellung wird vorwiegend Holz als **Rohstoff** benötigt. Aus diesem werden die Fasern herausgelöst, und es entstehen die **Halbstoffe** Holzschliff (Holzstoff) oder Zellstoff (Zellulose).

Für hochwertige Spezialpapiere (z. B. Banknoten) werden auch Hadern (meistens aus Baumwollfasern) verwendet. Hanf, Flachs und Leinen dienen ebenfalls als Ausgangsprodukt für die Papierherstellung. Mengenmässig wichtigster Rohstoff ist das Altpapier. Es kommt in vielen Papier- und Kartonarten zum Einsatz.

Neben den Faserstoffen benötigen die Papiermacher noch weitere **Zusatzstoffe** wie Füllstoffe (die Poren zwischen den Papierfasern werden so geschlossen), Leime (damit das Papier beschrieben werden kann), Farbstoffe und optische Aufheller. Dass es eine so grosse Vielfalt unterschiedlichster Sorten, Verwendungsmöglichkeiten und Qualitäten gibt, liegt an der Wahl und Zusammensetzung von Roh- und Zusatzstoffen, an der Oberflächenbehandlung, der Einfärbung und am Gewicht.

In den Büros sind die hochwertigen, holzfreien Papiere aus Zellstoff heute am weitesten verbreitet; diese Papiere müssen mit allen Bürodrucktechniken (Trockentoner, Tintenstrahl, Farblaser) gute Ergebnisse erzielen.

Auch **Recyclingpapiere** verursachen heute in Druckern oder Kopiergeräten keine Störungen mehr und sind für die meisten Ausdrucke und Kopien geeignet.

Vielfältig sind die **Spezialpapiere**:

- beschichtete Papiere mit glänzender (Glossy) oder matter Oberfläche für fotorealistische Farbausgaben mit Tintenstrahldrucker. Die Tinte haftet nur auf der oberen, beschichteten Fläche des Papiers und gibt somit ein gestochen scharfes Bild wieder.

- Papiere mit besonderen Farbtönen und Oberflächenstrukturen für Visitenkarten, Speisekarten, Geburtstagskarten, Urkunden und Diplome, Gutscheine, Einladungen, Präsentationen, Kunstreproduktionen usw.

- Selbstklebepapiere für Etiketten

- selbstdurchschreibende Papiere für Formulargarnituren

- feuerfeste Papiere (flammhemmend ausgerüstet)

- wasserfeste Papiere

Um das **Papiergewicht** zu bestimmen, wird das Gewicht einer Fläche von einem Quadratmeter gemessen (g/m^2). Büropapiere haben in der Regel ein Gewicht von 80 g/m^2, bei Kartei-, Korrespondenz- und Postkarten liegt es zwischen 170 und 210 g/m^2. Die Angaben dazu finden Sie auf der Verpackung des Papiers.

Richtiger Umgang

Probleme beim Kopieren und Drucken sind meist auf die unsachgemässe Lagerung des Papiers zurückzuführen, unabhängig davon, ob es sich um Recyclingpapier oder Neupapier handelt. So beeinträchtigt sowohl zu trockenes als auch zu feuchtes Papier die Laufeigenschaften im Kopiergerät oder im Drucker.

Darum sind folgende Punkte im Umgang mit Papier zu beachten:

- Verschliessen Sie die Klimaschutzverpackung des Papiers wieder sorgfältig.

- Lagern Sie das Papier am gleichen Ort wie das Kopiergerät.

- Die relative Feuchtigkeit der Umgebungsluft sollte um 50 Prozent liegen, die Temperatur zwischen 19 und 23 Grad Celsius.

- Lagern Sie Papier nicht in unmittelbarer Nähe von extremen Temperatur- und Feuchtigkeitsquellen (wie Heizungen, Klimaanlagen, Küche, Sonnenlicht).

Normen und Formate

Normieren heisst vereinheitlichen, aufeinander abstimmen.

Technische Normen legen beispielsweise Abmessungen und Gewichte sowie Messverfahren für Produkte fest. Im Laufe der Industrialisierung und der globalen Erweiterung des Handels gewannen Normen zunehmend an Bedeutung. Häufig beeinflussten Abnahmevorschriften der Post oder anderer staatlicher Institutionen die Entstehung von Normen. In der Schweiz ist die Schweizerische Normen-Vereinigung (SNV) die Drehscheibe in den nationalen und internationalen Normennetzwerken; sie nimmt auch eine Brückenfunktion zwischen den Standardisierungsexperten und den Anwendern wahr.

Zu den bekanntesten Normen zählen die Papierformate. Von grosser internationaler Bedeutung sind beispielsweise auch Normen über die Grösse von Bank-, Kredit- und Telefonkarten oder über die Abmessungen von Frachtcontainern. In den letzten Jahren hat in der Wirtschaft die Zertifizierung von Qualitätsmanagementsystemen nach DIN EN ISO 9000 ff. zugenommen. Ähnliche Entwicklungen deuten sich im Bereich des betrieblichen Umweltschutzmanagements mit der Normenreihe ISO 14000 ff. an.

Die gängigsten Papierformate sind die der DIN-A-Reihe. Alle DIN-Formate haben eine gemeinsame Proportion: Das Verhältnis der kurzen zur langen Seite beträgt 5 : 7 (1 : Wurzel aus 2). Die kleineren Formate entstehen durch Halbierung des Ausgangsformats, wodurch kein Verschnitt anfällt, was das DIN-Format zu einem sehr wirtschaftlichen Papierformat macht.

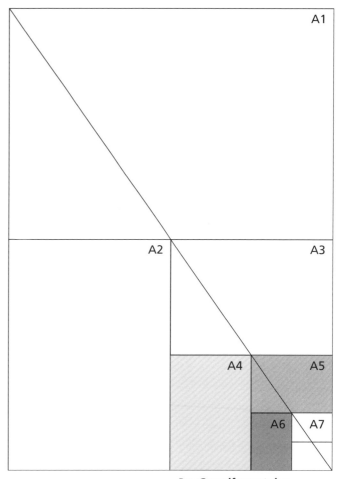

Das **Grundformat der A-Reihe heisst DIN A0** und umfasst 1 m² in der Form eines Rechteckes von 841 mm × 1189 mm. Durch Halbieren entsteht das nächstkleinere Format.

Papierformate

DIN-Bezeichnung	Abmessungen in mm	Fläche in m²	Andere Bezeichnungen, Anwendung
A0	841 × 1189	1,000	Vierfachbogen, Grundformat Plakate, technische Zeichnungen
A1	594 × 841	0,500	Doppelbogen Plakate, technische Zeichnungen
A2	420 × 594	0,250	Bogen Plakate, technische Zeichnungen
A3	297 × 420	0,125	Halbbogen Zeichnungen, Projekte
A4	210 × 297	0,063	Viertelbogen, Briefbogen Briefe, Rechnungen, Formulare usw.
A5	148 × 210	0,032	Blatt Notizblöcke, Karteikarten
A6	105 × 148	0,016	Halbblatt Postkarten, Karteikarten
A7	74 × 105	0,008	Viertelblatt Visitenkarten
A8	52 × 74	0,004	Klebemarken
A9	37 × 52	0,002	Klebemarken
A10	26 × 37	0,001	Klebemarken

Hüllformate (Briefumschläge usw.)

B-Reihe		C-Reihe	
B1	707 mm × 1000 mm	C1	648 mm × 916 mm
B2	500 mm × 707 mm	C2	458 mm × 648 mm
B3	353 mm × 500 mm	C3	324 mm × 458 mm
B4	250 mm × 353 mm	C4	229 mm × 324 mm
B5	176 mm × 250 mm	C5	162 mm × 229 mm
		C6/5	114 mm × 229 mm
B6	125 mm × 176 mm	C6	114 mm × 162 mm
B7	88 mm × 125 mm	C7	81 mm × 114 mm

Ein Umschlag der C-Reihe passt in ein entsprechendes Kuvert der B-Reihe.

Für den **Postversand** gelten folgende Formate und Grössen:

- **Minimalformat** für Briefe und Karten: 90 mm × 140 mm. Kleinere Formate gelten als aufpreispflichtige Spezialsendung.

- **Maximale Grösse** für Briefe: B4 (250 mm × 353 mm), 50 mm Dicke und 1 000 g. Grössere, dickere oder schwerere Sendungen werden als Pakete befördert.

- **Standardformate** der Preisstufen Standardbrief und Midibrief:
  - A6 (Postkarte), A5
  - C6, C6/5, C5
  - B5

- **Standardformate** der Preisstufen Grossbrief und Maxibrief:
  - A4
  - C4
  - B4

«Papier gilt als das beste Medium für Menschen, die Informationen be- und verarbeiten müssen. Unter anderem, weil sie im übertragenen Sinn die Information anfassen und begreifen können.» (zitiert nach «Papier & mehr»)

Aufgabe 34

▶ Nennen Sie weitere Gründe, warum auch in Zukunft Informationen über Papier verbreitet werden.

▶ Welche Vorteile haben elektronische Medien gegenüber dem Papier?

5.3   Kopieren

Chester F. Carlson, ein amerikanischer Physiker und Patentanwalt, musste oft Zeichnungen und Patentschriften von Hand abschreiben; diese Arbeit gefiel ihm nicht sonderlich, und darum suchte er in seiner Freizeit nach einer Möglichkeit, Schrift und Bild ohne Flüssigkeiten auf normales Papier zu übertragen.

Nach vielen Versuchen gelang ihm schliesslich vor über 60 Jahren mithilfe des Physikers Otto Kornei der Durchbruch: Sie beschichteten eine Metallplatte mit Schwefel und luden sie elektrisch auf, indem sie diese Platte mit einem Baumwolltuch abrieben. Anschliessend beschrifteten sie eine Glasplatte mit dem Datum und dem Ort des Versuches – «10-22-38 Astoria» – und legten diese auf die Metallplatte. Der Raum wurde verdunkelt und die Platte mit einer starken Lampe belichtet. Dann wurde die Glasplatte entfernt und Bärlappsamen, der sehr kleine Samenkörner hat, über die Metallplatte gestreut. An den beleuchteten Stellen war die Ladung verschwunden, nur an den abgedunkelten Stellen, da wo im Original der Schriftzug war, blieben die Samenkörner haften. Anschliessend wurde ein Blatt Wachspapier auf die Platte gedrückt und mit dem Bärlappsamen abgezogen. Die erste Fotokopie war geboren.

Versuche, diese Erfindung zu vermarkten, waren noch wenig erfolgreich. Alle Firmen, denen er dieses Verfahren anbot, darunter IBM, Kodak und General Electric, hatten daran ein «enthusiastisches Fehlen von Interesse», wie Carlson es nannte. Er liess dieses Verfahren der Elektrofotografie patentieren. 1950 kam dann der erste kommerzielle Trockenkopierer von der Firma Haloid auf den Markt. Die Bezeichnung «Elektrofotografie» war für das Marketing nicht so geeignet, darum wurde das Kopierverfahren «Xerografie» genannt (aus den griechischen Wörtern xeros = trocken und graphein = schreiben). Die Firma Haloid nannte sich ab 1961 Xerox Corporation.

Prinzip und Verfahrensschritte

Beim elektrostatischen Kopieren wird ein Bild erzeugt, indem Toner von einem lichtempfindlichen Fotorezeptor auf der Bildtrommel angezogen wird. Dieser Toner wird dann auf das Papier übertragen und das Bild anschliessend mit Hitze und Druck fixiert.

▶ Aufladen
Zunächst lädt ein Koronadraht oder ein Transferroller die Oberfläche der Bildtrommel mit einer einheitlichen elektrostatischen Ladung auf.

▶ Bildgebung
Dann wird das Bild der Originalvorlage beim analogen Kopierer auf die Trommel projiziert. Eine Lampe (1) beleuchtet das Dokument (2). Das Bild wird von einem Spiegel (3) durch ein Objektiv (4) reflektiert und über einen weiteren Spiegel (5) auf die Bildtrommel projiziert.

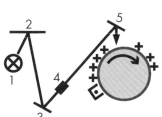

Beim digitalen Kopierer wird das Dokument zuerst gescannt und gespeichert, anschliessend erfolgt die Bildgebung. Die Trommel wird Lichtimpulsen eines Laserstrahls ausgesetzt, der von einem sich drehenden Spiegel gelenkt wird.

▶ Belichtung
Die Ladung der Bildtrommel wird durch Licht neutralisiert; da aber von den Bildbereichen kein Licht reflektiert wird, bleiben diese Bereiche auf der Trommel geladen. Auf der Trommel ist jetzt ein unsichtbares Bild vorhanden.

▶ Entwicklung

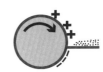

Der Toner wird mit Trägerkörnchen (Entwickler) gemischt und erhält eine der Bildtrommel entgegengesetzte Ladung. Wenn der Toner mit der Oberfläche der Bildtrommel in Kontakt kommt, wird er aufgrund der Ladung auf die Oberfläche gezogen, sodass nun ein sichtbares Spiegelbild der Vorlage entsteht.

▶ Übertragung

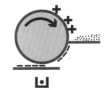

Mit diesem elektrisch haftenden Tonerbild dreht sich die Bildtrommel, bis sie mit einem Blatt Papier in Kontakt kommt. Dieses Blatt wird durch einen elektrostatischen Vorgang aufgeladen, aber mit einer stärkeren Ladung als die Bildtrommel, sodass die Tonerpartikel auf das Papier übertragen werden.

▶ Fixierung

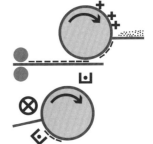

Das Papier wird von der Trommel gelöst und durchläuft zwei Walzen, welche die Tonerpartikel mit Wärmeeinwirkung auf dem Papier fixieren.

▶ Reinigung

Die Trommel wird von Tonerrückständen gereinigt und für die nächste Belichtung vorbereitet.

Auswahl des Kopiergeräts

Bei der Beschaffung eines Kopiergeräts sind folgende Punkte zu beachten:

- Umweltzeichen («Energy Star», TCO-Label, «Blauer Engel»); solche Geräte liefern günstige Werte bezüglich Energieverbrauch, Lärmemissionen, Freisetzung von Schadstoffen und Problemabfällen (vgl. Abschnitt Büroökologie)
- möglichst lange Lebensdauer (durch Aufrüstbarkeit)
- Papierverbrauch: Die Geräte müssen in der Lage sein, Recyclingpapier zu verarbeiten und doppelseitig zu kopieren (Duplex-Einrichtung). Auch das Verkleinern (z. B. von A4 auf A5) kann zur Einsparung von Papier beitragen
- hohe Wartungs- und Reparaturfreundlichkeit
- rasch reagierender Kundendienst
- Rücknahmeverpflichtung und gesicherte umweltgerechte Entsorgung gebrauchter Kopiergeräte
- recyclinggerechte Konstruktion, um die Weiterverwendung von Geräten und Gerätebauteilen sowie die sortenreine Sammlung und Wiederverwertung von Kunststoffen zu ermöglichen.

Kopiergerät mit Vorlageneinzug und Sorter

Aufgrund der Anwenderbedürfnisse werden die Fotokopierer in verschiedene Klassen eingeteilt.

▶ Arbeitsplatz oder Tischkopierer

Bei diesen Kleinkopierern soll vor allem die Wartung sehr einfach sein; deshalb befinden sich Toner, Trommel und Reinigungseinheit in einer Kassette, welche einfach herausgenommen und ausgewechselt werden kann; Serviceverträge oder Wartung beim Hersteller sind darum nicht nötig. Diese Geräte bieten je nach Modell bereits Zusatzfunktionen wie Vergrössern und Verkleinern (Zoom-Funktion), automatischer Vorlageneinzug, Einzelblatteinzug für Folien und Spezialpapiere sowie Fotomodus, welcher die originalgetreue Wiedergabe von schwarzweissen und farbigen Fotografien sicherstellt.

▶ Kombigeräte

Solche Geräte umfassen Farbdrucker, Flachbettscanner und Farbkopierer; einige Modelle bieten auch Faxfunktionen oder die Möglichkeit, digitale Fotos direkt ab Kamera oder Speichermedium auszudrucken. Der Einsatz dieser Kombigeräte liegt vor allem im Heimbereich.

▶ Multifunktionale Drucksysteme

Das Arbeiten in vernetzten Umgebungen ist heute selbstverständlich geworden. Einzelne Arbeitsplatzgeräte wie Drucker und Kopierer werden darum durch digitale Systeme ersetzt, welche drucken, kopieren, faxen, farbscannen und digital senden können. Diese Geräte sind modular aufgebaut und können je nach Einsatz als Netzwerkdrucker aufgerüstet, mit automatischem Dokumenteneinzug, zusätzlichen Papierkassetten, Sorter, Hefter, Locher usw. ausgestattet werden.

Digitaler Farbkopierer

▶ Allroundkopierer

Diese Geräte verfügen über einen grösseren Papiervorrat, kopieren bis Format A3 und sind mit einem Sorter und/oder Finisher (Heften, Lochen) ausgestattet. Wichtig ist hier die Zuverlässigkeit und Bedienungsfreundlichkeit; auch das Nachfüllen von Papier und Toner oder das Beheben von Papierstaus und kleineren Störungen soll problemlos möglich sein. Oft können solche Geräte via Netzwerk verwaltet werden und erlauben dadurch eine automatische Verbrauchsmaterialbewirtschaftung und eine Kostenkontrolle je Nutzer.

▶ Farbkopierer

Für Grafikdesign, die Herstellung von Broschüren, Berichten oder Prospekten werden immer mehr Farbkopierer eingesetzt. Diese Geräte verfügen wie die Schwarzweisskopierer über automatischen Vorlageneinzug, Duplexbetrieb, Vergrösserungs- und Verkleinerungsfunktionen, Sorter, Hefter. Zusätzlich sind diese Kopierer mit Sicherheitsfunktionen ausgestattet, welche Fälschungen von Banknoten verhindern.

Hochleistungskopierer (Digital Printing)

▶ Digitale Drucksysteme, Hochleistungskopierer

Unternehmen, in denen Dokumente in anspruchsvoller Qualität innerhalb kürzester Zeit und/oder in kleinen Auflagen erstellt werden müssen, setzen Hochleistungsgeräte ein, welche einzelne Seiten oder ganze Broschüren in kurzer Zeit kopieren oder online drucken können. Diese Geräte sind mit Hefter und Bindeeinrichtungen ausgestattet, welche die Produktion von Büchern in guter Qualität ermöglichen. Bücher lassen sich nach Bedarf drucken, und es wird den Verlagen ermöglicht, auch auflagenschwache Titel lange Jahre in das Sortiment aufzunehmen. Selbstverlegende Autoren können ihre Werke kostengünstig publizieren. Auch für die Leser (beziehungsweise Bibliotheken und Buchhandlungen) bieten sich neue Möglichkeiten – sie bestimmen beispielsweise das Format der bestellten Bücher selber oder lassen die Publikationen mit Widmungen oder Werbe-Labels individualisieren.

▶ Dreidimensionale Drucker

3-D-Drucker erstellen in wenigen Stunden hochaufgelöste dreidimensionale Vollfarbmodelle und Musterteile. Diese Modelle bieten allen Beteiligten ein reales Abbild einer Konstruktion, eines Designs, Bauwerks oder Geländemodells und sind daher herkömmlichen Zeichnungen in ihrer Aussagekraft überlegen.

Dreidimensionaler Drucker

Arbeiten mit dem Kopierer

Ein Kopiervorgang ist immer auch ein geringer Qualitätsverlust, selbst wenn der Kopierer noch so gut ist. Je besser also die Vorlagen, desto besser die Kopien. Für eine möglichst optimale Qualität sollten Sie also auf folgende Eigenschaften Ihrer Vorlagen achten:

- möglichst helles (weisses) Papier, nicht durchscheinend, z. B. Zeitungspapier
- kontrastreiche Vorlagen, d. h., die Schrift sollte schwarz sein
- Text nicht bis ganz an die Ränder setzen, ca. 5 mm Rand lassen
- möglichst Originale
- keine zu dünnen Linien
- ungefaltete Vorlagen
- Tipp-Ex oder Klebstoffe trocknen lassen
- möglichst keine geklebten Vorlagen und wenn doch, dann die Ränder gut angeklebt.

▶ Zusätzliche Anforderungen für Vorlagenwechsler

- Vorlagen ohne Knicke, Falten
- Papier mit mindestens 80 g/m²; das max. Flächengewicht ist vom Kopierer abhängig
- einheitliches DIN-Format
- rechtwinklige Ecken (nicht abgerundet)
- keine Klammern
- nichts aufgeklebt
- nicht gewellt
- nicht statisch aufgeladen oder anderweitig aneinander haftend
- bei Wechslern mit automatischer Vorlagenrückführung Papier mit höherer Steifigkeit verwenden.

Erfüllen Ihre Vorlagen die Anforderungen für Vorlagenwechsler nicht, kann es zu Vorlagenstaus kommen, die unter Umständen die Originale beschädigen. In diesem Fall kopieren Sie besser über das Vorlagenglas.

▶ Papier einlegen

Auf jeder Verpackung befindet sich ein Hinweis, auf welcher Seite des Papiers zuerst gedruckt/kopiert werden soll. Falls es nicht im Klartext angegeben ist, liefert ein Pfeil den entsprechenden Hinweis, wie das Papier korrekt eingelegt werden muss.

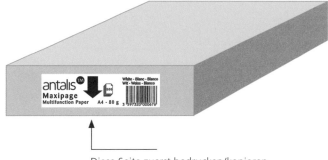

Diese Seite zuerst bedrucken/kopieren

▶ **Umgang mit Kopierer und Toner**

Um eine gesundheitliche Gefährdung der Benutzer durch Tonerstaub zu verhindern, Kopiergeräte (wie auch Laserdrucker) nur in gut belüfteten Räumen einsetzen. Zudem sind die Hinweise der Hersteller bezüglich der Aufstellung und Wartung der Geräte genau zu beachten. Tonerkartuschen dürfen nicht gewaltsam geöffnet und sollen für Kinder unzugänglich aufbewahrt werden.

Zusätzliche Feinstaub-Filtersysteme können die Belastung der Raumluft durch Toner- und Staubpartikel stark reduzieren; sie sind praktisch für alle Laserdrucker, Fax- und Kopiergeräte erhältlich und lassen sich aussen am Gerät durch Klettverschluss befestigen.

Ist durch Defekte oder unsachgemässen Umgang Tonerpulver verschüttet worden, ist es ratsam, dieses umgehend mit einem feuchten Tuch aufzunehmen, damit es nicht aufgewirbelt wird. Leere Tonerkartuschen sollen komplett ausgewechselt und keinesfalls von Laien, sondern nur in ausgewiesenen Fachbetrieben wieder gefüllt werden.

Ebenfalls vorsichtig sollten Anwender bei einem Papierstau zu Werke gehen. Beim gewaltsamen Herausziehen des Papiers aus dem Schacht kann sich noch nicht fixierter Tonerstaub freisetzen.

| Aufgabe 35 | Im Betrieb wächst die Anzahl der Kopien ständig. Der Chef bittet Sie um praxisgerechte Vorschläge, mit denen die Zahl der Kopien resp. der Papierverbrauch reduziert werden soll. Präsentieren Sie Ihre Ideen übersichtlich mithilfe eines Textverarbeitungsprogramms. |

Arbeitsprozesse bewusst und effizient gestalten

6.1 Prozessorganisation

Ein Prozess im Unternehmen umfasst Aufgaben, Tätigkeiten oder Funktionen mit dem Ziel, eine bestimmte Leistung (Wertschöpfung) zu erbringen.

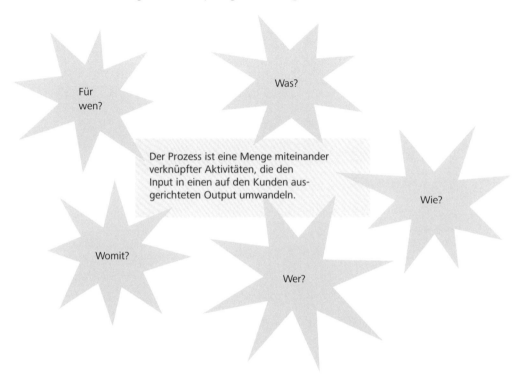

Prozesse oder auch Geschäftsprozesse definieren, wie man beim Erfüllen der Aufgabe konkret vorgeht:

- Was wird für wen getan? **(sachliche Dimension)**
- Wie lange (Dauer von Abläufen), wann (Termine) und in welcher Reihenfolge (Teilprozesse) wird etwas getan? **(zeitliche Dimension)**
- Wann oder unter welchen Bedingungen wird etwas getan? **(konditionelle Dimension)**
- Wer tut was unter Zuhilfenahme von was oder wem? **(Ressourcendimension)**

▶ **Prozessmodell**
In einem Unternehmen müssen die Prozesse, Teilprozesse und Aktivitäten aufeinander abgestimmt sein:

- Im **Bereichsmodell** werden alle Prozesse eines Unternehmensbereichs aufgelistet und vernetzt.

- Das **Prozessmodell** unterteilt die Prozesse in Teilprozesse, vernetzt diese und regelt die Zuständigkeit für die Teilprozesse.

- Das **Teilprozessmodell** enthält eine strukturierte Liste der Aktivitäten, ausführenden Stellen und Arbeitsmittel.

Prozess	Kursadministration
Teilprozess	**Eingang Anmeldungen**
Stelle	Sekretariat Weiterbildung
Zielsetzung	• Verarbeitung aller Kursanmeldungen sicherstellen • Kundenzufriedenheit
Arbeitshilfsmittel, Unterlagen	• Checkliste Kursadministration Weiterbildung • EDV-Programme • Telefon • Kursprogramm • Anmeldeübersicht • Teilnehmerliste • Ablage Anmeldungen • Debitorenbewirtschaftung Weiterbildung
Qualitätsmerkmal	Beanstandungen pro Semester <1% der Teilnehmerzahl
Verlauf des Teilprozesses	1. Eingangsstempel auf Anmeldung 2. Teilnehmer/in dem entsprechenden Kurs zuordnen; Fakturadaten und Spezialtarife beachten 3. Kursbestätigung mit Rechnung drucken und verschicken 4. Ablage der Anmeldung nach Kursnummer 5. Druck Anmeldeübersicht 6. Zehn Tage vor Kursbeginn: Kursteilnehmer/in im Falle einer Kursabsage benachrichtigen 7. Verspätete Anmeldungen erfassen

▶ Regelungsdichte der Prozesse

Wie detailliert sollen die Arbeitsvorgänge geregelt (festgelegt, standardisiert) werden?

Eine zu hohe Detaillierung bringt folgende Nachteile:

• Flexibilität und Kreativität werden eingeengt
• Motivationsprobleme
• Fehler im Arbeitsablauf bei Irrtum des Organisators

Ist die Detaillierung hingegen zu gering, ist mit diesen Nachteilen zu rechnen:

• Ziele der Ablauforganisation werden nicht erfüllt
• Austauschbarkeit des Personals geringer
• höhere Anforderungen an das Personal

Die Regelungstiefe von Abläufen ist abhängig von der

• Komplexität der Aufgabe
  – sehr einfache Aufgaben: nicht detailliert, da unnötig
  – sehr komplexe Aufgaben: nicht detailliert, da unmöglich
• Standardisierbarkeit (immer gleich), Prozess wird häufig durchgeführt: Detaillierung lohnt sich.

Aufgabe 36

Beschreiben Sie je einen Teilprozess aus Ihrem Betrieb, der detailliert beziehungsweise besser nicht detailliert geregelt wird.

Teilprozess, der detailliert geregelt werden muss:

_____

Beschreibung

_____

_____

_____

Begründung

_____

_____

_____

Teilprozess, der besser nicht detailliert geregelt wird:

_____

Beschreibung

_____

_____

_____

Begründung

_____

_____

_____

Der Geschäftsprozess einer Werbekampagne kann wie folgt beschrieben werden:

Aufgabe 37
Gruppenarbeit

Prozessschritt	Prozessarbeit	Hilfsmittel
Ideen suchen	Sitzung des Marketingteams Bedürfnisse der potenziellen Zielgruppe analysieren	Brainstorming Konkurrenzanalyse Umfragen Rückmeldungen
Partner suchen	Anfragen bei Institutionen, anderen Wirtschaftseinheiten, die ergänzende Produkte oder Dienstleistungen anbieten	E-Mail, Fax, Telefon
Konzept ausarbeiten	Sich einigen über Angebot und Preis, Finanzierung, Zeitplan	E-Mail, Fax, Telefon Statistiken Kalkulationen
Präsentation	Vorstellen an Messen, Internet und über die verschiedenen Partner	Prospekte, Plakate, Internet, Telefon, Fax, E-Mail
Kontrolle	Auswertungen vornehmen, Zielvorgaben Ist-Soll-Vergleich	Verkaufszahlen Umsatzstatistik

Beschreiben Sie in Stichworten einen Geschäftsprozess aus Ihrem Lehrbetrieb. Startpunkt soll das Kundenbedürfnis sein, Endpunkt, dass das Bedürfnis des Kunden befriedigt ist. Sie können obige Tabelle als Raster verwenden.

6.2   Projektorganisation

Was ist ein Projekt?

Ein Projekt hat einen klar definierten Start, eine **begrenzte Dauer** (wenn auch manchmal über einige Jahre) und einen definierten **Endpunkt.** Projekte werden durchgeführt, um komplexe Veränderungen in einer Unternehmung, Verwaltung oder Organisation zu realisieren. Es sind **Personen verschiedener Herkunft** in unterschiedlicher Form am Projekt beteiligt: Meist wird ein **Projektteam** gebildet, das sich über die Dauer des Projekts zwar verändern kann, in dem aber fest zugeteilte Mitarbeiterinnen und Mitarbeiter tätig sind. Es gibt darüber hinaus Personen, die für besondere Aufgaben zeitweise beigezogen werden.

Der **Inhalt** eines Projekts ist klar definiert. Es werden Ziele für das Vorgehen und für das zu erwartende Endergebnis vorgegeben. Die Abwicklung eines Projekts bewegt sich innerhalb dieser Schranken und hat den Zweck, diese Ziele zu erreichen.

Projektphasen und Planungszyklus

Die erste Aufgabe bei einem Projekt besteht darin, klare **Projektphasen** zu definieren. Es können folgende Stufen unterschieden werden:

- Initialisierung (Anstoss zur Vorstudie)
- Vorstudie (Prozesse definieren)
- Hauptstudie (Lösungsentwürfe)
- Teilstudien (Detailprojekt)
- Ausführung (Systembau)
- Einführung
- Abschluss

Die Feinplanung dieser Phasen geschieht in wiederkehrenden Schritten und durchläuft immer den gleichen Zyklus; diese Schritte werden Planungszyklus genannt.

Der **Planungszyklus** besteht aus folgenden Schritten:

- Auftrag und Vorgehensplan

- Erhebung und Analyse
  (Befragung, Beobachtung, Dokumentenstudium, Selbstaufschreibung, Schätzungen)

- Kritische Würdigung, Zielrevision
  (W-Fragen: Warum? Wozu? Weshalb? Wie gut?)

- Lösungsentwurf
  (Konzepte entwerfen und analysieren, Sammlung aller möglichen Varianten inklusive einer «Nulllösung»)

- Bewertung
  (Vergleiche, Wirtschaftlichkeitsrechnung, Folgen, wenn nicht realisiert)

- Auswahl

Projektphasen und Planungszyklus hängen wie folgt zusammen:

Organisationsprozess (Projektphasen)							
Initiali-sierung	Vorstudie	Hauptstudie	Teilstudien, Detailprojekt	Ausführung	Einführung	Abschluss	

	Planungszyklus						
Anstoss zur Vorstudie	Auftrag und Vorgehensplan / Erhebung und Analyse / Kritische Würdigung / Lösungsentwurf / Bewertung / Auswahl			Auftrag	Auftrag	Auftrag	

Der Inhalt der einzelnen Projektphasen kann wie folgt beschrieben werden:

▶ Initialisierung

Der Auftraggeber formuliert in der Regel keinen präzis formulierten Auftrag. Darum ist vor Beginn der Vorstudie zu klären, was eigentlich erreicht werden soll. Das Ergebnis dieser Abklärung ist eine verbindliche – möglichst schriftliche – Vereinbarung zwischen der Auftraggeberin oder dem Auftraggeber und der Projektleitung.

▶ Vorstudie

Zweck der Vorstudie ist es, mit einem begrenzten Aufwand folgende Punkte zu klären:

- ob das richtige Problem angepackt wird

- ob es vernünftig ist, eine Lösung für dieses Problem zu suchen

- ob die Lösung in der Umgestaltung des bestehenden Systems oder in einer grundsätzlichen Neugestaltung liegt

- auf welche Stellen und Abteilungen der Untersuchungsbereich begrenzt werden sollte

- ob es Lösungen gibt, die in technischer, wirtschaftlicher und sozialer Hinsicht realisierbar erscheinen

- positive und negative Wirkungen der verschiedenen Lösungsvarianten.

▶ Hauptstudie

Bei umfangreichen Vorhaben, die nicht in einem Arbeitsgang gelöst werden können, wird das Projekt in überschaubare Teilbereiche unterteilt und Lösungswege unter Berücksichtigung der Rahmenbedingungen und dem Ergebnis der Vorstudie erarbeitet. Die Hauptstudie enthält auch Budget- und Zeitvorgaben sowie einen Plan für das weitere Vorgehen.

▶ Teilstudien (Detailprojekt)

Die bisher als Grobentwürfe vorliegenden Lösungen werden detailliert und zu realisationsreifen Detailplänen ausgearbeitet.

▶ Ausführung (Systembau)

Lösungen/Konzepte werden verwirklicht und die Weisungen umgesetzt. Erarbeitet und dokumentiert werden auch Programme, Abläufe, Belege/Formulare sowie Stellenbeschreibungen.

▶ Einführung

Die Übergabe, Schulung und Inbetriebnahme der Lösung bilden den Kernpunkt dieser Phase. Folgende Varianten der Einführung sind möglich:

- **schlagartige Einführung:** Hier wird ein Termin fixiert, an dem von der bestehenden Organisationsform auf die neue übergegangen wird.

- **stufenweise Einführung:** Der Übergang erfolgt Schritt für Schritt.

- **parallele Einführung:** Die alte und die neue Lösung bestehen für eine bestimmte Zeit nebeneinander.

▶ Abschluss (Unterhalt)

Die organisatorische Lösung muss nun betreut, aktualisiert und laufend angepasst werden. Unter Umständen übernimmt ein Mitglied der ehemaligen Projektgruppe die Betreuung.

Erstellen Sie eine Arbeit über ein von Ihnen gewähltes Thema der Bürokommunikation.

Themen
- ▶ neues Kopiergerät anschaffen
- ▶ Organisation der Datenablage
- ▶ neue PC beschaffen und Einrichten eines Netzwerkes
- ▶ Telefonzentrale organisieren
- ▶ Organisation des Postdienstes
- ▶ …

Vorgaben Ihre Arbeit soll folgende Punkte enthalten:
(Projektablauf und Projektphasen berücksichtigen)

1. Ausgangslage
   (Anstoss/Organisationsanlass)

2. Technische Voraussetzungen
   (Funktionsweise, Bedingungen)

3. Hauptstudie
   - Auftrag und Vorgehensplan
   - Erhebung und Analyse
   - kritische Würdigung
   - Lösungsentwurf
   - Bewertung und Auswahl

4. Ausführung (Systembau)

5. Einführung

6. Nutzung/Unterhalt

7. Offene Fragen

8. Dokumentation

Umfang ungefähr 3–6 Seiten
(Inhalt ist wichtiger als Umfang)

Bewertung Ihre Arbeit wird bewertet, d. h., die Gruppenmitglieder erhalten je die gleiche Note.

Termin _____

6.3 Zeitplanung

Die Zeitplanung ist das A und O jeder vernünftigen Arbeit. Planung ist nur möglich, wenn Aufgaben und Ziele vorhanden und bekannt sind. Je besser diese definiert sind, desto wirksamer kann auch die Planung werden.

Prioritäten setzen

Unmittelbar mit der Planung hängt auch die Trennung in wichtige und weniger wichtige Aufgaben zusammen – darum müssen Sie Prioritäten setzen: **Tun Sie das Wichtige vor dem Dringenden.**

Eisenhower-Prinzip, nach dem früheren US-Präsidenten Dwight D. Eisenhower

Setzen Sie Prioritäten nach dem Pareto-Prinzip! Das Pareto-Prinzip, benannt nach dem italienischen Volkswirtschafter und Soziologen aus dem 19. Jahrhundert, Vilfredo Pareto, besagt, dass bedeutende Dinge in einer gegebenen Gruppe normalerweise einen relativ kleinen Anteil der Gesamtdinge in der Gruppe ausmachen. Konkret heisst das an einem Beispiel gezeigt: 20 Prozent des Aufwandes erbringen etwa 80 Prozent des Ergebniswertes:

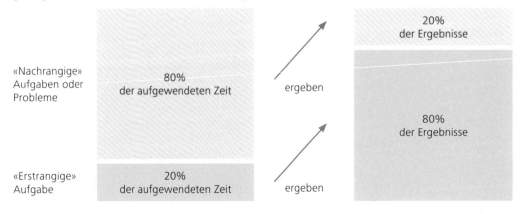

Zeitplan

Je besser Sie Ihre Zeit planen, desto besser können Sie diese für Ihre persönlichen und beruflichen Zielvorstellungen nutzen.

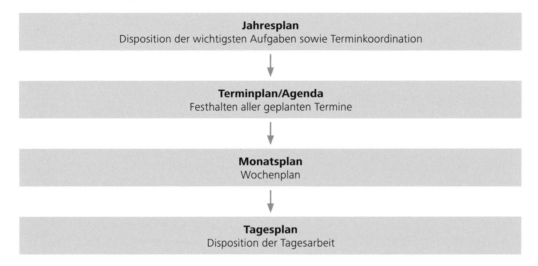

Jahresplan
Disposition der wichtigsten Aufgaben sowie Terminkoordination

↓

Terminplan/Agenda
Festhalten aller geplanten Termine

↓

Monatsplan
Wochenplan

↓

Tagesplan
Disposition der Tagesarbeit

Nehmen Sie sich täglich rund fünf bis zehn Minuten Zeit, um Ihren Arbeitstag zu planen. Auf keinen Fall sollte die vorhandene Zeit vollständig verplant werden. Es sind ausreichende Pufferzeiten zu reservieren, damit genügend Zeit für Unvorhergesehenes verbleibt. Die Planung sollte drei Blöcke berücksichtigen:

40% für geplante Aktivitäten
20% für unerwartete Aktivitäten (Störungen)
20% für spontane Aktivitäten (Unvorhergesehenes)

Planung führt auch zu mehr Gelassenheit gegenüber den Anforderungen, die täglich an uns gestellt werden.

> **Wer das Ziel kennt, kann entscheiden.**
> **Wer entscheidet, findet Ruhe.**
> **Wer Ruhe findet, ist sicher.**
> **Wer sicher ist, kann überlegen.**
> **Wer überlegt, kann verbessern.**
> **Konfuzius, 500 v. Chr.**

Damit Sie Ihre Pläne verwirklichen können, vermeiden Sie folgende Verhaltensweisen:

- **Störungen und Ablenkungen** verursachen zusätzliche Anlaufs- und Einarbeitungszeiten. Nach jedem Unterbruch müssen Sie sich wieder in die vorherige Tätigkeit eindenken, sich wieder einarbeiten. Geben Sie darum Besetztzeiten bekannt und leiten Sie das Telefon um, damit Sie ungestört arbeiten können.

- **Seien Sie nicht zu perfekt** – arbeiten Sie so gut wie nötig; verlieren Sie jedoch nicht das Ziel und die Anforderungen aus den Augen.

- **Vieles gleichzeitig tun** – setzen Sie Prioritäten.

- **Termine nicht einhalten.** Mahnen Sie Termine konsequent und halten Sie diese selbst ein.

- **Planloses Arbeiten ohne Prioritäten.** Setzen Sie sich Tagesziele. Das Wichtige vor dem Dringenden tun.

6.4 Checklisten

Eine Checkliste zählt in **genauer Reihenfolge** auf, was zu tun, zu lassen oder zu kontrollieren ist. Die einfachste Form der Checkliste ist der Einkaufszettel; auch vorgedruckte oder elektronisch gespeicherte Formulare werden als Checklisten eingesetzt.

Checklisten dienen als Gedankenstützen, geben Arbeitsanweisungen und helfen bei der Kontrolle. Beim Anlegen von Checklisten werden wichtige Detailfragen schon in den Anfangsphasen des Planens berücksichtigt.

Erstellt und aktualisiert werden Checklisten anhand von vorhandenen Arbeitsunterlagen (z. B. Berichte, Protokolle, Ausschreibungen, Notizen, Korrespondenzen). Das Erstellen einer Checkliste erfordert ein genaues Durchdenken der Aufgabenstellung. Bevor eine Checkliste im Betrieb eingesetzt wird, sollte sie mit möglichen zukünftigen Benützerinnen und Benützern durchdiskutiert und von diesen getestet werden.

Mit welchen Geräten und Hilfsmitteln sollen die Arbeitsplätze ausgerüstet sein? Ergänzen Sie folgende Checkliste für die Utensilien am Arbeitsplatz:

Aufgabe 39

Geräte und Hilfsmittel	vorhanden
Schreibmaterial/Büromaterial	
▶ Kugelschreiber	✓
▶ Filzschreiber	
▶	
▶ Marker	
▶ Korrekturroller oder -stift	
▶	
▶	
▶	
▶	
Telefon	
▶	
▶	
PC mit folgender Software	
▶	
▶	
▶	
▶	
Nachschlagewerke	
▶ Duden	
▶	
▶	
▶	
Weitere Hilfsmittel	
▶	
▶	
▶	

Mit dieser Liste können Sie auch sicherstellen, dass der Arbeitsplatz für eine neue Mitarbeiterin oder einen neuen Mitarbeiter vollständig ausgestattet ist.

Mit einer Checkliste können Sie auch Ihre Arbeitsweisen und Gewohnheiten überprüfen und gezielt verändern:

Analyse meiner Arbeitsgewohnheiten

Bitte vergleichen Sie Ihre eigene Situation mit den folgenden Aussagen. Kreuzen Sie spontan, ohne lange zu überlegen, das Zutreffende an:

	Diese Aussage stimmt für mich		
	oft/ meistens	zum Teil/ hie und da	selten/nie
Unangenehme Arbeiten verschiebe ich.			
Zu erledigende Aufgaben beginne ich erst kurz vor dem Ablieferungstermin.			
Ablenkungen nehme ich dankbar auf.			
Ich will alles schnell nebenbei erledigen.			
Ich notiere in meinem Terminkalender nur Verabredungen mit anderen (keine eigene Arbeitsplanung/Termine mit mir selbst).			
Meine Arbeit unterbreche ich, um etwas Dringendes anzupacken.			
Ich habe den Tag zu 100 Prozent verplant, Unvorhergesehenes bringt mich in Stress.			

Erstellen Sie folgende Checkliste:

Sie müssen ein Treffen einer Arbeitsgruppe vorbereiten und leiten. Bei der Vorbereitung dieser Sitzung denken Sie an vieles: Das Sitzungszimmer muss rechtzeitig gebucht werden; der Raum sollte u. U. mit audiovisuellen Geräten ausgestattet sein – und diese Geräte sollten dann auch funktionieren. Vor der Sitzung müssen Sie den Raum lüften und kontrollieren, Unterlagen verteilen, schauen, dass für Getränke oder sogar Verpflegung gesorgt ist. Rechtzeitig sind die Teilnehmerinnen und Teilnehmer einzuladen; sie benötigen eine Traktandenliste und vielleicht Unterlagen zum Studium. An einen «Nachrichtenpunkt» oder eine Anlaufstelle, wo Anrufe für die Sitzungsteilnehmer entgegengenommen und Nachrichten hinterlegt werden können, sollte auch gedacht sein. Wie muss die Sitzung geleitet werden? Pünktlich beginnen und aufhören, Ziel verfolgen, Vielredner bremsen, öfter zusammenfassen, verbalisieren, Meinungsaustausch ohne konkrete Informationen oder Abweichungen vom Thema minimieren. Festlegen, wer was bis zum nächsten Mal macht. Regeln Sie vor der Sitzung, wer das Protokoll schreibt oder wie die Ergebnisse festgehalten werden. Danken Sie den Teilnehmerinnen und Teilnehmern für das Erscheinen und die Mitarbeit. Nächste Sitzung: Wer, wann, wo, warum?

Erstellen Sie aufgrund dieser Gedanken eine Checkliste für die Vorbereitung, Durchführung und Nachbereitung von Sitzungen. Verwenden Sie in Ihrer Tabelle folgende Spaltenüberschriften: Aktivitäten, Termin, erledigt.

Der Kopierer in Ihrem Betrieb wird von vielen Mitarbeiterinnen und Mitarbeitern gebraucht. Leider werden Papier und Toner oft nicht nachgefüllt, Vorlagen im Kopierer gelassen, Störungen nicht gemeldet, und mit der Ordnung ist es auch nicht immer zum Besten bestellt. Auch das ist ein Fall für eine kurze, prägnante Checkliste.

Gestalten Sie diese gut lesbar für das Anschlagbrett im Kopierraum. Formulieren Sie kurz, anständig oder sogar mit Humor, damit die Kolleginnen und Kollegen die Anweisungen rasch erfassen und gerne befolgen. Ziel: störungsfreies Kopieren.

6.5   Formulare

Formulare gehören zu den ältesten Rationalisierungsmitteln im Büro. Mithilfe von gut gestalteten Formularen können Arbeitsabläufe erheblich vereinfacht werden.

Achten Sie auf eine benutzerfreundliche Gestaltung; dadurch werden Fehler beim Ausfüllen vermieden und der Zeitaufwand beim Bearbeiten reduziert. Innerhalb eines Betriebes sind Formulare nach einheitlichen Richtlinien zu gestalten: Auch in verschiedenen Abteilungen der Unternehmung oder Verwaltung sollen für gleiche Aufgaben gleiche Formulare eingesetzt werden!

Ein gutes Formular soll den zuständigen Sachbearbeiterinnen und Sachbearbeitern

- die nötigen Informationen vollständig
- in ablaufgerechter Form
- und der Organisation angepasst liefern.

Angenehm gestaltete Formulare werden eher ausgefüllt – darum achten Sie auf folgende Punkte:

- **Übersicht.** Reduzieren Sie den Text auf die unbedingt notwendigen und eindeutigsten Begriffe und setzen Sie grafische Elemente sparsam ein.

- **Optimale Lesbarkeit.** Wählen Sie eine gut lesbare serifenlose Schrift, welche mindestens 10 Punkt gross ist.

- **Fragen möglichst präzise formulieren**

ungenau:	treffender:
Geboren?	Geburtsdatum
Haustiere?	Halten Sie Haustiere? Wenn ja, welche?
Sportarten?	Welche Sportarten betreiben Sie aktiv?

- **Genügend Platz für auszufüllenden Text lassen!**

- **Auswahlantworten zum Ankreuzen** erleichtern das Ausfüllen und Auswerten; sie sind zudem eindeutiger als «Nicht Zutreffendes durchstreichen» oder «Zutreffendes unterstreichen»:

schlecht:	besser:
Bitte Zutreffendes unterstreichen:	Zutreffendes bitte ankreuzen ✗
Einzelzimmer/Doppelzimmer	☐ Ich komme mit dem Auto.
	☐ Ich wünsche Mitfahrgelegenheit.

- **inheitliche Fluchtlinien** erleichtern das Lesen und Schreiben beim Ausfüllen:

nicht so:	sondern so:
Name _____	Name _____
Vorname _____	Vorname _____
Strasse _____ Nr. ___	Strasse _____
PLZ _____ Ort _____	PLZ, Ort _____

- **Verständlichkeit.** Lassen Sie das Formular – bevor es gedruckt wird – durch mehrere Versuchspersonen ausfüllen. Veranschaulichen Sie mit Musterausfüllungen, Beispielen oder Bildern. Erläutern Sie Fachausdrücke.

- **Farben** sind vorzügliche Organisationsmittel. Formulartexte müssen nicht unbedingt nur auf weisses Papier gedruckt werden.

- **Impressum.** Am unteren Rand des Formulars (links oder rechts) werden in einer um zwei Punkte kleineren Schrift zum Beispiel folgende Hinweise angegeben: Formularnummer, Jahr, Auflage, Abkürzungszeichen der Sachbearbeiterinnen oder -bearbeiter, Zeichen der Druckerei.

Tabellen sind für Formulare gut geeignet; eine gute Leseführung erreichen Sie mit Hintergrundschattierung und Freistellen der auszufüllenden Felder:

Name	Vorname	...

oder

Name	
Vorname	
...	

Weitere Hinweise zur Gestaltung von Formularen finden Sie im Modul «Textverarbeitung/Textgestaltung».

Aufgabe 42

Gestalten Sie mit den folgenden Angaben ein Anmeldeformular für Kurse Ihrer Berufsschule: Anrede, Name, Vorname, Strasse, Nr., PLZ, Ort, Telefon privat, Telefon Geschäft, E-Mail. Kursnummer, Kursbezeichnung, Kursgeld. Datum, Unterschrift. Mitglieder des Kaufmännischen Verbandes erhalten einen Rabatt; darum muss auf der Anmeldung die Mitgliedschaft KV angegeben werden. Mit diesem Formular soll die Anmeldung für einen oder mehrere Kurse möglich sein.

6.6 Informationen

«Information» heisst übersetzt «Auskunft», «Nachricht», «Unterrichtung», «Belehrung», «Mitteilung». Seit dem 19. Jahrhundert erfreut sich die Information einer wachsenden Bedeutung, und unsere Gesellschaft wandelt sich immer mehr zu einer Informationsgesellschaft. Dies bedeutet, dass informiert sein immer wichtiger wird und Informationen auch immer wertvoller werden.

Der Informationsbedarf – und damit auch die Informationsflut! – sind in den letzten Jahrzehnten gewaltig gestiegen und werden weiter steigen. Gründe dafür sind:

- **Spezialisierung.** Früher konnte ein Einzelner ganze Geschäfte abwickeln. Heute müssen mehrere Personen zusammenwirken. Diese Zusammenarbeit besteht weitgehend in einem Austausch von Informationen.

- **Komplexe Lebensverhältnisse.** Bei jeder Tätigkeit müssen immer mehr Vorschriften, Weisungen, Abmachungen usw. beachtet werden.

- **Globalisierung.** Früher waren die meisten Menschen lokal oder höchstens regional tätig. Bei der heutigen internationalen Zusammenarbeit müssen Informationen weltweit rasch ausgetauscht werden können.

In vielen Unternehmen und Organisationen hat die Informationsorganisation nicht Schritt halten können mit dem wachsenden Informationsbedarf.

So kommt es immer wieder vor, dass wegen mangelhafter Information oder falscher Interpretation von Tatbeständen grosse finanzielle Schäden entstehen.

Die Ursachen für mangelhafte Information sind vielfältig. Ergänzen Sie die folgenden Aufzählungen:

Aufgabe 43

1. Zwischenmenschliche Fehlerquellen

▶ Misstrauen

▶ Unstimmigkeiten

▶ Sinn zur Zusammenarbeit fehlt

▶ Informationsbedürfnis des Partners oder der Partnerin nicht bekannt

▶ _____

▶ _____

▶ _____

2. Individuelle Fehlerquellen

▶ Übertriebene Geheimniskrämerei (z. B. aus Angst um die eigene Stelle)

▶ _____

▶ _____

▶ _____

3. Arbeitstechnische oder organisatorische Fehlerquellen

▶ Adressat nicht erreichbar

▶ Zeitmangel

▶ Informationsquellen werden ungenügend ausgeschöpft

▶ Informationen werden nicht richtig analysiert

▶ _____

▶ _____

▶ _____

Die Gesamtheit des menschlichen Wissens verdoppelt sich ungefähr alle fünf Jahre, wobei sich diese Verdoppelungszeit ständig verkleinert. An der Wende vom 19. zum 20. Jahrhundert betrug diese Rate noch ungefähr 50 Jahre. Neue Drucktechniken und Kommunikationsmöglichkeiten sorgen dafür, dass das Informationsvolumen fast explosionsartig zunimmt. Die Aufnahmekapazität des Gehirns ist begrenzt und reagiert mit Erschöpfungsanzeichen; so werden nur noch drei bis fünf Prozent der zugestellten Informationen beachtet. Fachleute reden von einer Informationsasthenie (Informationserschöpfung).

Die Lösung, Mitarbeiterinnen und Mitarbeiter mit noch mehr Informationsbroschüren, internen Zeitschriften, Mails und Kopien zu beliefern (weil die Informationen angeblich nicht mehr aufgenommen werden), taugt nicht mehr. Im Gegenteil: Alle Bemühungen im Kampf gegen das Informationsdefizit vergrössern die Informationsflut zusätzlich und sind letztlich kontraproduktiv.

Durch gezielte Reduktion oder sogar bewusstes Abblocken versuchen sich die Menschen vor der Informationsschwemme zu retten. Blockzeiten gegen telefonische Anrufe, Werbeverzichtkleber auf Briefkästen, Beiseiteschieben von Zeitschriften und Büchern sind mögliche Schutzmassnahmen.

Viele suchen sich mit bewusstem Filtrieren der Informationen zu helfen. Alles wird eliminiert, was nicht unbedingt nötig ist. Der Mensch wird dadurch aber auch gleichgültiger und immun gegen Inhalte, die schockieren oder Gefühle verletzen.

Die Informationsfülle hat aber auch gute Seiten. Erwünschte Informationen können z. B. via Internet gezielt gesucht und nach bestimmten Kriterien gesammelt werden. Die Informationen sind zuverlässiger, da sie global abgerufen und verglichen werden können.

Informationsorganisation

Durch die Organisation des Informationswesens sollen die Leistungen gesteigert, die Zahl von Irrtümern und Fehlern vermindert und das Arbeitsklima sowie die Beziehungen zu Geschäftspartnern verbessert werden.

Die Informationsorganisation umfasst folgende Schritte:

1. **Informationsbedürfnisse feststellen**
   Wer benötigt welche Informationen? Welcher Stil ist angebracht, wie ausführlich muss informiert werden und in welcher Form? Welche Darstellung eignet sich? Zu welchem Zeitpunkt werden die Informationen benötigt?

2. **Informationen beschaffen**
   Informationsquellen finden und prüfen; Zugang und Verfügbarkeit von Informationen sicherstellen.

3. **Informationen verarbeiten**
   Oft sind die Informationen zu umfangreich; Informationen müssen darum beurteilt, zusammengefasst oder auch übersetzt werden.

4. **Informationen speichern**
   Wo und in welcher Form, zu welchem Zeitpunkt und wie lange sollen Informationen gespeichert werden?

5. **Informationen weitergeben**
   Welche Informationen werden in welcher Form, zu welchem Zeitpunkt von wem an wen gegeben?

6. **Informationen sichern**
   Massnahmen, um die Informationen vor Verlust oder Zerstörung zu schützen.

7. **Informationen schützen**
   Bei der Informationsverarbeitung sind die Bestimmungen des Datenschutzes zu beachten!

Informationen beschaffen

Vor der Beschaffung müssen die Informationsbedürfnisse festgestellt werden. Welche Informationen werden benötigt, wie ausführlich müssen diese sein? In welcher Form und Darstellung? Zu welchem Zeitpunkt wird die Information gebraucht?

Sobald die Informationsbedürfnisse bekannt sind, müssen geeignete Quellen gefunden werden. Es gibt Zeitungen, Bücher oder Dokumentationen, deren Zugriff entweder ortsgebunden (z. B. in Bibliotheken, Staatsarchiven, Ämtern, Hochschulen, Firmen und Organisationen) oder zeitgebunden (Fernsehen, Radio) ist.

Eine Zusammenfassung dieser Informationsquellen bietet teilweise das Internet. Es stellt Texte, Video, Bilder, Ton jeweils orts- und zeitunabhängig zur Verfügung. Gleichzeitig gibt es viele Suchmaschinen, welche die Informationssuche im Internet erleichtern.

Ein Nachteil des Internets ist die immense Menge der angebotenen Daten. Fast alle Informationen – ob aktuelle oder veraltete, wahre und auch erlogene – stehen im Netz zur Verfügung. Es ist durchaus üblich, zu einem Suchbegriff mehrere hundert bis tausend Seiten angeboten zu bekommen, in denen der Suchbegriff vorkommt. Papier ist aber immer noch das Medium, auf dem das meiste Wissen gespeichert ist. Viele der älteren Dokumente werden aus Kostengründen wohl nie übers Netz abrufbar sein. Sie können aber möglicherweise übers Netz herausfinden, wo das gesuchte Buch oder der Artikel archiviert ist. Copyright-geschütztes Material wird aus berechtigter Angst vor Missbrauch meist nicht oder zumindest nicht vollständig im Internet veröffentlicht.

Umfassende und fundierte Informationen zu einem bestimmten Thema finden Sie in Bibliotheken. Die schweizerischen Bibliotheken sind auch via Internet zu erreichen: 60 Bibliotheken von Hochschulen, Fachhochschulen und Forschungsanstalten aus allen Sprachregionen haben sich im Netzwerk von Bibliotheken und Informationsstellen in der Schweiz zusammengeschlossen. Als eingeschriebener Benützer oder eingeschriebene Benützerin einer NEBIS-Bibliothek können Sie unter der Adresse www.nebis.ch ungefähr zwei Millionen Bücher, Serien, Zeitschriften und Non-Book-Materialien online bestellen.

Weitere Informationsquellen (die Aufzählung ist nicht vollständig!):

- Interviews mit Personen, die im entsprechenden Gebiet über Erfahrung, Wissen und Kenntnisse verfügen

- Hauszeitungen von Firmen, Zeitschriften von Organisationen, Parteien und Verbänden, Kundenzeitschriften

- Informationsschriften von Behörden, Dienststellen und Ämtern, Firmen, Organisationen, Schutzverbänden

- Werbe- und Informationsmaterial von Firmen oder Parteien

- Textbeiträge in Veranstaltungsprogrammen (z. B. bei kulturellen oder Sportveranstaltungen)

- Gebrauchsanweisungen

- Leitbilder, Geschäftsbedingungen, Kleingedrucktes in Verträgen

- In Messen und Ausstellungen findet man oft das neuste Informationsmaterial.

- Arbeitsunterlagen, die in Vorträgen abgegeben wurden

- In Museen werden oft auch Bücher, Fachdrucksachen sowie Lernmaterialien verkauft und Vorträge veranstaltet.

- Exkursionen oder «Tage der offenen Tür» bieten Einblick in die Arbeit von Firmen und Behörden.

Lernen lässt sich überall, und Informationen sind an vielen Stellen zu finden; darum sollten beim Beschaffen von Informationen auch verschiedenartige Quellen eingesetzt werden.

Gehen Sie bei der Informationsbeschaffung folgendermassen vor:

- Thema der Recherche definieren

- Wichtige Suchbegriffe identifizieren und auflisten

- Suchstrategie planen. Welche Informationskanäle stehen zur Verfügung oder sollen benutzt werden? In welcher Zeit müssen die Informationen vorhanden sein?

  - Via Suchmaschinen finden Sie im Internet schnell viele Seiten, aber jede Suchmaschine hat nur eine bestimmte Kapazität zur Verfügung und kann daher nur einen Teil der weltweit erreichbaren Dokumente in ihren Datenbestand aufnehmen. Oft fehlen auch wertvolle Informationen, dafür werden viele nichtssagende Dokumente gefunden. Aus diesem Grund sollte die Informationsbeschaffung nicht nur via Suchmaschinen erfolgen.

  - Prüfen, ob es zum gesuchten Thema Spezialsuchmaschinen sowie Newsgruppen oder Mailinglisten gibt. Es kann auch lohnend sein, sich bei Verfassern interessanter Seiten via E-Mail nach weiteren Informationen zu erkundigen.

  - In Buchkatalogen und Bibliotheksverzeichnissen finden Sie womöglich umfassende Fachliteratur zum Thema.

- Suche durchführen und Informationen prüfen; Volltext wichtiger Dokumente anzeigen oder beschaffen

- Brauchbare Suchergebnisse drucken/kopieren, speichern oder ablegen und Quellenangaben festhalten (bei Internetseiten URL und Abrufdatum; bei Zeitschriften und Büchern aus Bibliotheken Titelblatt und Angaben über Verlag, Erscheinungsjahr usw. ebenfalls kopieren. Diese Angaben werden später u. U. für das Literatur- oder Quellenverzeichnis benötigt.)

- Bei fehlenden Informationen Suche verfeinern, zusätzliche Informationsquellen beiziehen und neue Suche starten.

Informationen weitergeben

Informieren bedeutet mehr als nur Orientieren; darum muss der Sinn und Zweck der Arbeit, der Massnahme oder Handlung deutlich erläutert werden. Beachten Sie folgende Punkte beim Informieren:

- Nicht zu viel auf einmal: Strukturieren Sie Ihre Informationen, unterteilen Sie in Abschnitte und heben Sie die wichtigen Punkte deutlich hervor.

- Zeit zum Anpassen, Umstellen, «Reifenlassen» einräumen.

- Daran denken, dass Neues Widerstand hervorrufen kann.

- Stellen Sie durch Rückmeldungen sicher, dass die Information angekommen ist, verstanden und akzeptiert wurde.

- Achten Sie auf kurze Informationswege, denn je mehr Beteiligte in einem Informationsprozess eingeschaltet sind, desto grösser ist die Gefahr von Verfälschungen.

- Formulieren Sie die Informationen konkret und interessenbezogen, denn was die Adressatin oder den Adressaten nichts angeht, wird weder beachtet noch behalten.

- Partnerbezogen denken und formulieren: Versetzen Sie sich bei jeder Information, die Sie weitergeben, in die Lage der Empfängerin oder des Empfängers: Wie wirkt die Information? Enthält sie auch Anerkennung und Bestätigung? Lässt sie den Partner oder die Partnerin teilhaben?

- Bei Informationen muss Kontinuität bewahrt werden. Auf Aktualität, Regelmässigkeit und Fortsetzung ist zu achten.

- Auch Informationen von «unten nach oben» sind für die Vorgesetzten wie auch für die ganze Organisation von entscheidendem Interesse. Rückmeldungen (Feedbacks), Verbesserungsvorschläge, Informationen über Planabweichungen oder Unregelmässigkeiten sichern die Qualität und tragen zur Weiterentwicklung bei.

Seien Sie vorsichtig mit der Weitergabe von Auskünften und sensiblen Daten (wie z. B. Angaben über Bankverbindungen, Kreditkarten, finanzielle Situation). Wofür braucht der Empfänger oder die Empfängerin diese Information? Erkennen Sie keinen Grund dafür, dann sollten Sie auch keine entsprechenden Informationen weitergeben.

Wenn Ihnen die Weitergabe der Informationen vernünftig erscheint, erkundigen Sie sich unbedingt nach dem Datenschutz (in Amerika: Private Policy); verlangen Sie Auskunft darüber, was mit Ihren Daten geschieht, insbesondere wenn die Daten nicht mehr benötigt werden (weil z. B. der Kauf abgeschlossen ist). Seriöse Firmen bieten solche Informationen deutlich sichtbar an. Insbesondere sollten Sie sicherstellen, dass diese Daten nicht weitergegeben und nach Abschluss der Dienstleistung oder des Kaufvertrages vernichtet werden.

Ergonomisches
und ökologisches Denken

7

7.1 Einführung

Der Begriff «Ergonomie» setzt sich aus den griechischen Wörtern «ergon» = «Arbeit, Werk» und «nomos» = «Gesetz, Regel» zusammen. Nach Auffassung der International Ergonomics Association wird unter Ergonomie die Lehre von der menschlichen Arbeit und die Erkenntnis ihrer Gesetzmässigkeiten verstanden.

Die Ergonomie befasst sich mit den Fragen der Arbeitsgestaltung: Wie müssen Maschinen und Arbeitsplätze dem Menschen angepasst werden, welchen Einfluss haben Arbeitszeiten, Pausen und Ernährung auf die Leistung? Die Licht- und Farbgebung, der Schutz vor Lärm und das Raumklima sind weitere wichtige Punkte, mit denen sich die Arbeitsphysiologen befassen. In der Ergonomie geht es auch um eine menschengerechte Organisation der Arbeit, um das Betriebsklima, um den Arbeitsinhalt und das gesamte Arbeitsumfeld.

Ergonomisches Denken und Handeln erfordert eine ganzheitliche Betrachtung der Beziehungen zwischen dem Menschen und seiner Arbeit und hat folgende Ziele:

* grösstmögliche Arbeitszufriedenheit
* möglichst kleines Unfall- und Gesundheitsrisiko
* grösstmöglicher wirtschaftlicher Nutzen

Ein Arbeitsplatz ist dann ergonomisch gestaltet, wenn er keine Gesundheitsgefahren verursacht und ein angenehmes Arbeiten ermöglicht. Die Weltgesundheitsorganisation WHO hat die Kriterien an einen menschengerechten Arbeitsplatz so formuliert:

«Die Art und Weise, wie eine Gesellschaft die Arbeit und die Arbeitsbedingungen organisiert, sollte eine Quelle der Gesundheit und nicht der Krankheit sein.»

Eng mit der Gestaltung eines gesunden Arbeitsplatzes verbunden ist die Ökologie. In unserem Interesse müssen wir dafür sorgen, dass der Umwelt möglichst wenig Schaden zugefügt wird. Bei unseren Entscheidungen – im geschäftlichen und privaten Bereich – müssen wir den Energie- und Rohstoffverbrauch der Produkte, die Gesundheitsgefährdung sowie die Belastung von Luft, Wasser und Boden berücksichtigen.

Empfehlenswerte Links

- Die Suva (Schweizerische Unfallversicherungsanstalt) bietet auf ihrer Website über 500 Publikationen zur Arbeits- und Freizeitsicherheit an. Das System enthält Angaben zu Publikationen, Plakaten, Videos und Sicherheitszeichen der Suva wie auch anderer Institutionen, beispielsweise der bfu (Beratungsstelle für Unfallverhütung) oder der Eidgenössischen Koordinationskommission für Arbeitssicherheit EKAS.
www.suva.ch
www.bfu.ch
www.ekas.ch

- Auf der Website des Staatssekretariates für Wirtschaft finden Sie Informationen zu Arbeitsbedingungen und zum Arbeitsgesetz.
www.seco-admin.ch

- Das Bundesamt für Gesundheit BAG veröffentlicht auf seinen Seiten u. a. Informationen zum Strahlenschutz.
www.bag.admin.ch

- Leuwico, Hersteller von Einrichtungssystemen für Büroarbeitsplätze, hat auf seiner Website eine ausführliche Einführung in die Arbeitsplatzgestaltung veröffentlicht.
www.leuwico.com

- Der Informationsdienst Sozialnetz Hessen hat mit seinen elf Themenportalen einen grossen gemeinsamen Schwerpunkt: der Mensch im Arbeitsleben und in seinen sozialen sowie gesellschaftlichen Beziehungen.
www.sozialnetz-hessen.de/ergo-online

- Auf den Internetseiten des schwedischen Arbeitswissenschafters Heinz Leymann finden Sie auch in deutscher Sprache Informationen über Mobbing.
www.leymann.se

- Swiss Burnout ist eine Vereinigung, die sich zum Ziel gesetzt hat, über das Burn-out-Syndrom zu informieren. Die Website bietet eine Dialog- und Kommunikationsplattform für Betroffene, deren Angehörige und am Thema Interessierte.
www.swissburnout.ch

- Der Kaufmännische Verband (KV Schweiz) informiert und berät zu Rechtsfragen, Gesundheit am Arbeitsplatz, Arbeitsalltag im Büro.
www.kvschweiz.ch

- Die Strahlung vieler elektrischer Geräte und mit Funk betriebener Anlagen kann die Gesundheit beeinträchtigen. Vom Institut für biologische Elektrotechnik Schweiz (IBES) erhalten Sie Rat und gezielte Hilfe bei Elektrosmog.
www.ibes.ch

7.2 Ergonomie

Anforderungen an den Arbeitsplatz

Es gibt einige ergonomische Grundsätze zur Raumausstattung, die es beim Einrichten eines Arbeitsplatzes im Büro zu beachten gilt:

► **Schreibtisch** (Sitz-Steh-Pult)

Die ideale Arbeitsfläche beträgt 160 cm Länge und 90 cm Tiefe. Wegen der unterschiedlichen Körpergrössen sollte die Arbeitsfläche höhenverstell- und schrägstellbar sein. Bei richtiger Plattenhöheneinstellung sind die Arme abgestützt und die Schultern locker (nicht hochgezogen). Ein Wechsel zwischen Sitzen und Stehen wird allgemein empfohlen und hilft, Beschwerden zu verhindern. Ideal sind darum Schreibtische, die sich mittels einer Kurbel oder elektrisch von einem Sitz- in einen Stehtisch verwandeln lassen.

► **Stuhl**

Gesundes Sitzen setzt einen einwandfreien Kontakt der Füsse mit dem Boden voraus. Rollen Sie Ihren Bürodrehstuhl vom Arbeitsplatz weg, setzen Sie sich darauf und stellen Sie die Sitzhöhe so ein, dass beide Fussflächen ganz auf den Boden zu liegen kommen und sich zwischen Ober- und Unterschenkel Ihrer Beine ein Winkel von 90° bildet. – Die Sitzfläche sollte ungefähr 40 × 40 cm messen und ist mit Vorteil nach vorn und nach hinten neigbar. Die Vorderkante sollte abgerundet sein, damit kein unerwünschter Druck auf die Blutgefässe in den Beinen auftritt. Ebenfalls wichtig ist die Standfestigkeit: Hat der Stuhl fünf Rollen, ist ein Umkippen praktisch unmöglich. Die Rückenlehne sollte mindestens 50 cm über die Sitzfläche reichen und stufenlos geneigt werden können. Sie muss den Körperbewegungen folgen und den Rücken in jeder Position optimal abstützen. Die Sitzposition soll nicht statisch fixiert bleiben; auf einem guten Stuhl muss zwischen verschiedenen Haltungen gewechselt werden können. Machen Sie sich mit Ihrem Arbeitsplatz vertraut – erproben Sie die verschiedenen Verstellmöglichkeiten.

Ergonomische Aktivstühle halten dank Bewegungen beim Sitzen den Rücken gesund.

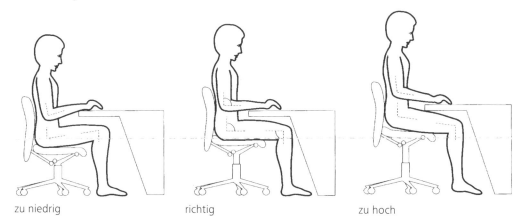

zu niedrig   richtig   zu hoch

Die Höhe des Stuhls muss der Höhe der Arbeitsfläche angepasst werden.

▶ Fussstütze

Fussstützen sind vor allem für kleinere Personen an Schreibtischen, die nicht verstellt werden können, ein Hilfsmittel, das den notwendigen Ausgleich zwischen Tischhöhe und Fussboden herstellt und damit eine einwandfreie Sitzhaltung ermöglicht. Die Füsse stehen in einer leicht schrägen Position auf dem Boden, die Beine sind entlastet; dadurch kann Durchblutungsstörungen und Gefässerkrankungen vorgebeugt werden.

▶ Monitor, Tastatur und Manuskripthalter

Ihre Augen verdienen den besten **Bildschirm** und die beste Grafikkarte; ideal ist eine Monitorgrösse von mindestens 17 Zoll. Flachdisplaymonitore mit aktiver Matrix flimmern nicht mehr, beanspruchen wenig Platz, sehen elegant aus, benötigen bis zu 70 Prozent weniger Energie und erzeugen so gut wie keine Strahlung. Achten Sie auf genügend Abstand zwischen Monitor und Augen: Zwischen 60 bis 80 cm sollte dieser betragen! Um die Nackenmuskulatur zu entspannen, ist eine natürliche, leicht nach unten geneigte Kopfhaltung wichtig. Optimal ist es, wenn der Monitor einige Zentimeter unter Augenhöhe aufgestellt wird.

Die **Tastatur** ist das wichtigste Eingabegerät – darum sollte auch hier nicht gespart werden. Billige Tastaturen bieten keinen oder einen zu weichen Druckpunkt, sodass die Häufigkeit von Tippfehlern stark zunimmt. Neben den Tastaturen herkömmlicher Bauart werden auch ergonomische Tastaturen angeboten. Bei diesen ist das Tastenfeld geteilt, und die Anordnung der Tastatur kommt der natürlichen Haltung der Arme bzw. Hände beim Schreiben näher.

Für häufige Abschreibarbeiten empfiehlt sich ein **Manuskripthalter,** der neben dem Bildschirm installiert wird. Er sollte beleuchtet sein und ungefähr die gleiche Helligkeit aufweisen wie der Monitor. So ist ein müheloses Hin- und Herblicken zwischen Halter und Bildschirm gewährleistet.

Ergonomische Tastatur

▶ Zusatzgeräte und -mobiliar

Wer Fax, Drucker und Unterlagen in Griffnähe des Sitzplatzes versammelt, bewegt sich sicher zu wenig. Kurzes Aufstehen und das Gehen kurzer Strecken im Büro erfüllen bereits einen Teil der Forderung nach mehr Bewegung im Büro. Dazu eignen sich auch einfache Hilfsmittel wie das schnurlose Telefon. Es bietet die Möglichkeit, bei längeren Gesprächen aufzustehen und sich zu bewegen.

Grossraumbüros und Desksharing – die neuen Arbeitsplätze

Grossraumbüros stellen verschiedene Zonen für unterschiedliche Bedürfnisse zur Verfügung: Arbeit, Konferenz, Rückzug, Pause, Regeneration. Die eigentlichen Arbeitsflächen werden unterbrochen und ergänzt durch Service Points, die über Drucker, Faxgeräte, Papier und weiteres Büromaterial verfügen, aber auch mit Kaffee- und Getränkeautomaten ausgerüstet sind. In einigen Betrieben werden bewusst Hierarchieunterschiede unsichtbar gemacht: Das Kader und der CEO arbeiten ebenfalls im Grossraumbüro – sie sind so jederzeit ansprechbar und können schnell entscheiden.

Die Räume müssen so gestaltet werden, dass sowohl visuelle als auch akustische Störungen auf ein Minimum reduziert werden. Es gibt beispielsweise Büromöbel, die durch Perforation an der Oberfläche 60 Prozent des Lärms absorbieren.

Je rücksichtsvoller sich jeder Einzelne verhält, umso besser aufgehoben fühlt sich die Gruppe als Ganzes. Die Zeitschrift «Beobachter» (17/2006) empfiehlt folgende Verhaltensregeln im Grossraumbüro:

- Hinterfragen Sie Ihr eigenes Verhalten und fordern Sie von Bürokolleginnen und -kollegen ein Feedback: Was stört euch an meinem Verhalten? Vielleicht ist es ja nur ein Detail – etwa die Angewohnheit, Schubladen zuzuknallen –, dessen Sie sich überhaupt nicht bewusst sind und das leicht zu beheben ist.

- Wenn Sie sich über eine Kollegin oder einen Kollegen ärgern: Tun Sie das nicht im Stillen, sondern sagen Sie, was Sie stört. Vermeiden Sie aber Schuldzuweisungen.

- Wer eine Weile nicht gestört werden will, kann mit Symbolen arbeiten: Ein gut sichtbares rotes Fähnchen auf dem Pult signalisiert mitteilungsbedürftigen Kolleginnen und Kollegen, dass jetzt gerade der falsche Moment ist.

- Gewöhnen Sie sich an, mit gedämpfter Stimme zu sprechen. Wer häufig telefoniert, sollte dies mit einem Headset tun – dann spricht man automatisch leiser.

- Trauen Sie sich, Ohrenpfropfen oder Lärmschutzkopfhörer aufzusetzen, wenn es Ihnen zu laut wird.

- Besprechungen, die länger als drei Minuten dauern, sollten in einem besonderen Raum geführt werden. Dasselbe gilt nach Möglichkeit für lange Telefongespräche.

- Essen Sie nicht am Arbeitsplatz, sondern nutzen Sie die Pause, um sich zu entspannen und «auszuklinken».

Immer mehr wird in Unternehmungen auch das Desksharing (auch «Shared Desk», «Flexible Office» oder «Mobile Working» genannt) eingeführt: Die Mitarbeiterinnen oder Mitarbeiter haben keinen eigenen Arbeitsplatz, sondern wählen ihn täglich frei. Auslöser für die Einführung von Desksharing ist die Beobachtung, dass ein Arbeitsplatz in einem Verwaltungsgebäude nur zu einem Teil besetzt ist. Arbeitsgebiete oder Tätigkeiten wie beispielsweise Projektarbeit, Aussendienst, Beratung, IT-Administration oder Training finden nicht nur am eigenen Arbeitsplatz statt, sondern auch in Besprechungsräumen, bei Kunden, in Seminarräumen, am Flughafen oder Bahnhof, bei Kollegen und so weiter.

Desksharing funktioniert gut, wenn die Mitarbeiter möglichst viele verfügbare Informationen und Daten elektronisch gespeichert haben und wenn den Mitarbeitern unterschiedliche Arbeitsorte, wie beispielsweise geschlossene Einzelbüros und offene Teamflächen, zur Verfügung stehen. In der Praxis bedeutet das, dass bei Arbeitsbeginn der Arbeitsplatz eingerichtet und bei Arbeitsende aufgeräumt wird.

Verhalten am Arbeitsplatz

Bewegung ist auch im Büro wichtig. Wechseln Sie oft Ihre Haltung. Schon durch kurzes Aufstehen oder Laufen werden die Bandscheiben und die Wirbelsäule wirkungsvoll entlastet. Folgender Bewegungsmix wird empfohlen: 50 Prozent sitzen, 35 Prozent stehen und 15 Prozent bewegen/gehen.

Damit Sie sich bei der Arbeit wohlfühlen, sollten Sie Ihre Sitzhaltung häufig anpassen und auch beim Stehen verschiedene Körperhaltungen einnehmen. Sie beugen Berufskrankheiten vor, arbeiten leichter und ermüdungsfreier, wenn Sie zudem Folgendes beachten:

- **Licht.** Im Büro soll an jedem Punkt des Raumes genügend Licht sein. Lampen und Fenster, die sich auf dem Monitor spiegeln, können sich störend auswirken, starke Helligkeitsunterschiede zwischen Bildschirm und Hintergrund sind zu vermeiden.

- **Lärm.** Er lenkt ab und verursacht Ermüdungserscheinungen. Schallschluckende Wände und Decken sowie Teppiche und Vorhänge dämpfen den Lärm.

- **Raumtemperatur, frische Luft und Luftfeuchtigkeit** wirken sich auf unser Wohlbefinden und unsere Gesundheit aus.

- **Bilder und Pflanzen** sollten in einem angenehm gestalteten Büro nicht fehlen!

- **Vermeiden Sie Strahlenfelder am Arbeitsplatz!** Computer, Fax, Lampen, Kopiergeräte und Drucker – diese Geräte erzeugen eine ansehnliche Zahl von elektrischen, magnetischen und Hochfrequenzfeldern. Dies kann zu gesundheitlichen Störungen führen. Mit folgenden Sofortmassnahmen kann Elektrosmog am Arbeitsplatz verringert werden:

  - Alle Geräte, die nicht gebraucht werden, ausschalten, am besten via Steckerleiste mit Schalter.

  - Kopiergerät, Drucker und Fax sind mindestens zwei Meter weg von Ihrem Arbeitsplatz zu platzieren; halten Sie diese Distanz auch für Transformer, Netz- und Ladegeräte ein.

  - Wählen Sie möglichst kurze Verlängerungskabel und achten Sie darauf, dass Kabelanschlüsse möglichst weit weg von den Sitzplätzen sind.

  - Telefonieren Sie am Arbeitsplatz über das Festnetz. Benützen Sie das Handy möglichst wenig und tragen Sie es nicht auf sich.

- **WLAN** ist praktisch und wird immer häufiger eingesetzt; damit nehmen aber auch die Probleme von elektrosensiblen Personen zu. Auch wenn Sie selber nicht elektrosensibel sind, kann eine starke Belastung mit der Zeit eine solche Sensibilität auslösen oder zu Gesundheitsschäden führen. Im eigenen Interesse sollten Sie mit folgenden Massnahmen die Strahlung reduzieren:

  - Viele Computer bzw. Laptops senden dauernd, falls sie für drahtloses Internet eingerichtet sind. Schalten Sie die WLAN-Karte aus, wenn Sie keine Verbindung brauchen – Sie erhöhen damit auch die Akkulaufzeit.

  - Wenn Sie mit dem Laptop direkt auf dem Schoss surfen, setzen Sie sich selber der höchstmöglichen Strahlungsintensität aus.

  Im privaten Bereich ist Folgendes zu beachten:

  - Der WLAN-Router sendet permanent; darum nur einschalten, wenn er gebraucht wird.

  - In Schlaf- und Kinderzimmern haben WLAN-Sender nichts zu suchen!

  - Wählen Sie die Kabellösung für den Internetzugang und deaktivieren Sie die WLAN-Funktion beim Router.

  - Verzichten Sie auf andere WLAN-Anwendungen, zum Beispiel drahtlose Übertragung des TV-Signals vom Modem zur TV-Box; versehen Sie Ihren Multimedia-Router mit einer Zeitschaltuhr oder stellen Sie ihn ab, wenn Sie ihn nicht brauchen.

Aufgabe 44

Welches sind die Ziele der Arbeitsplatzgestaltung im Büro? Nennen Sie deren drei.

_____

_____

_____

Gibt es Alternativen zum klassischen Stuhl?

_____

_____

_____

Welche Anforderungen stellen Sie an einen guten Bürostuhl?

_____

_____

_____

Welche zehn Punkte sollten im Zusammenhang mit Bildschirm und Tastatur beachtet werden?

1. _____

2. _____

3. _____

4. _____

5. _____

6. _____

7. _____

8. _____

9. _____

10. _____

Welche Auswirkungen hat der Lärm auf die Arbeit?

_____

_____

_____

Mit welchen Massnahmen kann der Lärm gemindert werden?

_____

_____

_____

Psychische und soziale Aspekte

▶ Betriebsklima

Die ergonomische Gestaltung des Arbeitsplatzes ist der eine Teil, damit Arbeit der Gesundheit nicht abträglich ist. Betriebsklima sowie psychische und soziale Aspekte bestimmen auf der anderen Seite mit, ob Angestellte sich bei der Arbeit wohlfühlen und motiviert sind.

Entspannte soziale Beziehungen tragen wesentlich zum Wohlbefinden im Beruf bei; für ein **gutes Betriebsklima** können Mitarbeiterinnen und Mitarbeiter mit folgendem Verhalten sorgen:

* Über Probleme und Erfolge sprechen
* Gegenseitig loben und zuhören (gegenseitige Wertschätzung)
* Einander akzeptieren
* Teamgeist und Hilfsbereitschaft

Die Geschäftsleitung kann mit folgenden Massnahmen zu einem guten Betriebsklima beitragen:

* Regeln für ein faires Miteinander aufstellen. Sie kann darauf verweisen, dass Kollegialität sowie gegenseitige Unterstützung sehr geschätzt werden und Ellenbogenmentalität und Feindseligkeiten als unerwünscht gelten.

* Den Umgang mit Konflikten schulen und Verfahren zur besseren Konfliktbewältigung einführen.

* Führungskräfte zu demokratischem Führungsstil anhalten.

* Arbeitsbelastungen reduzieren und Zuständigkeiten klar regeln.

* Handlungs- und Entscheidungsspielräume erweitern.

* Kommunikation und Information verbessern.

▶ Stress

Wird der Mensch durch psychische Belastungen überfordert, tritt eine überhöhte Aktivität in Form von Stress auf; die Adrenalinausschüttung wird erhöht und ergänzt mit anderen (individuellen) Körperreaktionen, welche uns in eine erhöhte Reaktionsbereitschaft versetzen. Zeitlich begrenzt ist Stress eine durchaus erwünschte und gesunde Reaktion; Dauerstress kann aber zu gesundheitlichen Problemen führen. Auch die Arbeitsleistung wird beeinträchtigt: Bewegungen werden ungenauer, Kontrollen unterlassen, das zwischenmenschliche Klima leidet, und Fehlentscheidungen häufen sich.

Zu den wichtigsten Stressoren am Arbeitsplatz gehören:

- Quantitative Überforderung: Das Arbeitsvolumen lässt sich aufgrund seines Umfangs nur mit einem übermässigen Leistungsaufwand und mit Überstunden bewältigen.

- Überforderung: ungenügende Qualifikation für die Bewältigung der Arbeit.

- Unterforderung und Langeweile.

- Mit dem Arbeitsplatz verbundene Zwänge: zu grosse Monotonie oder andauernde übermässige Dauerkonzentration, starker Verantwortungsdruck.

- Zeitnot und Termindruck: unumgängliche Termine, keine oder zu kurze Pausen, häufige Störungen und Unterbrechungen.

- Übertriebene oder unklare Verantwortung, wenig Handlungsspielraum.

- Schlechte Arbeitsbedingungen wie Konflikte, fehlende Anerkennung, beeinträchtigte Kommunikation, mangelnde Weiterbildungs- und Aufstiegsmöglichkeiten, Angst vor Arbeitsplatzverlust, Konkurrenzdruck.

- Umwelteinwirkungen wie Lärm, Licht, Farbe, Luft, Vibrationen.

Die möglichen Ursachen von Stress sind vielfältig, und darum müssen Stressoren auf verschiedene Weise beseitigt werden. Einfache Massnahmen sind die bessere Einrichtung/Organisation des Arbeitsplatzes, Abbau eines übertriebenen Engagements (vor allem in der Freizeit). Wichtig sind auch eine vernünftige Planung der Arbeit und die Kommunikation. Rechtzeitig miteinander reden und Probleme frühzeitig ansprechen – so können sie oft in einer konstruktiven Atmosphäre gelöst werden. Andere Entscheide sind schwieriger: Vielleicht muss man sich eingestehen, dass man der zugewiesenen Arbeit nicht gewachsen ist, und muss um Reduzierung des Pensums oder der Verantwortung bitten – im schlimmsten Fall muss die Stelle aufgegeben werden. Langfristig gesehen sind diese schmerzhaften Schritte einem Leben im Dauerstress mit negativen Auswirkungen auf das innere Gleichgewicht und die Gesundheit vorzuziehen.

▶ Mobbing

Psychisch belastend sind auch Übergriffe auf die persönliche Integrität, zu denen Mobbing oder sexuelle Belästigung gehören.

- Mit **Mobbing** wird der systematische Psychoterror am Arbeitsplatz umschrieben: Eine oder mehrere Personen schikanieren eine Einzelperson oder eine Personengruppe. Unter Mobbing wird nicht der einmalige Konflikt – der am besten Arbeitsplatz vorkommen kann – verstanden, sondern die Konfrontation, Nichtachtung der Persönlichkeit, Belästigung, Intrige und Hinterhältigkeit über einen längeren Zeitraum hinweg. Mobbing vollzieht sich in Phasen. Ungelöste alltägliche Konflikte können bis zum Ausschluss aus dem Berufsleben führen. Kaum jemand übersteht den Mobbing-Prozess ohne gesundheitliche Schäden.

- Eine besondere Form des Mobbings ist die **sexuelle Belästigung am Arbeitsplatz.** Das Bedürfnis nach Distanz und Selbstbestimmung im Berufsalltag wird übergangen. Sexistisches Verhalten zwingt in eine unterlegene Position, die herabwürdigend und verletzend ist; häufig kann die betroffene Person sich nicht aus der Belästigungssituation befreien, ohne negative Folgereaktionen in ihrem beruflichen Umfeld zu riskieren.

Mobbing hat viel mit Stress zu tun. Opfer und Täter unterliegen ungünstigen Arbeitsbedingungen. Bei Personaleinsparungen und Hektik im Betrieb fehlen oft Zeit und Ruhe, um latente Konflikte und soziale Spannungen zu entschärfen, in Zeiten wirtschaftlicher Verunsicherung kommen existenzielle Ängste ums eigene Überleben hinzu.

Prävention und Verhinderung von Mobbing und sexueller Belästigung gehören zu den Führungsaufgaben; sie können wie folgt unterbunden werden: Thematisierung von Mobbing und sexueller Belästigung, Sensibilisierung und Schulung von Vorgesetzten, Aufzeigen von Konfliktbewältigungsstrategien, eine verbesserte Information und Kommunikation sowie ein Betriebsreglement, das Verhaltensweisen und Verfahren zur Konfliktlösung vorsieht. Das Gleichstellungsgesetz hält ausdrücklich fest, dass sexuelle Belästigung am Arbeitsplatz eine unzulässige Diskriminierung darstellt. Auch das Obligationenrecht schreibt in Art. 328 vor, dass Unternehmen dafür zu sorgen haben, dass Arbeitnehmende nicht sexuell belästigt werden und dass Opfern von sexueller Belästigung keine weiteren Benachteiligungen entstehen.

Wie können sich Betroffene gegen Mobbing und sexuelle Belästigung wehren? Umgehend reagieren und der belästigenden Person mündlich und schriftlich klarmachen, dass ihr Verhalten nicht toleriert wird. Tagebuch führen und alles dokumentieren: Namen, Datum, Zeit, Art des Vorfalls oder der Belästigung usw. Allfällige Zeuginnen und Zeugen aufführen und, falls möglich, den Vorfall oder den Übergriff durch diese schriftlich bestätigen lassen. Unterstützung und Hilfe suchen; falls dies intern nicht möglich ist, sollte externe Hilfe in Anspruch genommen werden. Fachpersonen, Selbsthilfegruppen, Berufsverband (wie KV Schweiz), Beratungsdienst der Schule und Lehraufsichtskommission können weiterhelfen. Wehren Sie sich auch als Nichtbetroffene oder Nichtbetroffener gegen Mobbing und sexuelle Belästigung am Arbeitsplatz. Solche Vorfälle geschehen, weil man es geschehen lässt und sich das betriebliche Umfeld passiv verhält.

▶ Burn-out

Der Begriff «Burn-out» (ausgebrannt sein) – wurde vom amerikanischen Psychoanalytiker Freudenberger geprägt. Burn-out ist ein Zustand der emotionalen Erschöpfung durch ständige Überanstrengung und Überforderung der eigenen Kräfte. Typisch für Burn-out ist der Phasenverlauf.

1. Phase: Warnsignale (erste Erschöpfungsmerkmale und Unzufriedenheit)
Nach manchmal jahrelangen Höchstleistungen zeigen sich erste Erschöpfungsmerkmale, die man durch noch grössere Anstrengungen auszugleichen versucht. Dennoch machen sich Schlafstörungen, Reizbarkeit und/oder Gefühle der Unzufriedenheit in immer kürzer werdenden Zeitabständen bemerkbar und verdichten sich.

2. Phase: Wachsende Selbstzweifel – der Arbeitseifer nimmt ab

Gefühle des Überdrusses werden stärker, Arbeitseifer und Engagement nehmen ab. Kunden und Mitarbeiter werden als fordernd und anspruchsvoll erlebt. Aus Sympathie und Anteilnahme werden Distanz und wachsende Abneigung. Der Verdienst, der anfangs eine eher untergeordnete Rolle spielte, wird zunehmend wichtiger und scheint in keinem Verhältnis zu der geleisteten Arbeit zu stehen. Gleichzeitig gewinnt das Gefühl die Oberhand, die Dinge nicht mehr richtig im Griff zu haben. Eigene Wünsche und soziale Beziehungen werden noch stärker vernachlässigt, dafür wird zunehmend öfter zu Genuss- und Beruhigungsmitteln gegriffen.

3. Phase: Gleichgültigkeit gegenüber Arbeit und anderen Menschen

Motivation, Konzentration und Leistungsfähigkeit nehmen ständig weiter ab und münden in einem starken Gefühl der emotionalen und sozialen Leere. Die Betroffenen fühlen sich ausgehöhlt, nutzlos und dem Arbeitsalltag kaum noch gewachsen. Versagensängste überschatten den Tag, verleiten dazu, sich von anderen zurückzuziehen. Krankheiten (wie Verspannungen, Magenprobleme, chronische Müdigkeit mit Schlafstörungen usw.) verschlimmern das psychische Befinden, unterhöhlen Leistungsvermögen und Arbeitskraft; sie führen immer tiefer in einen Zustand der Verzweiflung.

4. Phase: Depression und Verzweiflung – Selbstmordgedanken

Das Leben erscheint angesichts totaler geistiger, emotionaler und körperlicher Erschöpfung sinnlos und leer. Depression und Verzweiflung überschatten alles, Selbstmordgedanken tauchen auf. Diese Situation ist lebensbedrohend, professionelle medizinische und therapeutische Hilfe dringend geboten.

Was hilft gegen Burn-out?

- Jeder Mensch hat nur begrenzte Energie: darum Kräfte gezielt einsetzen.

- Bewusst Pausen in den Alltag einbauen

- NEIN sagen lernen – freundlich, aber bestimmt!

- Wenn es zu hektisch wird, innehalten und sich fragen: «Was kann passieren, wenn ich die Arbeit aufschiebe? Sind die Folgen wirklich so schlimm?»

- Grenzen setzen: Berufliche Probleme nicht ins Privatleben verlagern. Kein Mensch ist unersetzlich. Aber die Scherben zerbrochener Beziehungen lassen sich kaum mehr zusammensetzen.

- Zeit nehmen für Hobbys, Entspannung, Sport oder Musik. Verwirklichung privater Pläne und Wünsche nicht immer auf die Ferien verschieben – auch im Alltag Freiräume schaffen.

- Spitzenleistungen sind manchmal nötig. Aber Gegengewicht setzen: Wochenendarbeit, Überzeiten usw. mit Freizeit kompensieren.

- Wenn man den Eindruck hat, der Job mache einen kaputt, konsequent sein: Auszeit oder (Weiterbildungs-)Urlaub organisieren, Beratung aufsuchen. Überlegen, ob es Sinn machen kann, sich versetzen zu lassen, die Stelle zu kündigen oder gar den Beruf zu wechseln.

In der Krise eines Burn-outs liegt auch eine Chance: Oftmals wird man aufgerüttelt, neue Weichenstellungen für die Gestaltung des Lebens vorzunehmen. Auch hat mancher in seiner eigenen Krise gelernt, andere Menschen besser zu verstehen. So gesehen kann Burn-out zu einem Neuanfang werden, der dem Leben eine bessere Wendung gibt.

7.3 Büroökologie

Der Klimawandel ist eine der grössten Herausforderungen des neuen Jahrtausends. Dass sich das globale Klima während des 20. Jahrhunderts im Vergleich zu den vorangehenden erwärmt hat, ist unumstritten. Mitverantwortlich für diese Erwärmung ist der sogenannte Treibhauseffekt: Durch Treibhausgase – allen voran Kohlendioxid (CO_2) – wird die Atmosphäre der Erde erwärmt. Mit der Unterzeichnung des Kyoto-Protokolls verpflichtet sich die Schweiz, den Ausstoss von Kohlendioxid bis ins Jahr 2012 um 8 Prozent unter den Stand von 1990 zu senken. Zur Realisierung dieses Ziels wurden verschiedene Massnahmen von Bund und Wirtschaft initiiert. Wie können Bürobetriebe ihre Verantwortung gegenüber dem Klimaschutz wahrnehmen, und was können Sie persönlich zur Erreichung dieser Ziele beitragen?

Mit der Herstellung von 1 kWh Energie entstehen in Europa rund 500 g CO_2. Ein Arbeitsplatz in einem Büro verbraucht jährlich durchschnittlich 500 kWh Strom, was einem Ausstoss von 250 kg CO_2 gleichkommt. Beruflich und privat bieten sich etliche Möglichkeiten an, den Energieverbrauch in Bürogebäuden zu reduzieren. Der Schlüssel dazu liegt in der Energieeffizienz von Geräten und Beleuchtungen. Eine entscheidende Weichenstellung hin zur Energieeffizienz erfolgt beim Kaufentscheid: Wenig effiziente Geräte brauchen oft doppelt so viel Energie wie gleichwertige und gleich teure, aber effiziente Modelle.

Dieses Kapitel bietet Ihnen die Möglichkeit, sich an der Klimafreundlichkeit in Ihrem Betrieb zu beteiligen. Sie können sich als «Klimabotschafter/in im Büro» qualifizieren und für Ihr Engagement einen Leistungsausweis erwerben. Damit liefert dieses Kapitel einen Beitrag zu wirkungsvollen Klimamassnahmen und einer nachhaltigen Wirtschaft. Es zeigt Ihnen Handlungsansätze auf. Es soll Ihnen eine Hilfestellung sein, um im Büroalltag die Umsetzung des Kyoto-Protokolls mitzutragen. Es gibt Ihnen Mut, Verbesserungen zu initiieren.

Beschaffung Bürogeräte und Sachmittel

▶ Energieeffiziente Bürogeräte wählen
Welche Qualitätsansprüche stellen Sie an ein Bürogerät? Die Anforderungen an ein gutes Gerät sind vielseitig. Würden im Privathaushalt und Heimbüro nur noch energieeffiziente Geräte eingesetzt, könnten in der Schweiz jährlich 2 500 000 Tonnen CO_2 eingespart werden. Auf der unabhängigen Seite www.topten.ch werden energieeffiziente Geräte angeboten und beurteilt. Topten definiert Qualität mit den folgenden Kriterien:

- niedriger Energieverbrauch
- geringe Umweltbelastung
- gute Gebrauchsfähigkeit
- gesundheitlich unbedenklich
- gute Qualität von Gehäuse und Elektronik
- möglichst Fair-Trade-berücksichtigt
- vernünftiger Preis, gutes Kosten-Nutzen-Verhältnis

Signet topten.ch

Aufgabe 45

▶ Öffnen Sie die Site www.topten.ch.

▶ Navigieren Sie über den Bereich «Büro» zu «Monitore» und wählen Sie in der Subkategorie eine beliebige Grösse des Bildschirmes an. Klicken Sie den «Ratgeber» an und lesen Sie den «TFT-Ratgeber» für Bildschirme. Gestalten Sie ein Merkblatt, auf welchem Sie die fünf wichtigsten Punkte, die Sie bei der Beschaffung besonders beachten, festhalten. Begründen Sie auf dem Merkblatt diese fünf Anforderungen stichwortartig. Der Titel kann «Merkblatt 1: Klimafreundliche Bürogeräte» heissen.

▶ Ist in Ihrem Betrieb oder bei Ihnen zu Hause in nächster Zeit der Kauf eines neuen Gerätes fällig? Suchen Sie ein passendes Gerät mithilfe von topten.ch. Falls kein neues Gerät in nächster Zeit angeschafft werden soll, stellen Sie sich einen imaginären neuen Arbeitsplatz mithilfe der Favoritenliste der Seite zusammen: Ein Bildschirm, ein Drucker, ein Kopierer. Wie hoch sind die gesamten Anschaffungskosten, wie hoch die Stromkosten in fünf Jahren?

TCO-Label

Energy Star-Label

Blauer Engel

▶ **Labels**

Neue Computer, Drucker, Monitore und Faxgeräte sollten mit einem der folgenden Umweltlabels versehen sein:

• Ergonomie- und Umweltgütesiegel des Dachverbandes der schwedischen Angestelltenverbände TCO (www.tcodevelopment.com); dieser ist bestrebt, das Arbeitsumfeld für Büroangestellte kontinuierlich zu verbessern. Die Richtlinien werden laufend dem technischen Fortschritt angepasst und strengen Normen unterzogen.

• Stromsparlabel «Energy Star». Aktuelle Listen der ausgezeichneten Geräte und Informationen für Elektrogeräte mit tiefem Stromverbrauch finden Sie im Internet unter www.energystar.gov. Allerdings sind die Richtlinien für die Vergabe des Labels tief angesetzt.

• Geräte, welche mit dem «Blauen Engel» (www.blauer-engel.de) gekennzeichnet sind, geben weniger Schadstoffe ab, arbeiten ohne gefährliche Stoffe und sind leiser.

Weitere Punkte, die beim Kauf von elektronischen Geräten beachtet werden sollten:

• Braucht es eine Neuanschaffung oder kann das bestehende Gerät aufgerüstet werden?

• Sind Verkleinerung, doppelseitiger Druck und der Einsatz von Recyclingpapier möglich? Kann der Drucker oder Kopierer mit nachfüllbaren Tonerkartuschen oder Tintenpatronen betrieben werden?

▶ Klimafreundliche Papiere wählen

Papier ist höchst klimarelevant! Einerseits, weil es in grossen Mengen im Büroalltag verbraucht wird, andererseits aber auch, weil der Energieverbrauch bei der Herstellung zwischen den verschiedenen Papierarten erheblich differiert. Daher muss der Wahl des Papieres grösste Aufmerksamkeit geschenkt werden.

Es gibt heute eine Vielzahl verschiedener Papiere mit hoher Umweltverträglichkeit. Recyclingpapier wird in verschiedenen Weissabstufungen angeboten, und beim Frischfaserpapier steht das FSC-Label für gute Umweltverträglichkeit. Die Qualität des Recyclingpapiers ist heute so gut, dass dieses praktisch in allen Kopiergeräten und Druckern eingesetzt werden kann; zusätzlich wird auf topten.ch bei Kopierern und Druckern die Recyclingpapiergarantie aufgeführt.

Die Papierherstellung aus Altpapier verbraucht nur etwa halb so viel Energie wie die Produktion von Frischfaserpapieren, nämlich nur etwa die Hälfte und nur rund ein Drittel der Wassermenge. Weitere Informationen erhalten Sie beim Förderverein für umweltverträgliche Papiere und Büroökologie Schweiz (FUPS), www.fups.ch/oekobilanz.php oder www.igoeb.ch. Das Recyclen von Altpapier zu Papier spart ausserdem eine ganze Menge Holz ein. Da Wälder zum Abbau von CO_2 in der Atmosphäre beitragen, zahlt sich dieser Gewinn doppelt aus. Angesichts der Zerstörung der Wälder hat die Forstwirtschaft und der WWF den «Forest Stewardship Council», bekannt als FSC, ins Leben gerufen. Ziel dieses Weltforstrats ist es, den weltweiten Erhalt der Wälder durch sozialverträgliche sowie wirtschaftlich tragfähige Bewirtschaftung zu gewährleisten. Schützen und Nutzen heisst die Strategie.

Der WWF empfiehlt, im Büro 80 Prozent Recyclingpapier und 20 Prozent Frischfaserpapier mit FSC-Label einzusetzen.

▶ Labels und Selbstdeklaration

Als schnell erfassbare Einkaufshilfen sind Labels beliebt. Die Vergabekriterien sind jedoch nicht einheitlich, und nicht alle Labels finden bei Umweltorganisationen oder in der Papierindustrie Unterstützung. Die beiden folgenden Labels sind international anerkannt:

Blauer Engel für Recyclingpapier

Die Papierfasern bestehen zu 100 Prozent aus Altpapier. Bei chemischen Hilfs- und Farbmitteln gelten strenge Auflagen. Bei der Herstellung wird gegenüber Frischfaserpapier die Hälfte an Energie eingespart.
www.blauer-engel.de

Blauer Engel
für Recyclingpapier

Forest Stewardship Council – FSC für Frischfaserpapier

Beim Einkauf von Frischfaserpapier steht das Gütesiegel FSC dafür, dass die Holzfasern aus nachhaltig genutzten Wäldern stammen. Der Forest Stewardship Council setzt sich weltweit für die Entwicklung und Umsetzung von Kriterien zur Umwelt und sozialverträglichen Waldbewirtschaftung ein.
www.fsc-schweiz.ch

Forest Stewardship Council
Gütesiegel

Aufgabe 46

▶ Öffnen Sie die Website des Fördervereins für umweltverträgliche Papiere und Büroökologie (FUPS) www.papier.info und navigieren Sie über den Link «Papier» zum Ratgeber.

▶ Lesen Sie sich insbesondere in die Kapitel «Wald und Biodiversität», «Papier und Ökologie» und «Einsatz von Recyclingpapier» vertieft ein.

▶ Fassen Sie das Gelesene in einem selber gestalteten «Merkblatt 2: Klimafreundliche Papiere» zusammen. Das Merkblatt sollte unter anderem folgende Punkte enthalten:

- Vergleiche des Energieverbrauchs zwischen Recycling- und Frischfaserpapier
- Papierverbrauch und Wälder
- Labels
- …

▶ Erstellen Sie eine Tabelle zum gezielten Einsatz von umweltverträglichem Papier. Wo soll Recyclingpapier (RP), wo weisses FSC-Papier und wo konventionelles Frischfaserpapier (FF) eingesetzt werden?

▶ Prüfen Sie nach, welche Papiere in Ihrem Betrieb für die jeweiligen Produkte verwendet werden.

▶ Vergleichen Sie die Preise verschiedener Papiere und unterschiedlicher Lieferanten. Eine entsprechende Liste finden Sie unter www.urwaldfreundlich.ch.

Weitere Punkte, die es zu beachten gilt:

- Funktionen von PC, Druckern und Kopierern kennen! Drucken Sie doppelseitig und/oder verkleinert. Kopieren oder drucken Sie nur die benötigten Seiten.

- Archivieren Sie elektronisch: Drucken Sie E-Mails nur notfalls aus und speichern Sie Ihre Daten auf CD-ROM oder Servern.

- Installieren Sie eine Makulaturablage! Idealerweise befindet sich diese gerade neben dem Drucker. Fehldrucke können so für persönliche Notizen oder weitere persönliche Drucke auf der Rückseite verwendet werden.

▶ **Entscheidungshilfe bei der Wahl von Geräten und Verbrauchsmaterial**

Geräte und Verbrauchsmaterial können mithilfe einer Entscheidungsmatrix und mit folgendem Vorgehen ausgewählt werden:

1. Anforderungen klären und auf dem Tabellenblatt notieren. Die Anzahl zu bewertende Eigenschaften bestimmen Sie. Im Spaltenkopf notieren Sie die Namen der verschiedenen Produkte oder Anbieter.

2. Anforderungen gewichten und zuteilen:

   Faktor   1 = unwichtig
            2 = wünschenswert
            3 = unbedingt erforderlich

3. Beurteilen Sie die verschiedenen Angebote; geben Sie Noten von 0–4. Systematisch vorgehen: entweder nach Offerten oder nach Anforderungen die Produkte beurteilen:

   Note   0 = nicht vorhanden
          1 = schwach
          2 = genügend
          3 = gut
          4 = ausgezeichnet

4. Berechnen Sie die Punkte: Faktor × Note.

5. Nun vergleichen Sie die beiden besten Varianten in einer Diskussion und wägen Vor- und Nachteile ab.

6. Notieren Sie auch kurz, wenn keine der vorgeschlagenen Varianten berücksichtigt wird.

Sachmittelauswahl									
Produkt			Lieferant/Marke		Lieferant/Marke		Lieferant/Marke		
Anforderungen oder Eigenschaften	Faktor		Note	Faktor	Note	Faktor	Note	Faktor	
Total Punkte									
Rang									
Diskussionsresultate, Vor- und Nachteile									
Was ist, wenn keine Variante berücksichtigt wird?									

Beispiel einer Entscheidungsmatrix für die Sachmittelauswahl

Aufgabe 47

Erstellen Sie eine ähnliche Entscheidungsmatrix für die Sachmittelauswahl mit einem Tabellenkalkulationsprogramm; die Punkte (Faktor × Note) sollen automatisch berechnet und zusammengezählt, und mit der entsprechenden Funktion soll der Rang ermittelt werden. Für die «Anforderungen oder Eigenschaften» können Sie selbstverständlich mehr Zeilen als im Beispiel einsetzen.

Aufgabe 48

Sie müssen eines der folgenden Sachmittel für Ihren Betrieb beschaffen. Gewichten Sie bei Ihrer Entscheidung besonders die Energieeffizienz des Gerätes oder die Umweltverträglichkeit des Papiers. Wählen Sie dieses Produkt mithilfe der Tabelle (Aufgabe 47) aus:

- Kopierer
- Drucker
- Papier für Kopierer und Drucker

Energieeffizienz am Arbeitsplatz

Bildschirme, PC, Drucker und Kopierer verbrauchen nicht nur während der eigentlichen Arbeitsphase viel Energie, sondern auch in der Bereitschaftsstellung. Mit einer energieeffizienten Einstellung kann der Energieverbrauch eines Gerätes um bis zu 50 Prozent gesenkt werden. Es gilt dabei die Balance zu finden zwischen geringem Stromverbrauch und schnellem und benutzergerechtem Umgang mit dem Gerät.

Jeder Computer hat ein integriertes sogenanntes «Power Management System». Das System kontrolliert die Energiesparfunktionen des Gerätes. Überprüfen Sie bei einem neuen Computer, ob das System bereits in Betrieb ist. Bei den meisten Geräten können die folgenden vier Zustände unterschieden werden:

Betriebszustand/ Modus	Beschreibung
Aktiv (Ein)	In diesem Zustand befindet sich Ihr Gerät, wenn Sie drucken, kopieren oder am Computer etwas schreiben.
Standby (Bereit)	Standby bezeichnet den Zustand in Arbeitspausen. Ihr Gerät reagiert sofort auf Ihre Aktionen. In den Industrieländern macht der Standby-Modus durchschnittlich zehn Prozent des Haushaltstromverbrauches aus.
Sleep (Ruhezustand)	Der Sleep-Zustand kann bei Computern, Druckern und Kopierern eingestellt werden. «Sleep» beschreibt den Energiesparzustand. Die Zeit, nach welcher ein Computer beispielsweise in diesen Zustand geht, können Sie häufig selber wählen. Hier besteht ein grosses Effizienzpotenzial! Häufig braucht das Gerät eine kurze Aufwärmzeit, um in den Aktivzustand zu gelangen.
Off (Aus)	Auch wenn Sie Ihr Gerät am normalen Ein/Aus-Schalter ausschalten, verbraucht es weiterhin wenig Strom. Deshalb nennt man diesen Zustand auch «Soft-off». Mit einer Steckerleiste kann der Computer ganz vom Stromnetz genommen werden. Diesen Zustand bezeichnet man als «Hard-off».

Betriebszustände eines Bürogerätes

Schaltbare Steckerleiste

▶ Empfehlungen zum Energiesparen mit Bürogeräten

Zur Konfiguration von PC kann keine allgemein gültige Empfehlung abgegeben werden. Die Geräte weisen verschiedene Eigenschaften und auch unterschiedliche Konfigurationsschritte auf. Generell ist zu beachten, dass nicht eine zu restriktive Konfiguration eingeführt wird. Störendes oder gar «bevormundendes» Verhalten der Geräte wird oft überbrückt oder das Power Management System wird ganz ausgeschaltet. Die folgenden Tipps sind jedoch zu beachten:

1. Trennen Sie Ihre elektronischen Geräte ganz vom Stromnetz! Schliessen Sie Ihren Computer über eine Steckerleiste zum Ein- und Ausschalten am Stromnetz an. Verwenden Sie diese auch für Ihre elektronischen Geräte zu Hause, wie Fernseher, Stereoanlage usw. Eine Studie des Bundesamtes für Energie zeigte, dass Unterhaltungselektronik- und Bürogeräte im Standby- und Aus-Modus in der Schweiz jährlich 864 GWh Strom verbrauchen. Das entspricht dem Jahresverbrauch von zwei Dritteln aller Haushaltungen der Stadt Zürich.

2. Schalten Sie den Drucker und andere Peripheriegeräte erst dann ein, wenn Sie diese auch wirklich brauchen, und teilen Sie sich diese wenn möglich mit weiteren Angestellten.

3. Wenn Sie als Letzte oder Letzter einen Arbeitsraum verlassen, prüfen Sie nach, ob alle Geräte abgeschaltet sind (ausser die besonders gekennzeichneten).

Zur Information: Bildschirmschoner sind keine Energiesparer. Sie sind ein spielerisches Überbleibsel aus der Zeit der grossen Röhrenbildschirme.

Aufgabe 49

▶ Power Management im Heimbüro
Überprüfen Sie das Power Management Ihres Computers zu Hause. Bei Microsoft Windows finden Sie das Power Management System unter «Systemsteuerung» – «Eigenschaften von Energieoptionen» (XP) oder «Energieoptionen» (Vista); bei Apple OS X unter «Systemeinstellungen» – «Energie sparen».

▶ Verändern Sie die Einstellungen Ihres Computers so, dass dieser energieeffizient arbeitet. Testen Sie diese Einstellungen während mindestens einer Woche.

▶ Passen Sie Ihre Konfiguration Ihren persönlichen Bedürfnissen an. Behalten Sie dabei den Grundsatz der Energieeffizienz bei.

▶ Power Management am Arbeitsplatz
Erstellen Sie ein «Merkblatt 3: Klimafreundliche Einstellungen von Bürogeräten». Darauf sollen drei bis fünf Punkte enthalten sein, die für energieeffiziente Einstellungen aller Bürogeräte in Ihrem Betrieb sprechen.

▶ Beleuchtung im Büro – ökologisch und komfortabel

Der Aspekt des Komforts – also der Ergonomie – ist bei der Beleuchtung ein zentrales Thema. Ökologische Anpassungen von Beleuchtungen sind in vielen Fällen wirtschaftlich interessant und verbessern gleichzeitig den Sehkomfort und das Raumklima. Über ein Drittel des Energieverbrauches in einem Büro geht auf Kosten des Lichtes.

Zu den Begriffen: Mit «Lampe» ist der Lichterzeuger, also die «Birne» gemeint. Der Begriff «Leuchte» beschreibt die Fassung und den Lampenschirm.

Die Beleuchtungstechnik hat sich in den letzten Jahren verbessert, nicht nur diejenige der Lampen, auch die der Leuchten und der Steuer- und Regelungseinrichtungen. So sind Bewegungsmelder oder Tageslichtsteuerungen speziell für Gänge, Toiletten oder Archivräume geeignet, aber auch für Deckenbeleuchtungen in Grossraumbüros. Ausserdem liegt die Tageslichtnutzung im Trend. Führende Architekten haben das Thema erfolgreich umgesetzt und damit ein Qualitätslabel geschaffen, das allgemein anerkannt ist: Minergie®. Je nach Tageslichtausnutzung wird bis zu 50 Prozent Energie gespart.
www.minergie.ch

Qualitätslabel Minergie®

Aufgabe 50

▶ Informieren Sie sich auf topten.ch über Beleuchtung. Welche Unterkategorien finden Sie? Was ist laut Ratgeber beim Kauf von Büroleuchten zu beachten?

▶ Ist bei Ihnen in nächster Zeit eine Neuanschaffung zu Hause oder am Arbeitsplatz nötig? Nach welchen Kriterien wählen Sie eine Lampe von topten.ch aus?

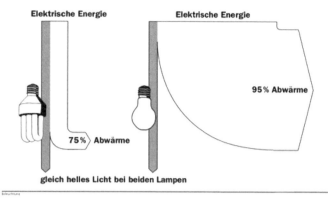

Die Glühlampe ist eigentlich eine Elektroheizung.

Weitere Punkte, die es zu beachten gilt:

* Bereits mit dem Einsatz von Energiesparlampen kann der Energieverbrauch wesentlich reduziert werden: diese brauchen nur einen Fünftel der Energie von normalen Glühlampen. Gleichzeitig ist ihre Brenndauer achtmal höher.

* Schalten Sie das elektrische Licht ausserdem nur bei Bedarf ein und löschen Sie beim Verlassen das Licht von Toilettenräumen, Archiven und Nebenräumen.

Entsorgung und Recycling

Eine gute Abfallbewirtschaftung ist aus Umweltschutzgründen sinnvoll. Helfen Sie mit, dass nicht alles, was alt ist, automatisch weggeworfen wird (z. B. alte Ordner bei Archivräumungen). Verpackungsmaterial kann wieder verwendet und gebrauchte Kuverts können für den internen Gebrauch eingesetzt werden.

Ausgediente elektrische und elektronische Geräte gehören nicht in den Siedlungsabfall. Erstens weil sie Schadstoffe enthalten, die gesondert entsorgt werden müssen, und zweitens, weil daraus Wertstoffe zurückgewonnen werden können.

Deshalb gibt es seit 1994 die Möglichkeit, ausgediente Geräte dem Fachhandel zurückzugeben; dieser leitet den Elektroschrott zum Recycling an autorisierte Entsorgungsunternehmen weiter. Das Recycling der ausgedienten Geräte wird mit einer im Preis eingeschlossenen vRG (vorgezogene Recyclinggebühr) auf Neugeräten finanziert.

Fachgerecht entsorgt werden müssen auch Batterien und Akkus. Verbrauchte Batterien oder funktionsunfähige Akkus sind dem Fachhändler oder kommunalen Sammelstellen abzugeben. Nur entladene Batterien und Akkus sind in die Sammelboxen zu werfen. Haben Sie Zweifel, ob die Batterien oder Akkus entladen sind, überkleben Sie die Pole vor dem Wegwerfen mit einem Klebeband.

Viele (Büro-)Abfälle sind Wertstoffe. Schätzungen gehen davon aus, dass 85 Prozent des im Büro anfallenden Abfalls – vom Papier bis zur Tonerkassette – nach getrennter Sammlung wieder verwendet werden können.

Recycling schont Ressourcen und vermindert den Abfallberg. Auch im Büro fallen Wertstoffe als Abfall an. Erstellen Sie gemäss unten stehendem Vorschlag eine Tabelle und ergänzen Sie diese: Welche vier weiteren Materialien sollen besonderen Sammlungen zugeführt werden, und was ist beim Sortieren zu beachten?

Werkstoff	Abgabe
Papier Unbeschichtetes weisses und farbiges Papier, EDV-Papier, Broschüren, Prospekte, Zeitungen, Kuverts mit und ohne Fenster, Recyclingpapier Nicht in die Sammlung: Beschichtetes Papier, Blumenpapier, Etiketten, Kleber, Papierservietten, Haushaltpapier	→ Papiersammlung (Papier und Karton immer getrennt, sauber gebündelt und flachgedrückt bereitstellen!)

Notieren Sie fünf Möglichkeiten, wie Sie im Büro Abfälle vermeiden können:

1. _____

2. _____

3. _____

4. _____

5. _____

Ist Ihr Büro energieeffizient und umweltfreundlich?

Sprechen Sie mit den zuständigen Personen für Bürogeräteeinkauf, Papiereinkauf und Haustechnik in Ihrem Betrieb. Wie wichtig sind ihnen bei der Arbeit die ökologischen Aspekte? In Gesprächen mit den Ausbildungsverantwortlichen, der Geschäftsleitung und weiteren Personen in leitenden Funktionen versuchen Sie den Betrieb zur Beachtung des Standards Topten-Büro (s. Seite 155) zu bewegen. Er definiert die Anforderungen, die eine Firma erfüllen muss, um einen energieeffizienten Büroalltag zu gestalten.

Der Standard Topten-Büro verlangt:

- Alle elektronischen Bürogeräte wie Drucker, Bildschirm, Kopierer usw. werden nach den Empfehlungen der Website www.topten.ch eingekauft.

- Beim Einkauf von Papier gelten die Empfehlungen des Fördervereins für umweltverträgliche Papiere und Büroökologie Schweiz www.fups.ch.

- Bei Renovationen und Erneuerungen wird der Minergie®-Standard für Beleuchtung eingehalten.

Die Vorteile für die Firma sind ausgewiesen:

1. Die Firma kann die Kosten für den Energieverbrauch senken.

2. Die Firma leistet einen Beitrag zum Klimaschutz.

3. Die Firma kann ihr Image unter den Mitarbeitenden und in der Öffentlichkeit als modernen und innovativen Betrieb verbessern.

Die folgenden Punkte sollten in Ihren Abklärungen enthalten sein:

- Eine Bestandesaufnahme in den Bereichen Bürogeräte, Papier und Beleuchtung liegt vor.

- Mit den zuständigen Verantwortlichen von IT, Materialeinkauf und Haustechnik haben Gespräche stattgefunden.

- Massnahmenpläne zur Verbesserung der Energieeffizienz und zur CO_2-Reduktion im Büroalltag sind der Geschäftsleitung unterbreitet worden.

- Empfehlungen zur innerbetrieblichen Kommunikation und Mitwirkung der Mitarbeitenden sind mit der Geschäftsleitung diskutiert worden.

Wie Ihre Arbeit aufgebaut sein könnte, sehen Sie in der Aufgabe 53. Sie analysieren einerseits das Verbesserungspotenzial Ihres Büros und erstellen auch Vorschläge, wie die Anforderungen an ein klimafreundliches Büro erfüllt werden können.
Mit Ihren Verbesserungsvorschlägen lassen sich innovative Schritte für ein verbessertes Umsetzen des Umweltbewusstseins Ihrer Firma einleiten. Gehen Sie das Projekt an und leisten Sie einen wertvollen Beitrag zum Klimaschutz!

Untersuchen Sie, wie umweltfreundlich und energieeffizient Ihr Büro ist. Ihre Arbeit kann wie folgt aufgebaut sein:

Aufgabe 53

1. Zuständigkeiten

Sie ermitteln die zuständigen Personen für Bürogeräteeinkauf, Papiereinkauf und Haustechnik und überprüfen deren Wissensstand in Bezug auf die verschiedenen Anforderungen an ein energieeffizientes Büro. Klären Sie folgende Punkte ab:

- Gibt es einen zentralen Einkauf von Bürogeräten?

- Welche ökologischen und energiesparenden Massnahmen werden beachtet?

- Welche Labels (wie Blauer Engel, TCO, Energy-Star) sind bekannt und werden beachtet?

- Sind die Standards Topten und Minergie bekannt, und werden sie beachtet?

- Wer sorgt für eine angemessene Information und Instruktion der Mitarbeitenden?

2. Handlungsbedarf

Klären Sie ab, wo Handlungsbedarf besteht, beispielsweise:

- Wo wird Recyclingpapier und wo konventionelles Frischfaserpapier eingesetzt? (Werbematerial und Kataloge, Brief- und Kopierpapier, Kuverts, Notizpapier usw.)

- Werden Papier und Karton getrennt gesammelt?

- Laden Sie bei topten.ch den Flyer «Bürogeräte: Professionelle Beschaffung» herunter und prüfen Sie, ob in Ihrem Betrieb diese Empfehlungen befolgt werden.

- Beziehen Sie bei Minergie (www.minergie.ch) Informationsmaterial zur Bürobeleuchtung und protokollieren Sie bei einem Rundgang durch das Gebäude kleinere Massnahmen zur Verbesserung (wie elektronische Vorschaltgeräte, Bewegungsmelder) sowie grössere Veränderungen (helle Wände, Tageslichtsensoren usw.) bis zur Erreichung des Minergiestandards für Bürobeleuchtung. Halten Sie die Planung, Zuständigkeiten und Termine fest.

- Schulung und Information der Mitarbeitenden. Wie wird das umweltbewusste Verhalten gefördert und geschult? Welche Informations- und Kommunikationsformen sind geeignet (Sitzungen, Inforunden, Newsletters usw.)?

3. Massnahmenplan

Erstellen Sie einen Massnahmenplan nach folgendem Muster:

Bereich	Ziele	Massnahmen	Kurz-fristig	Mittel-fristig	Lang-fristig	Wer/Termine
Papier (Beispiel)	Altpapier wird konsequent gesammelt	In allen Zimmern stehen Sammelbehälter. Das Putzpersonal wird angehalten, Papier und Karton sachgemäss zu entsorgen.				
	Frischfaserpapier ist zukünftig nur noch FSC-Papier	Anfragen, ob Lieferant mit FSC-Label liefern kann.				
Bürogeräte						
Beleuchtung						
Kommuni-kation						

Akten und elektronische Speicher zweckmässig bewirtschaften

8

8.1 Aufbewahren von Akten

Archive zu führen und Dokumente sowie Daten aufzubewahren geschieht primär aus zwei Gründen:

1. Aus geschäftlichen Gründen. Das schnelle und sichere Wiederfinden von Unterlagen ist oft wichtig. Deshalb sollten alle Akten geordnet nach einem feststehenden, einheitlichen und für jedermann verständlichen System abgelegt werden. Die Ablage ist für jedes Unternehmen ein Planungs-, Entscheidungs-, Arbeits-, Kontroll-, Beweis- und Sicherungsmittel.

2. Der gesetzlichen Vorschriften wegen:

   OR Art. 962
   [1] Die Geschäftsbücher, die Buchungsbelege und die Geschäftskorrespondenz sind während zehn Jahren aufzubewahren.
   [2] Die Aufbewahrungsfrist beginnt mit dem Ablauf des Geschäftsjahres, in dem die letzten Eintragungen vorgenommen wurden, die Buchungsbelege entstanden sind und die Geschäftskorrespondenz ein- oder ausgegangen ist.

   OR Art. 963
   [1] Wer zur Führung von Geschäftsbüchern verpflichtet ist, kann bei Streitigkeiten, die das Geschäft betreffen, angehalten werden, Geschäftsbücher, Buchungsbelege und Geschäftskorrespondenz vorzulegen, wenn ein schutzwürdiges Interesse nachgewiesen wird und das Gericht dies für den Beweis als notwendig erachtet.
   [2] Werden die Geschäftsbücher, die Buchungsbelege oder die Geschäftskorrespondenz elektronisch oder in vergleichbarer Weise aufbewahrt, so kann das Gericht oder die Behörde, die kraft öffentlichen Rechts ihre Edition verlangen kann, anordnen, dass:
   1. sie so vorgelegt werden, dass sie ohne Hilfsmittel gelesen werden können; oder
   2. die Mittel zur Verfügung gestellt werden, mit denen sie lesbar gemacht werden können.

Ein gut geführtes Archiv ist ein wichtiges Informationsinstrument. Mit diesen Unterlagen können Sie

- den laufenden Geschäftsfall erledigen
- ähnliche Fälle gleich entscheiden
- frühere Fehler vermeiden
- Stellvertreter informieren und neue Mitarbeiter schulen
- die Arbeit planen
- die Arbeit kontrollieren
- die Arbeit dank Vorlagen (Muster) erleichtern
- das Unternehmen vor Angriffen schützen

Der Umgang mit den Informationen muss verantwortungsbewusst erfolgen; die betrieblichen Weisungen sowie die Vorschriften des Datenschutzes und der Datensicherheit sind zu beachten (vgl. Kapitel Datenschutz und Datensicherheit).

8.2 Ordnungssysteme

Informationen werden nach den Bezugspunkten abgelegt, nach welchen sie später gesucht werden. Wichtig ist, dass sie jederzeit und sofort wieder auffindbar sind. Beispielsweise kann nach folgenden Bezugspunkten geordnet werden:

- Namen
- Beruf oder Geschäftszweig
- Ortsnamen
- Datum des Schriftstücks
- Inhalt
- Sprache
- Art oder Form der Daten

Innerhalb der einzelnen Bezugspunkte kann mit verschiedenen Ordnungssystemen gearbeitet werden. Ihre Dokumentation ordnen Sie nach Sachgebieten und wählen als Feineinteilung zum Beispiel die alphabetische Ordnung.

▶ Alphabetische Ordnung

Prinzip	Nach Buchstaben
Vorteile	Das Abc ist in den Grundzügen einfach und allgemein bekannt.
Nachteile	Die Buchstabenfolge muss erlernt werden; sie ist nicht logisch (wie Zahlenfolgen). Feineinteilungen sind schwierig (Umlaute, Vorwörter, Abkürzungen usw.).
Anwendung	Verzeichnisse, Datenbanken, Karteien, Registraturen, Listen. Beispielsweise Lexika, Telefonbücher

▶ Numerische Ordnung

Prinzip	Nach Nummern. Am häufigsten ist die Ordnung nach fortlaufenden Nummern, Nummernblöcken, Codenummern (z. B. Internationale Standardbuchnummer ISBN) oder nach der Dezimalklassifikation.
Vorteile	Nummern sind eindeutig; es gibt keine Verwechslungen. Es ist einfach, Nummern richtig einzuordnen. Sie sind diskret und benötigen wenig Beschriftungsraum. Nummern können informieren (Aussage über den zugehörigen Gegenstand), selektionieren (einzelne Eigenschaften so darstellen, dass danach ausgewählt werden kann) und mithilfe einer Prüfziffer kontrollieren.
Nachteile	Es ist schwieriger, sich anstelle eines Namens eine Nummer einzuprägen. Nummern bedürfen, ausser bei fortlaufender Nummerierung, einer Aufschlüsselung, z. B. eines Index, der die Bedeutung der einzelnen Zahlen angibt.
Anwendung	Versicherungspolicen, Bank- und Postkonti, Modell- und Ersatzteilbezeichnungen, Vorlesungen, Weiterbildungskurse, Telefonanschlüsse, Kurse und Linien von Verkehrsmitteln.

▶ Alphanumerische Ordnung

Prinzip	Nach Buchstaben und Zahlen
Vorteile	Solche Kombinationen sind leichter zu behalten als reine Zahlen. Durch die Buchstaben kann das Material gruppiert werden. Verwechslungen sind ausgeschlossen.
Nachteil	Man benötigt einen Index.
Anwendung	Feineinteilung von Verzeichnissen über Kunden, Kursteilnehmer, Lieferanten. Beispiel: Autonummern

▶ Sachlogische Ordnung

Prinzip	Nach Sachgebieten oder Themen
Vorteil	Arbeitsvereinfachung: Alle Akten eines Geschäftsvorganges oder Sachgebietes sind in der gleichen Mappe.
Nachteil	Es gibt kein allgemeingültiges, logisches System; jede Ordnung muss neu durchdacht und aufgebaut werden.
Anwendung	Dokumentationen, Schulung, Medien wie Bücher, CD, Zeitungsartikel. Beispiel: CD-Sammlung, sortiert nach Sparten (Klassik, Unterhaltung, Volkstümlich usw.), nach Interpreten oder nach Komponisten.

▶ Geografische Ordnung

Prinzip	Nach geografischen Begriffen
Vorteile	Die geografische Ordnung ist klar und vielseitig. Städte, Regionen und Länder können alphabetisch und sachlogisch fein geordnet werden. Die Geografie ermöglicht klare Abgrenzungen.
Nachteil	Es braucht gute geografische Kenntnisse, um geografische Namen genau zu ordnen.
Anwendung	Für Lieferanten-, Kunden-, Vertreterbereiche, Abonnenten, Mitglieder. Beispiel: Kundenkartei

▶ Chronologische Ordnung

Prinzip	Nach zeitlichem Ablauf
Vorteile	Das neueste Schriftstück befindet sich jeweils zuoberst oder zuunterst im Schriftgutbehälter.
Nachteil	Die chronologische Ordnung muss fast immer mit einem anderen Ordnungssystem kombiniert werden.
Anwendung	Zeitschriften, Protokolle, Geschäftskorrespondenzen; diese Dokumente werden zuerst alphabetisch oder nach Sachgebieten geordnet, und anschliessend wird das zeitlich jüngste Dokument oben oder zuunterst eingelegt.

▶ Wozu brauchen wir ein Archiv? Nennen Sie sechs Gründe.

Aufgabe 54

▶ Welches Ablagesystem eignet sich besonders für den Arbeitsplatz?

Für die alphabetische Ordnungsart müssen Sie sich an folgende Regeln halten (4 Antworten ankreuzen):

Aufgabe 55

▦ Sie müssen einen Index führen.

▦ Kurze Begriffe (Thun) kommen vor langen (Thunstetten).

▦ Umlaute werden normalerweise nicht beachtet.

▦ Das Wort «und» oder das Zeichen «&» gelten als eigene Ordnungsmerkmale.

▦ Der neuste Vorfall liegt zuoberst.

▦ Abkürzungen von Namen, die sich als Begriff eingebürgert haben (wie IBM, UBS, WWF), werden wie ein gewöhnliches Wort behandelt.

▦ Auch Adjektive gelten als Ordnungswort.

Ordnen Sie in der richtigen Reihenfolge nach dem Alphabet:

AG Walter Moser
Dünkelberg Lisa
Ayer AG
Wirz Hansjakob
Dunkelberg Fritz
Wirz Hans
AG für Anlagen
Dünkelberg Max
Dünkelberg Gustav
Wirz Hans AG
Duenkelberg Kurt
Dünkelberg-Benz Fritz

8.3   Aufbewahrungsplan

Der Aufbewahrungsplan erhöht die Auskunftsbereitschaft und hilft, Arbeitszeit, Speicher, Raum sowie Material zu sparen.

Wenn Sie einen Aufbewahrungsplan erstellen, müssen Sie zuerst feststellen, was alles abgelegt werden könnte oder sollte. Zum Registriergut gehören nicht nur Schriftstücke, sondern auch Datenträger, Fotos, Pläne, Warenmuster, Broschüren, Bücher, Zeitschriften u. a.

Verschiedene Kriterien können die Aufbewahrungswürdigkeit einer Information ausmachen:

- Beweiswert
- Kontrollwert (Wurde der Auftrag ausgeführt?)
- Nachschlagewert (Arbeitsvereinfachung)
- Schulungswert
- Wissenschaftlicher oder geschichtlicher Wert
- Kuriositätswert

Bestimmen Sie die Aufbewahrungsstufe – nicht alle Unterlagen müssen gleich lang aufbewahrt werden. In vielen Fällen hat sich folgende Gliederung bewährt:

1. **Ohne Wert/Augenblickswert.** Das sind die meisten unverlangt eingehenden Sendungen (Drucksachen, Prospekte), die unbeantwortet bleiben und vor oder nach Kenntnisnahme in den Papierkorb wandern.

2. **Wochenwert.** Diese Informationen sind nur kurzfristig gültig. Nach ein bis drei Wochen kann das Schriftstück vernichtet werden.

3. **Jahreswert.** Diese Unterlagen werden für die Sicherung, Erklärung, Kontrolle oder zum Nachschlagen benötigt, verlieren aber ihre Bedeutung nach einem Jahr.

4. **Gesetzeswert** haben alle Dokumente, deren Aufbewahrungsdauer gesetzlich vorgeschrieben ist, z. B. Bilanzen, Inventare, Geschäftskorrespondenz, Buchungsbelege.

5. **Archiv- oder Dauerwert** besitzen alle Schriftstücke, die für das Unternehmen länger von Wert sind, z. B. Gründungsakten, Baupläne, Verträge, Patentschriften oder firmengeschichtliche Unterlagen.

Für die wichtigsten und häufigsten Dokumente sollte eine Checkliste für die Aufbewahrung erstellt werden, damit alle Mitarbeiterinnen und Mitarbeiter gleich vorgehen.

Ergänzen Sie diese Tabelle mit zwölf weiteren häufig vorkommenden Dokumenten (aus Lehrbetrieb, Vereinssekretariat oder privater Ablage) und legen Sie die Aufbewahrungsstufe fest.

Aufgabe 56

	Ohne Wert oder Augenblickswert	Wochenwert	Jahreswert	Gesetzeswert	Dauerwert
Anstellungsverträge				X	X
Buchungsbelege				X	
Fahrpläne			X		
Lieferschein von Dritten		X			
Zeitungen	X				

Schriftstücke mit Augenblickswert werden nach Kenntnisnahme sofort vernichtet. Schriftstücke mit Wochenwert werden in besonderen Mappen aufbewahrt. In die ordentliche Ablage kommen die Dokumente mit Jahres- und Gesetzeswert. Gesondert aufbewahrt werden Unterlagen mit Dauerwert.

Die Aufbewahrungsfrist wird mit Vorteil beim Erstellen (firmenintern) bzw. beim Eintreffen (firmenextern) eines Dokumentes bestimmt.

8.4 Dokumentenmanagement am Arbeitsplatz

Akten wechseln ihre Aktualität

1. **Aktive Akten** entstehen im Betrieb oder kommen von aussen ins Unternehmen und werden laufend bearbeitet. Solange der Geschäftsvorfall noch nicht abgeschlossen ist, müssen die Akten dort liegen, wo sie gebraucht werden. Am Arbeitsplatz werden die aktiven Akten so aufbewahrt, dass auch eine Stellvertretung sie sofort findet!

2. **Inaktive Akten** werden nur noch gelegentlich benötigt. Sie müssen noch rasch greifbar, aber nicht mehr am Arbeitsplatz untergebracht sein.

3. **Abgeschlossene Akten** werden für den Geschäftsablauf nicht mehr benötigt und gemäss den betrieblichen Weisungen oder den gesetzlichen Vorschriften im Archiv gelagert.

Aufgeräumt arbeiten, von der Pendenz bis ins Archiv

- Alles, was mehrmals am Tag benötigt wird, sollte in direkter Reichweite sein, wie PC, Telefon, Kalender, Notizblock, Schreibzeug und der gegenwärtig zu bearbeitende Auftrag.

- Unnötiges lenkt ab und verhindert zügiges Arbeiten. Darum wird alles andere im Schreibtisch, in Schränken oder in der Registratur abgelegt. Auch Briefkörbe und Schubladenboxen gehören nicht auf den Tisch; Organisationsmöbel und Schränke sollen dafür genutzt werden.

- Vorräte am Arbeitsplatz beschränken (beispielsweise auf einige Kuverts oder Formulare).

- Organisieren Sie eine persönliche physische Pendenzenablage nach Tagen 1–31 und Monaten Januar–Dezember in Hängemappen. Keine Zettel oder Post-it verwenden (Verlustgefahr).

- Pendenzen immer schriftlich erfassen (Liste oder Outlook) und gleich terminieren. Unterlagen in der Pendenzenablage 1–31 am entsprechenden Datum ablegen.

- Dossierführung und Beschriftung planen, mit vorgesetzter Stelle absprechen und diszipliniert einhalten.

- Kommunikation betreffend Aufgaben, Pendenzen und Termine regeln; Stellvertretung einbinden und langfristig planen (Absenzen, Ferien usw.). Was passiert im Krankheitsfall? Findet die Stellvertretung sofort alle Unterlagen, um rasch Auskünfte geben zu können und allenfalls den Arbeitsprozess weiterzuführen?

- Mappen für neue Vorgänge gut lesbar beschriften, Datenträger auch mit Datum.

- Trennblätter, Register, Farben und Codiersysteme schaffen Übersicht in der Registratur und helfen mit, Fehlablagen zu vermeiden.

- Die Checkliste «Aufbewahrungsplan» (vergleiche Aufgabe 56) soll eingehalten werden; sammeln Sie nicht unter dem Aspekt «Das kann ich sicher irgendwann einmal brauchen». Wenn Sie sich leicht etwas wieder beschaffen können, beispielsweise im Internet, brauchen Sie es nicht aufzuheben.

- Unordnung und zu viel Papier stressen und lenken vom Wesentlichen ab – darum gehört zur Dokumenten- und Dossierbewirtschaftung auch das regelmässige Entrümpeln!

8.5 Ablage

Informationen können auf verschiedene Weise abgelegt und gespeichert werden – es gibt keine schlechten Systeme, sondern nur zweckmässige oder weniger zweckmässige.

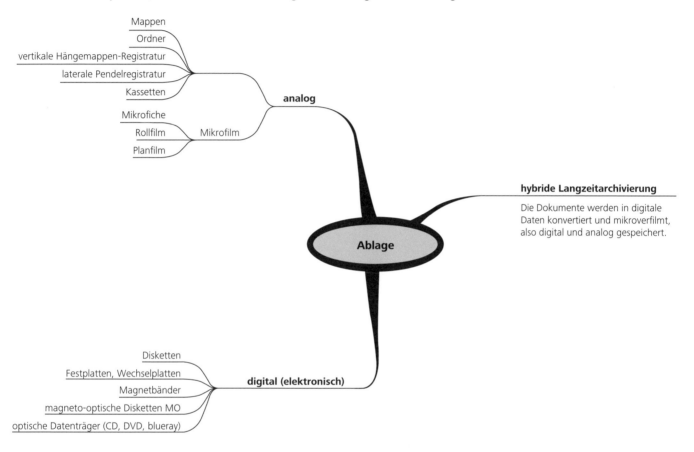

Die Informationen können auch ausserhalb des Betriebes aufbewahrt werden; wichtige Unterlagen und Sicherheitskopien werden zum Beispiel in Bunkern und Banktresoren aufbewahrt, oder spezialisierte Firmen übernehmen die Archivierung der Dokumente, erfassen diese mit einem Scanner und verfilmen sie zusätzlich. Die Verwaltung dieser Dokumente erfolgt in einem externen, professionell geführten Archiv, auf das via Datenfernübertragung und besondere Dokumentmanagementsoftware alle berechtigten Mitarbeiter und Mitarbeiterinnen des Unternehmens zugreifen können. Bestimmte Teile dieses Archivs können auch via Internet öffentlich zugänglich gemacht werden; Kunden können also auf Handbücher, Kataloge und weitere Informationen zugreifen.

Ablagesysteme und Organisationsmittel am Arbeitsplatz

▶ Briefkörbe und Briefkorbsysteme

In den Eingangskorb kommt alles Neue, das systematisch bearbeitet wird. Ein Korb ist für heute zu erledigende Aufgaben bestimmt. Was nicht abgearbeitet werden kann, kommt in den Pendenzenkorb oder in die Schubladenbox. Mithilfe weiterer Körbe, aber auch Hängemappen oder Klarsichthüllen, können verschiedene Projekte definiert und abgelegt werden. In den Ausgangskorb kommen die Vorgänge, die fertig sind oder weitergeleitet werden sollen.

Briefkorbsystem

Briefkörbe

▶ Offert-, Präsentations-, Organisations- und Pultmappen

In diesen Mappen wird das Schriftgut lose eingelegt. Mappen gibt es in vielen verschiedenen Materialien und Ausführungen. Organisationsmappen mit Registern eignen sich als Unterschriftenmappen, Konferenzmappen, zum Ordnen von Pendenzen, zum Terminieren oder zum Vorsortieren von Dokumenten.

Organisationsmappe mit Register

▶ Schubladensysteme

Schubladenelemente ermöglichen eine raumsparende und übersichtliche Ordnung. Die Elemente können miteinander verbunden und mit verschiedenen Schubladentypen ausgestattet werden.

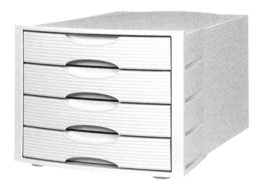

Analoge Registratursysteme

Akten in Papierform können in Mappen, Hängemappen und Kassetten aufbewahrt werden. Es gibt verschiedene Loseblatt-Ablagesysteme, welche mit Reitern optisch sehr übersichtlich gestaltet werden können und so rasche Bedienungszeiten ermöglichen.

Hängemappen

Die vertikale Hängeablage ist eines der bekanntesten Systeme und praktisch an jedem Arbeitsplatz im Einsatz. Die Bearbeitungszeiten für Ablage und Zugriff sind kurz, auch dank vielseitiger Beschriftungs- und Bereiterungsmöglichkeiten. Die Bedienung erfolgt von oben (vertikal), deshalb ideal für die Arbeitsplatzablage.

Vertikale Hängeregistratur

Für grössere und komplexere Ablagen eignen sich Platz sparende Pendel- oder Behälterregistraturen für Loseblattakten. Diese Systeme sind in Gestellen oder Schränken untergebracht und lassen sich lateral, d. h. von der Seite bedienen. Dank Farbcodierungen werden die Dokumente rasch gefunden und Fehlablagen vermieden.

Laterale Pendelregistratur
(Mono-Pendex)

Farbcodiersysteme ermöglichen den raschen Überblick und helfen mit, die Einzelakten schnell und fehlerfrei zu bewirtschaften. Die Codierung erfolgt alphabetisch, alphanumerisch oder numerisch. Um die Terminierung und Zirkulation der Akten stets unter Kontrolle zu haben, können die im Strichcode enthaltenen Informationen in ein Aktenverwaltungs- oder Dokumentenmanagement-System im Computer eingelesen werden.

Farbcodiersystem mit Strichcode

Im Bundesordner kann das Schriftgut übersichtlich abgelegt werden. Allerdings sind die Bearbeitungszeiten höher als bei Loseblattsystemen (Lochen der Aktenstücke, Umlegen des Ordnerinhalts, Öffnen der Mechanik, Einfügen der Blätter usw.), und der Ordner beansprucht selbst schon viel Platz (Totraum).

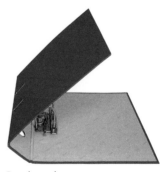

Bundesordner

Der Mikrofilm bietet hundertprozentige Datensicherheit, da er fälschungssicher ist, nicht veraltet und mit einfachsten Mitteln lesbar gemacht werden kann. Digitale Medien hingegen verändern sich mit ihren Betriebssystemen, Programmiersprachen und Übertragungstechnologien ständig. Der Mikrofilm ist zudem ein sehr kostengünstiges Speichermedium.

Mikrofilmlesegerät

Der Mikrofilm empfiehlt sich zur Langzeitarchivierung. Er wird nicht nur in Unternehmungen eingesetzt; Archivare und Bibliothekare auf der ganzen Welt haben in den letzten Jahrzehnten Kulturgüter (Bilder, Bücher, Pläne, Karten, dreidimensionale Gegenstände) farbig mikroverfilmt. So können wertvolle Kultur- und Kunstschätze gesichert werden.

Mikrofilmkamera

Elektronische (digitale) Archivsysteme und Dokumentenmanagementsysteme

Die Dokumente für das **elektronische Archiv** werden gescannt, mit einem Texterkennungsprogramm (OCR) inhaltlich erfasst und mit einem Index versehen. Digitale Dokumente (z. B. Worddokumente) können direkt indiziert werden. Mit dem Index werden jedem Dokument Suchbegriffe zugewiesen. Mithilfe einer Dokumentmanagementsoftware und der Recherche über den Suchbegriff (Index) können die gewünschten Dokumente am Arbeitsplatz angezeigt und wenn nötig ausgedruckt werden.

Die gesetzliche Aufbewahrungsfrist für viele geschäftliche Unterlagen beträgt mindestens zehn Jahre. Elektronische Archivsysteme müssen darum für derart langfristige und umfangreiche Speicherungen konzipiert sein und folgende Anforderungen erfüllen:

- Jedes Dokument muss unveränderbar archiviert werden.

- Es darf kein Dokument auf dem Weg ins Archiv oder im Archiv selbst verloren gehen.

- Jedes Dokument muss auffindbar sein, und es muss genau das Dokument wieder gefunden werden, das gesucht worden ist.

- Kein Dokument darf während seiner vorgesehenen Lebenszeit zerstört werden können.

- Jedes Dokument muss in genau der gleichen Form, wie es erfasst wurde, wieder angezeigt und gedruckt werden können.

- Alle Aktionen in der Archivierung, die Veränderungen in deren Organisation und Struktur bewirken, sind so zu protokollieren, dass die Wiederherstellung des ursprünglichen Zustandes möglich ist.

- Elektronische Archive sind so anzulegen, dass ein Übertragen auf neue Plattformen, Medien, Softwareversionen und Komponenten ohne Informationsverlust möglich ist.

- Das System muss die Möglichkeit bieten, die gesetzlichen Bestimmungen hinsichtlich Datensicherheit und Datenschutz über die Lebensdauer des Archivs sicherzustellen.

Digitale Dokumente werden nicht nur archiviert, mit ihnen wird vermehrt auch gearbeitet. Elektronische Archive wurden in den letzten Jahren immer mehr zu **Dokumentenmanagementsystemen (DMS)** ausgebaut. DMS ermöglichen die Verwaltung von Dokumenten innerhalb von Organisationseinheiten eines Unternehmens. Ziel ist die vollständige und dauerhafte Konvertierung aller Dokumente in digitalisierte Form, sodass alle Dokumente unabhängig von ihrer Quelle und ursprünglichen Verarbeitungsform am Computer eingesehen und bearbeitet werden können.

Bei der heutigen Informationsflut müssen ohne Einsatz eines DMS folgende Nachteile in Kauf genommen werden:

- aufwendiges Suchen nach zum Teil mehrfach an verschiedenen Orten abgelegten Dokumenten (analog oder digital)

- Medienbrüche im Informationsfluss, d. h., die Informationen liegen in einem Arbeitsablauf nicht in einheitlicher Form vor, sondern zum Teil analog und zum Teil digital

- lange Durchlaufzeiten bei Administration und Produktion von Aufträgen

- nicht durchschaubare Geschäftsprozesse

Hybride Langzeitarchive

Die Dokumente werden parallel zur digitalen Erfassung (Scannen) zusätzlich mikroverfilmt. Die Verwaltung der Scans und Mikrofilmbilder erfolgt in einer Datenbank. So können die Vorteile der digitalen Archivierung (einfache und schnelle Recherche mit Indexbegriffen, gesuchte Dokumente werden vom zentralen Archivserver an den Arbeitsplatz übermittelt) mit denen des Mikrofilms (wirtschaftlichstes und technisch sicherstes Archivmedium) kombiniert werden.

8.6 Richtlinien für die Zulieferung und Ausgabe von Akten

Ein Archiv oder eine Registratur funktionieren nur, wenn im Betrieb genaue Richtlinien vorhanden sind. So müssen folgende Punkte geregelt sein:

Zulieferung/Speicherung

1. Pflicht zur Ablieferung/Speicherung
   (Welche Dokumente müssen wann und wo abgelegt/gespeichert werden?)

2. Aufbewahrungsdauer

3. Geheimhaltungsstufe

4. Suchbegriff/Index auf dem Schriftstück

5. Verantwortlich für die Zulieferung/Speicherung

Ausgabe der Dokumente

1. Bezugsberechtigung/Zugriffskontrolle

2. Form des Bezugs (z. B. Ausgabe gegen Quittung)

3. Benützungsdauer

4. Weitergabe (Dürfen oder sollen die Unterlagen weitergegeben oder in Zirkulation gesetzt werden?)

5. Art und Kontrolle der Rückgabe

8.7 Vernichten von Akten

Akten, die in der Ablage nicht mehr benötigt werden, sollen tatsächlich vernichtet werden und nicht an einem anderen Ort aufbewahrt oder gar einfach der Müllabfuhr übergeben werden. Für das richtige Aussortieren sind die Chefs der einzelnen Abteilungen verantwortlich. Kleine Papiermengen können in Aktenvernichtern geschnitzelt werden. Bei grossem Aktenanfall kann eine Spezialfirma beigezogen werden. Diese verfügt über leistungsfähige Reisswölfe und optimale Sicherheitseinrichtungen. Abschliessbare Metallbehälter werden zur Verfügung gestellt, um die alten Akten direkt in den Archiven in Empfang zu nehmen. Unter Verschluss werden die Akten in geschlossenen Fahrzeugen zu den Reisswolfbetrieben geführt. Dort wird sämtliches Datenmaterial noch am selben Tag zerkleinert, durchmischt und verpresst. Dies geschieht in der Regel unter Videoüberwachung, auf Wunsch sogar unter Aufsicht von Personal des Kunden.

Auch die sichere und umweltgerechte Vernichtung von Datenträgern oder Mikrochips soll durch eine Spezialfirma ausgeführt werden.

Verfassen Sie zu folgenden Fragen mit dem Textverarbeitungsprogramm einen übersichtlich gestalteten kurzen Bericht (Umfang: maximal eine Seite).

Aufgabe 57

▶ Wie ist in Ihrem Lehrbetrieb die sichere Vernichtung von vertraulichen und personenbezogenen Akten/Daten geregelt?

▶ Wie werden nicht mehr gebrauchte oder defekte Datenträger entsorgt?

Daten verlangen verantwortungsbewusstes Handeln

9

9.1 Begriffe

▶ Datenschutz

Datenschutz bedeutet Schützen von (personenbezogenen) Informationen vor unberechtigtem Zugriff, missbräuchlicher Verwendung, unerlaubter Weitergabe sowie Verfälschung.

▶ Datensicherheit

Datensicherheit umfasst alle Massnahmen, um die gespeicherten und gesammelten Informationen vor Zerstörung oder Verlust zu schützen.

In der Datenverarbeitung wird auch der Verarbeitungsprozess in diesen Begriff miteinbezogen und von der «Sicherheit der Informationsverarbeitung» gesprochen; diese umfasst folgende Ziele:

- Die Systeme und Daten müssen verfügbar sein, wenn sie benötigt werden.
- Die Programme und Daten müssen gültig und korrekt sein.
- Die Programme und Daten müssen dem Zugriff Unbefugter entzogen sein.

▶ Bearbeiten von Daten

Jeder Umgang mit Personendaten, unabhängig von den angewandten Mitteln und Verfahren, gilt gemäss Artikel 3e des Datenschutzgesetzes als Bearbeiten von Daten. Darunter fällt insbesondere das Beschaffen, Aufbewahren, Verwenden, Umarbeiten, Bekanntgeben, Archivieren oder Vernichten von Daten. Artikel 4 legt zudem fest, dass Personendaten nur zu dem Zweck bearbeitet werden dürfen, der bei der Beschaffung angegeben wurde, der aus den Umständen ersichtlich oder gesetzlich vorgesehen ist.

▶ Datenschutzgesetze

Die Datenschutzgesetze haben ihren Ursprung in den 70er-Jahren. Sie sind eine Reaktion auf die Verbreitung der Grosscomputersysteme. Die datenschutzrechtlichen Bestimmungen müssen aber nicht nur bei der elektronischen Datenverarbeitung beachtet werden; sie gelten auch für herkömmlich gespeicherte Informationen in Karteien, Registraturen und Archiven. Artikel 28 ZGB regelt die Verletzung der Persönlichkeitsrechte. Im Bundesgesetz über den Datenschutz werden folgende Verletzungsfälle aufgeführt:

- das unrechtmässige Beschaffen von Daten
- die Bearbeitung gegen Treu und Glauben
- die unverhältnismässige oder zweckwidrige Datenbearbeitung
- das Bearbeiten unrichtiger Daten
- die persönlichkeitsgefährdende Bekanntgabe ins Ausland
- die ungenügende Datensicherheit
- das Bearbeiten gegen den Willen der betroffenen Person
- die Bekanntgabe besonders schützenswerter Personendaten an Dritte
- die Bekanntgabe von Persönlichkeitsprofilen an Dritte

9.2 Massnahmen zum Datenschutz

Die Datenschutzbeauftragten der Kantone Zürich und Basel-Landschaft empfehlen folgende Massnahmen, um die Verantwortung für Datenschutz und Datensicherheit wahrnehmen zu können (aus www.datenschutz.ch):

- **Verwehren Sie Unbefugten den Zugriff**
  Wenn unbefugte Personen auf eine Aktenablage, ein System oder auf Anwendungen zugreifen können, sind immer auch Daten gefährdet. Diese können eingesehen, manipuliert oder gelöscht werden. Schutz dagegen bieten Passwörter und Zutrittskontrollen zu EDV-Anlagen, Registraturen und Archiven.

- **Sichern Sie Daten korrekt**
  Probleme bei Hard- oder Software, Viren, Bedienungsfehlern, Ereignissen wie Brand oder Wassereinbruch können Daten beschädigen, zerstören oder den Zugriff darauf verunmöglichen. Im Schadensfall ist ihre Wiederherstellung häufig der teuerste Teil der «Aufräumarbeiten» – und überhaupt nur möglich, wenn sie zuvor gesichert worden sind.

- **Löschen Sie Daten vollständig**
  Mit Befehlen wie «Delete», «Löschen» oder «QuickFormat» vernichten Sie Dateien nicht definitiv, und Datenträger werden unvollständig formatiert. Dateien, die auf solche Weise «gelöscht» wurden oder sich auf so formatierten Datenträgern befinden, können wieder hergestellt und missbräuchlich verwendet werden.

  Auch Papierdokumente und Datenträger wie beispielsweise CDs, welche personenbezogene oder vertrauliche Daten enthalten, müssen mit einem Büro-Schredder korrekt vernichtet werden und dürfen nicht einfach der Papiersammlung oder der Müllabfuhr übergeben werden.

  Wer einen PC verkaufen, verschenken oder entsorgen will, muss darum auch aus Datenschutzgründen unbedingt darauf achten, dass heikle persönliche oder geschäftliche Daten unwiederbringlich vernichtet sind. Dies gilt insbesondere, weil auch Daten Dritter (Kunden, private Kontakte, Korrespondenz) betroffen sein könnten, diese müssen mit einer sogenannten Shredder- oder Wipe-Software entfernt werden. Dabei werden die zur endgültigen Beseitigung vorgesehenen Dateien mit beliebigen Datenmustern mehrfach und nach verschiedenen Methoden überschrieben. So werden Privatsphäre und Geschäftsgeheimnisse wirkungsvoll geschützt.

- **Bewahren Sie Ihr System vor Viren**
  Computerviren sind Programme, die Systeme befallen und die Sicherheit von Daten gefährden. Sie können über Datenträger, über Dokumente und Anhänge von E-Mails oder über Dateien, die vom Internet heruntergeladen werden, ins System gelangen. Viren können Dateien löschen, Festplatten formatieren oder andere gravierende Schäden anrichten.

- **Verbessern Sie die Sicherheit im E-Mail-Verkehr**
  Ein E-Mail kann, insbesondere bei der Übermittlung via Internet, verloren gehen, an eine falsche Adresse gelangen oder von Dritten eingesehen und manipuliert werden. Absender und Inhalte können gefälscht oder verfälscht sein. Viren können transportiert und andere schädliche Programme in Ihr System eingeschleust werden.

- **Optimieren Sie die Sicherheit bei der Nutzung des Internets**
  Die Nutzung des Internets birgt die Gefahr in sich, dass Informationen von Dritten verfolgt und eingesehen werden können. Das Kommunikationsverhalten – wann kommuniziert wer mit wem? – und die übertragenen Daten werden im Internet an unzähligen Stellen aufgezeichnet und können ohne das Wissen der Betroffenen weiterverwendet werden.

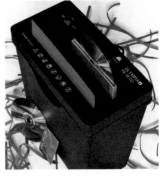

Missbrauch und Datenspionage werden mit einem Shredder, welcher Papier, CDs und Kreditkarten sicher vernichtet, verhindert.

- **Verhalten Sie sich sicherheitsbewusst am Arbeitsplatz**

  Unbeaufsichtigte Arbeitsplätze und Computer ziehen neugierige Blicke an und laden zum Datenmissbrauch ein. Auch unter vermeintlich sicheren Betriebssystemen können gespeicherte Daten ohne Passwort eingesehen werden, sofern sie nicht verschlüsselt angelegt worden sind. USB-Sticks, Speicherkarten, Disketten, Wechsellaufwerke und Backupmedien werden zur leichten Beute. Leichtsinn und Unachtsamkeit sind Ursprung vieler Gefahren und ihre engsten Verbündeten.

- **Schützen Sie Ihre Daten unterwegs**

  Notebooks sind bequeme Begleiter für unterwegs oder für die Arbeit zu Hause. Unbeaufsichtigte oder vergessene Notebooks sind aber auch beliebte Objekte von Diebstählen. Dadurch gehen nicht nur Sachwerte verloren. Es können auch sensible Daten in unbefugte Hände geraten. Letzteres kann bereits geschehen, wenn Sie unterwegs arbeiten und nicht verhindern, dass Drittpersonen auf Ihrem Bildschirm mitlesen können.

  Durch die rasche Verbreitung des Kurzstreckenfunks Bluetooth und W-Lan-Funk in Notebooks, Taschencomputern und Handys wächst das kriminelle Interesse an diesen Techniken. Ungeschützte Mobiltelefone bieten beispielsweise die Möglichkeit, in grössere Datennetze einzudringen. Viele Menschen nutzen ihre Handys als digitale Assistenten und synchronisieren Terminkalender, Kontaktlisten und E-Mails mit ihrem Bürocomputer. So kann ein auf dem Handy verstecktes Virus in ein Firmennetzwerk eingeschleust werden, um dort Informationen auszuspähen und Rechner unbemerkt unter fremde Kontrolle zu bringen. Aus diesem Grunde sollten Handynutzer Bluetooth auf ihren Geräten in der Öffentlichkeit ausschalten.

- **Funknetz dicht machen**

  Beim kabellosen Internetzugang über das heimische WLAN-Netz werden Sicherheitsmassnahmen oft ausser Acht gelassen. Aus ungeschützt übertragenen Funkpaketen können persönliche Daten wie Login-Informationen und Passwörter ausgespäht werden. Zudem lassen sich offene Internetzugänge über ungesicherte WLAN-Netze für beliebige Zwecke missbrauchen, etwa für das Herunterladen von illegalen Inhalten oder den Massenversand von Spam. Wer das nicht will, ergreift – am besten unter Inanspruchnahme einer fachlichen Hilfe – einige Sicherheitsmassnahmen (u. a. Abänderung Standardpasswort; Verschlüsselung nach dem WEP- oder WPA-Standard; bestimmen, welche Geräte auf das Netz zugreifen können).

Besuchen Sie die Website www.datenschutz.ch und starten Sie das Lernprogramm Sicherheit. Beantworten Sie anschliessend folgende Fragen:

Aufgabe 58

▶ Warum sollten Sie Ihre Daten auf dem Server ablegen, wenn Ihr PC an einem lokalen Netzwerk angeschlossen ist?

▶ Viren können Ihre Daten zerstören. Nennen Sie vier Massnahmen, welche Ihre Programme und Daten vor der Zerstörung durch Viren bewahren sollen.

▶ Passwörter bieten Schutz vor unberechtigtem Zugriff auf ein System oder Anwendungen. Welche sechs Punkte beachten Sie, damit Ihr Passwort einen wirklichen Schutz bietet?

Sie müssen für den Jugendschwimmklub Thunersee eine Mitgliederdatenbank erstellen. Welche Angaben dürfen Sie von Ihren Mitgliedern erfassen?

Aufgabe 59

- Name
- Wohnort
- E-Mail-Adresse
- Beruf der Eltern
- Einkommen der Eltern

- Vorname
- Telefon P
- Schwimmkenntnisse
- Geburtsdatum
- Unfallversicherung

- Strasse
- Telefon G
- Religion
- Nationalität
- Mitgliedschaft in anderen Jugendgruppen

- Schule/Lehrbetrieb
- Muttersprache
- Gesundheit

▶ Begründen Sie, wieso Sie nicht alle Angaben in der Mitgliederdatenbank erfassen dürfen.

▶ Sie möchten Auskunft erhalten, welche persönlichen Informationen von Ihnen in einer Datensammlung gespeichert sind. In welcher Form müssen Sie Ihre Anfrage an die verantwortliche Stelle richten? Hinweise finden Sie auf der Website des Eidgenössischen Datenschutz- und Öffentlichkeitsbeauftragten www.edoeb.admin.ch, Häufige Fragen, Datenschutz, Allgemeines.

Aufgabe 60 Lesen Sie den folgenden Zeitungsartikel und beantworten Sie die Fragen.

Die zunehmende Banalisierung bei der Anwendung der neuen Technologien

Hanspeter Thür
Eidgenössischer Datenschutzbeauftragter
Rede vom 1. Juli 2005

Die Technologie entwickelt sich laufend weiter und stellt die Datenschützer immer wieder vor neue Probleme. Neue Technologien wecken zunächst immer den Eindruck, damit könnten bestehende Risiken vermindert und mehr Sicherheit garantiert werden. Das ist jedoch nur eine Seite der Medaille. Bereits ist es technisch denkbar, miniaturisierte RFID-Chips mit einfachen Mitteln – zum Beispiel Wasserwerfern – im grossen Stil zu verbreiten. Mit diesen staubkorngrossen Chips, die an der Person hängen oder sogar durch die Atemwege im Körper bleiben, könnten in Zukunft Menschenansammlungen besser kontrolliert werden. Es wird nur eine Frage der Zeit sein, bis auch kriminelle Gruppen solche Chips bei ihren Opfern anbringen, um sie haargenau lokalisieren zu können.

Chipimplantate zur Identifikation von Personen geraten immer mehr in Mode: Die amerikanische Firma ADS (Applied Digital Solution) beispielsweise vertreibt weltweit einen miniaturisierten reiskorngrossen Chip, der, in Menschen implantiert, diese automatisch identifizieren kann. Nach Bedarf können Krankheitsgeschichte, Strafregisterauszug, Kreditwürdigkeit usw. auf den Chip geladen werden. Propagiert wird es als Identifikationsmittel, das weder verloren, verlegt noch gestohlen oder gefälscht werden kann. Angesichts des Bedürfnisses nach fälschungssicherer Identifikation ist nicht daran zu zweifeln, dass sich diese Anwendung in den nächsten Jahren ausdehnen wird. Kehrseite der Medaille: Als Preis angeblich immer sicherer Identifikationsmethoden wird die körperliche Integrität des Menschen zunehmend gefährdet. Denn Verbrecher machen bei der Verfolgung ihrer Ziele vor der körperlichen Integrität des Menschen nicht Halt! In Asien ist ein Beispiel bekannt, wo einem Autobesitzer, dessen Auto nur mit dem Fingerprint in Betrieb gesetzt werden konnte, kurzerhand der Finger abgeschnitten wurde. Ein weiteres Beispiel für einen pervertierten Einsatz von Chipimplantaten: In Spanien bestückte ein Nachtclub seine Kunden im Oberarm mit solcher Elektronik mit dem zusätzlichen Argument, auf diese Weise könnten die Konsumationen automatisch auf dem Konto abgebucht werden!

Diese Beispiele zeigen: Die Banalisierung der Anwendung neuer Technologien kennt kaum Grenzen und generiert zusätzliche Gefährdungspotenziale. Mit der bald flächendeckenden Verbreitung der Videoüberwachung für alle möglichen und unmöglichen Zwecke haben wir bereits ausreichende Erfahrung. Derzeit wird der Einsatz von biometrischen Daten für alles Mögliche propagiert. Dabei ist nach wie vor zweifelhaft, ob sie in technischer Hinsicht ausreichend sicher sind! Das hindert ein Sportzentrum nicht, für den Eintritt eine biometrische Identifikation zu verlangen. In naher Zukunft wird ein Fingerabdruck den Automotor starten, ein Blick ins Lesegerät für die Augeniris wird den Zugang zur Schulkantine ermöglichen und ein System zur Gesichtserkennung wird den Ticketverkauf im Bus ersetzen – so jedenfalls stellen sich Experten der EU-Kommission das Leben in Europa des Jahres 2015 vor. Ein von ihnen vorgelegter umfangreicher Bericht sagt dem Einsatz biometrischer Daten im Privatleben, am Arbeitsplatz, in der Medizin und bei Grenzkontrollen eine grosse Zukunft voraus. Auch die RFID-Technik entwächst zunehmend den Kinderschuhen und wird in absehbarer Zeit unser Leben revolutionieren.

▶ Was bedeutet die Abkürzung RFID, und welche Vorteile und Einsatzmöglichkeiten bietet diese Technologie?

▶ Welche Risiken und Gefahren sind durch den Einsatz von RFID-Chips möglich?

▶ Der Schutz der Privatsphäre ist auch durch andere technische Entwicklungen gefährdet; statt des Gesetzgebers bestimmen oft Firmen und Industrieverbände die Spielregeln. Nennen Sie Beispiele.

9.3 Sicherung von Daten

Für die Datensicherheit sorgen Methoden und Verfahren, die den Verlust der Informationen in Datenverarbeitungsanlagen, Registraturen, Archiven oder Karteien verhindern. Fehlmanipulationen und externe Einflüsse durch die Lagerung, das Wetter oder Katastrophen können Daten vernichten.

Folgende Massnahmen sorgen für grösstmögliche Sicherheit:

- gut ausgebildetes Personal

- wiederholte Zwischenspeicherung von Daten während der Verarbeitung

- Sicherungskopien

- Wichtige Daten auf Disketten sollten jährlich, Daten auf Bändern/Kassetten alle drei Jahre umkopiert werden.

- Wechselplatten sind beim Lesen und Schreiben mechanischen Belastungen ausgesetzt – sie sollten darum mit Scandisk oder Norton Disk Doctor auf ihre Funktionstüchtigkeit überprüft werden.

- Festplatte aufräumen: temporäre Internetdateien, Papierkorb, temporäre Dateien, nicht mehr benötigte Daten und Programme regelmässig löschen und Festplatte defragmentieren.

- Vorsicht beim Transport und bei der Lagerung der Datenträger: Elektromagnetische Strahlungen, Hitze, Sonneneinstrahlung, Feuchtigkeit oder übermässiger Staub zerstören die Daten!

- Rückfragen durch das Anwenderprogramm vor entscheidenden Arbeitsschritten

- Beim Umstellen auf neue oder andere Programmversionen müssen die bestehenden Dateien ins neue Format konvertiert werden – dies gilt besonders für Multimediadaten, bei denen noch kein Standard existiert.

- Regelmässiger Einsatz von Virenscannern

- Notstromaggregate und unterbruchsfreie Stromversorgungsanlagen (USV) schützen Anwendungen, die weder Spannungseinbruch noch -unterbruch vertragen.

- Gegen Überspannungen (extrem hohe Spannungen während sehr kurzer Zeit – Millionstelsekunden) schützen Netzfilter.

- Brandschutzanlagen

- Klimaanlagen

- Installation von Zweitanlagen und RAID-Systemen (Redundant Array of Independent Disks). Ein RAID-System kann Daten auf mindestens einer weiteren Festplatte nochmals ablegen.

Über Speicherung und Sicherung der Daten sowie Schutz vor Viren und anderen schädlichen Programmen finden Sie ausführliche Hinweise im Modul «Grundlagen der Informatik», Kapitel 5 (Datensicherung) und Kapitel 6 (Sicherheit).

Aufgabe 61

Welche Vorkehrungen treffen Sie, um Ihre privaten Dokumente, Dateien, Datenträger und Ihre PC-Anlage vor Verlust oder Zerstörung zu schützen?

Dokumente

_____

_____

_____

_____

Dateien

_____

_____

_____

_____

Datenträger

_____

_____

_____

_____

PC

_____

_____

_____

_____

Glossar
Stichwortverzeichnis

10

Adressbuch	Immer mehr setzen sich durch die Verbreitung elektronischer Medien digitale Adressbücher durch. Diese werden innerhalb von Standard-Programmen wie Outlook oder in Datenbanken gespeichert. Der Abgleich mit Mobiltelefon, Organizer oder PDA ersetzt ein Adressbuch auf Papier.
ADSL	Siehe → DSL.
Akku	Abkürzung für Akkumulator, einem Gerät, das elektrische Energie speichert und zum Beispiel ans Handy abgibt.
Aktiver Inhalt	Material auf einer Webseite, das sich im Laufe der Zeit oder in Reaktion auf eine Benutzeraktion ändert, beispielsweise eine Wetterkarte oder ein Börsenticker. Aktiver Inhalt wird mithilfe von Active-X-Steuerelementen, VBScripts, Java-Scripts und Java-Applets bereitgestellt, die in den → HTML-Code eingefügt wurden, der die Seite definiert.
Analoge Endgeräte	Endgeräte, die Sprache oder andere Informationen analog übertragen, z. B. Telefon, Faxgerät, Anrufbeantworter oder Modem.
Analoge Sprachübertragung	Für die Übermittlung von Sprache über das Telefon werden akustische Schwingungen in kontinuierliche elektrische Signale umgewandelt, die über ein Leitungsnetz übertragen werden. (→ Digitale Sprachübertragung)
Anhang	Dateien verschiedenster Art können an eine E-Mail angehängt und mit dieser versandt werden.
Anklopfen	Ein Signalton meldet während eines Gesprächs, wenn ein weiterer Gesprächspartner anruft. ISDN-Telefone signalisieren dies zusätzlich mit einer Displaynachricht.
Anruferidentifikation	Anzeige von Rufnummer, Name oder Verbindungsart (z. B. intern) des Anrufers auf dem Display.
Anrufsperre	Verhindert die Wahl von bestimmten Rufnummern.
App	Anwendungsprogramm auf digitalen Geräten – Kurzform des englischen Wortes «application» (deutsch: Anwendung).
Attachment	Datei-Beilage zu einem E-Mail → Anhang
Aufgaben	Outlook bietet die Möglichkeit, Aufgabenlisten zu erstellen, Aufgaben mit Prioritäten zu versehen, sie nach Kategorien zu ordnen sowie Mitarbeitern zuzuweisen. Das zugrundeliegende Prinzip ist das einer To-do-Liste, auf der man die erledigten Aufgaben einfach abhaken kann.
b	Abkürzung für → Bit
B	Abkürzung für → Byte (8 Bit)
BAKOM	Abkürzung für Bundesamt für Kommunikation; 1992 gegründet. Das BAKOM betreut und überwacht Radio und Fernsehen, Telekommunikationsdienste sowie das gesamte Funkwesen und die Fernmeldeanlagen.
Bandbreite	Masseinheit für die Übertragungskapazität einer Leitung, d. h. der Frequenzbereich, der für die Datenübertragung zur Verfügung steht; wird auch als Datenrate oder Datendurchsatz bezeichnet; siehe auch → bit/s.
Basisanschluss	Siehe → ISDN-Basisanschluss.
BeeTagg	2-D-Code, der mit einer einfachen Handykamera gelesen werden kann.

Bildtelefonieren	Kommunikationsart, bei der die Teilnehmer nicht nur akustisch miteinander kommunizieren, sondern auch in direktem Blickkontakt miteinander stehen.
Bit	Abkürzung für Binary Digit. Kleinste Informationseinheit in der Computertechnik. Signale werden in den logischen Zuständen 0 und 1 (Ja oder Nein) dargestellt.
bit/s	Masseinheit für die Geschwindigkeit, mit der bits übertragen werden. Englisch oft mit bps abgekürzt.
Blog	Öffentliches Onlinetagebuch; im Blog können Erfahrungen, Ideen und Gedanken ausgetauscht werden.
Bluetooth	Die Funktechnologie Bluetooth bietet Geräten über Distanzen von 10 bis 100 Metern die Möglichkeit der Vernetzung und der Übertragung von Sprache und Daten. Ersetzt Kabel, Funktelefone mit DECT und die auf freie Sicht angewiesene → Infrarotschnittstellen.
Bore-out	Die Arbeit langweilt, unterfordert und ist uninteressant; irgendwann resigniert die betroffene Person und erkrankt im schlimmsten Falle. Falscher Beruf oder zu wenige Aufgaben können die Ursache sein. Der Begriff Bore-out wurde von P. Rothlin und P. R. Werder geschaffen, ihre Theorie ist allerdings nicht unumstritten.
Breitbandübertragung	Die Daten mehrerer Nutzer (genannt Datenkanäle) werden auf einem Übertragungsmedium gemeinsam übertragen. ADSL benützt zum Beispiel die Telefonleitung.
Browser	Computerprogramm zum Surfen auf dem → WWW.
Byte	Ein Byte ist die kleinste adressierbare Speicherstelle. Es besteht aus 8 Bits. Da ein Bit zwei Zustände einnehmen kann, ermöglicht ein Byte (2^8) 256 Kombinationen und damit die Darstellung von 256 verschiedenen Zuständen oder Zeichen.
Checkliste	Aufzählung von Kontrollmassnahmen vor einer Aktion.
Code	Unter einem Code wird eine Vorschrift verstanden, in der Symbole einer Darstellung in solche einer anderen übertragen werden. Beispielsweise stellt der Morsecode eine Übertragungsvorschrift zwischen Buchstaben und einer Abfolge kurzer und langer Tonsignale her. Ein Code kann aus Daten, Ziffern, Zeichen, Buchstaben oder anderen Informationsträgern bestehen.
Cookie	Informationen, die Internetserver auf dem Computer des Surfers speichern und die bei erneuten Besuchen der Website abgerufen werden. Internetserver können Cookies dazu verwenden, persönliche Informationen und Vorlieben zu speichern, sodass diese nicht bei jedem Besuch der Website erneut eingegeben werden müssen. Allerdings kann mithilfe von Cookies auch überwacht werden, wann eine Website besucht wurde und welche Seiten aufgerufen wurden. Diese Informationen können unter Umständen an andere Internetserver, beispielsweise Werbeserver, weitergegeben werden.
Combox	Anrufbeantworter-Service
Cracker, Cyberpunk	Jemand, der den unbefugten Zugriff auf Computer anderer Personen versucht und dabei beabsichtigt, Informationen aus diesen Computern abzurufen oder sie zu beschädigen.
Datei	Summe von zusammengehörenden Daten, die auf einem Datenträger gespeichert sind. Durch die Bezeichnung mit einem Dateinamen können diese Daten auch wieder als Einheit abgerufen werden.
Daten	Jegliche Art von → Informationen, sowohl in analoger als auch in digitaler Form.
Datenbank	Speicher, der eine grosse Menge Daten eines Sachgebietes enthält. Sie werden nach bestimmten Gesichtspunkten strukturiert und sind nach verschiedenen Selektionskriterien abrufbar.

Digitale Sprachübertragung	Durch die international genormte Puls Code Modulation (PCM) werden analoge Sprachsignale in einen digitalen Impulsstrom von 64000 bit/s umgewandelt. Vorteile: bessere Sprachqualität und geringere Störanfälligkeit bei der Übertragung (→ analoge Sprachübertragung).
DIN	Deutsches Institut für Normung
DNS	Abkürzung für Domain Name Service, Server oder System. DNS ist ein dezentraler Dienst, der Rechnernamen bzw. Internetadressen im Klartext (z. B. www.glossar.de) und IP-Adressen (z. B. 209.204.209.212) einander zuordnet.
Dokumentation	Sammlung, Auswertung und Nachweis von Dokumenten aller Art zur Information über den Stand der Erkenntnisse und Erfahrungen.
Dokumentenmanagementsystem (DMS)	System, das sich mit der Digitalisierung, Speicherung und dem Wiederauffinden von Dokumenten (d. h. digitalen Schriftstücken) beschäftigt. Für das Unternehmen sollen eine Reduzierung der Archivierungsmenge, eine Beschleunigung der Geschäftsprozesse und eine Erhöhung der Produktivität erreicht werden.
Download	Datentransfer bei Onlineverbindungen, wobei Dateien von einem anderen PC oder einem Datennetzserver in den eigenen PC «geladen» werden, um sie dort weiterzuverwenden.
dpi	Abkürzung für dots per inch = Punkte je Zoll. Masseinheit für die Auflösung von Druckern und Faxgeräten. Je höher die Auflösung, desto gleichmässiger und hochwertiger werden die Abbildungen. Faxgeräte arbeiten mit einer Auflösung von bis zu 200 dpi, Laser- und Tintenstrahldrucker mit einer Auflösung von bis zu 1200 dpi.
DSL (ADSL, VOSL)	Abkürzung für (Asymmetric) Digital Subscriber Line. Nutzt brachliegende Kapazitäten des bereits bestehenden Telefonkupferkabels für den → breitbandigen Zugang zum → Internet. DSL teilt den Kupferdraht der Telefonleitung digital in drei unterschiedlich grosse Bereiche: zwei für den Datentransport und einen zum Telefonieren. «Asymmetric» deshalb, weil Hin- und Rückkanal jeweils unterschiedlich grosse Datenmengen transportieren können. • Beim Surfen im Internet müssen typischerweise nur geringe Informationsmengen (meist Adressen von Webseiten) an den Provider übermittelt werden («uploaden»/«Upstream»). Dies geschieht über den «kleineren» Rückkanal. • Die umfangreichen multimedialen Inhalte mit Bildern, Animationen usw. fliessen mit hoher Geschwindigkeit (bis zu 8 Megabit bei ADSL und 33 Megabit bei UDSL) durch den «grösseren» Hinkanal ins Haus («downloaden»/«Downstream»).
ECM	Abkürzung für Error Correction Mode. Korrekturmodus für die fehlertolerante Übertragung zwischen Faxgeräten. Im ECM-Modus werden Übertragungsfehler (z. B. durch schlechte Leitungen) reduziert, sofern auch die Gegenstelle für ECM-Betrieb eingerichtet ist.
EDGE	Abkürzung für Enhanced Data Rates for GSM Evolution. Auf → GSM-Netzen kann mit dieser Technik eine höhere Datenübertragungsrate (bis zu 220 Kbps) realisiert werden als mit den üblichen → GPRS-Standards, welche bei 40 Kbps liegen. Vorteil dieser Technik ist u. a., dass auch in Gebieten höhere Übertragungsraten möglich sind, die nicht oder nur unzureichend mit → UMTS abgedeckt sind.
Elektrosmog	Elektrosmog kann aus niederfrequenten Magnetfeldern (z. B. Trafo, Sicherungskasten, Fernseher), niederfrequenten elektrischen Feldern (wie Nachttischlampe, Staubsauger) oder Hochfrequenz (z. B. UKW, Funk, Natel, Radar) bestehen. Die Felderarten treten gemeinsam oder auch alleine auf und können Schädigungen bei Mensch und Natur anrichten.
E-Mail	Abkürzung für Electronic Mail (elektronischer Postdienst). Per E-Mail werden Nachrichten, Texte und Dateien nach dem Prinzip der Briefpost versendet und empfangen. E-Mail gehört zu den am häufigsten verwendeten Internetdiensten.

Endgerät	Gerät, das am Anfang oder Ende einer nachrichtentechnischen Verbindung steht (z. B. Telefonapparat, Telefax, Personal Computer, Radio).
Ergonomie	Die Ergonomie ist eine interdisziplinäre Wissenschaft über die Wechselwirkungen zwischen dem Menschen und seinen Arbeitsbedingungen. Hauptziel der Ergonomie ist es, die Arbeit und die Arbeitsbedingungen den Menschen anzupassen.
Fax	Kurzform für Telefax. Überträgt Texte, Grafiken und Dokumente über das Telefonnetz. Faxgeräte sind entweder für das analoge Netz ausgelegt (Fax Gruppe 3; maximale Übertragungsrate von 9600 bzw. 14400 bit/s) oder arbeiten im ISDN (Fax Gruppe 4; Übertragungsrate 64000 bit/s).
Faxspeicher	Das Faxgerät «merkt» sich eingehende Faxseiten und auch eigene Vorlagen und ermöglicht so den späteren Ausdruck und vereinfacht das Rundsenden.
Faxweiche	Erforderlich beim Betrieb von Fax und Anrufbeantworter/Telefon an einem Telefonanschluss. Es gibt zwei Weichentypen: Aktive Weichen nehmen den Anruf entgegen und erkennen ein Fax am Faxton. Passive Weichen treten erst in Aktion, wenn ein Anrufbeantworter oder Telefon die Verbindung übernommen hat. Erkennen sie dann den Faxton, wird der Anruf vom Faxgerät angenommen.
Fernabfrage	Anrufbeantworterfunktion. Aus der Ferne können Nachrichten abgehört werden, meist in Verbindung mit den Möglichkeiten wie Nachrichten löschen oder Ansagen ändern.
Ferndiagnose, Fernwartung	Einige Endgeräte und Telefonanlagen werden via Telefonleitung betreut und gewartet. Spart in vielen Fällen den Einsatz eines Servicetechnikers vor Ort.
Firewall	Ein Sicherheitssystem, das mithilfe von Regeln Verbindungen und Datenübertragungen zwischen dem Computer und dem → Internet zulässt oder blockiert.
Freecall	Für den Anrufer kostenfreie Rufnummern.
Freisprechen	Ermöglicht freihändiges Telefonieren bei Telefonen mit eingebautem Mikrofon und Lautsprecher. Weitere Personen im Raum können so am Gespräch teilnehmen.
FTP	Das File Transfer Protocol dient zu Übertragung von Dateien im → Inter-/Intranet und in Netzwerken.
Gateway	Übergang zwischen verschiedenen Netzen.
Geschäftsprozess	→ Prozess
GPRS	Abkürzung für General Packet Radio Service; Mobilfunk-Übertragungsstandard, der Daten zum Versand in einzelne Pakete unterteilt, die dann beim Empfänger wieder zusammengesetzt werden.
Graue Energie	Energieanteil, der zur Herstellung eines Produktes nötig ist.
GSM	Abkürzung für Global System for Mobile Communications. Internationaler Standard für den digitalen Mobilfunk.
Hacker	Jemand, der den unbefugten Zugriff auf Computer anderer Personen versucht und dabei beabsichtigt, Informationen aus diesen Computern abzurufen oder sie zu beschädigen.
Halten einer Verbindung	Ein Telefongespräch auf Wartestellung schalten, ohne die Verbindung zu verlieren (→ Rückfragen, Makeln).
Handy	Ein Mobiltelefon im deutschsprachigen Raum. Das Wort kommt nicht aus dem Englischen, sondern ist eine Erfindung der Industrie.

Hardware	Zusammenfassende Bezeichnung für alle elektronischen, elektromechanischen und mechanischen Bauteile eines Systems.
Haustelefonzentrale	Zentrale, die Verbindungen in einem privaten Netz und zwischen diesem und dem öffentlichen Fernmeldenetz vermittelt. Siehe auch ➝ TVA.
Holzschliff (Holzstoff)	Fichten- und Tannenhölzer werden in der Schältrommel entrindet und in Stetigschleifern mit Zugabe von Wasser mechanisch zerfasert. Auch Resthölzer aus Sägereien und Hackschnitzer werden genutzt. Dieser Faserrohstoff wird vor allem für die Produktion von kurzlebigen Papieren (wie Zeitungspapier) verwendet.
Homepage	Haupt- oder Einstiegsseite innerhalb des World Wide Web (➝ WWW), mit der sich Organisationen, Unternehmen und Privatpersonen im Internet darstellen.
Hotspot	Drahtloser, schneller Internetzugang per ➝ WLAN. Wird in Bahnhöfen, Flughäfen, Hotels oder Restaurants eingesetzt und ist meistens kostenpflichtig.
HSCSD	Abkürzung für Highspeed Circuit Switched Data. Ermöglicht eine höhere Datenübertragung im GSM-Netz, indem zwei oder mehr Sprachkanäle gebündelt werden. Mit entsprechenden Handys können Daten mit bis zu 53,6 Kbit/s übertragen werden.
HSPA	Abkürzung für High Speed Packet Access. Übertragungsverfahren des Mobilfunkstandards UMTS; ermöglicht die schnelle Übertragung grosser Datenmengen (Spiele, Filme usw.) zwischen Basisstation und Mobilfunkgerät.
HTML	Abkürzung für Hypertext Markup Language. Programmiersprache zur Erstellung von Dokumenten im World Wide Web (➝ WWW). In Textdateien eingefügte Codes teilen dem Webbrowser mit, wie die in der Webseite enthaltenen Wörter und Bilder dem Benutzer präsentiert werden sollen, und definieren ➝ Hypertext-Links zwischen Dokumenten.
HTTP	Abkürzung für Hypertext Transfer Protocol. Bezeichnung für das Kommunikationsprotokoll im World Wide Web (➝ WWW).
HTTPS	Abkürzung für Hypertext Transfer Protocol Secure. Eine Variante von ➝ HTTP, bei der Daten mithilfe von Verschlüsselung gesichert übertragen werden.
HUB	Knotenpunkt von Leitungen in einem sternförmig angelegten Netzwerk. Auch mehrere USB-Geräte werden in der Regel über einen oder mehrere HUB an einem Computer angeschlossen.
Hypertext	Hypertext besteht aus Dokumenten, in denen Verbindungen zu anderen Dokumenten eingebaut sind, sogenannte ➝ Links oder auch Hyperlinks. Das Verfolgen eines Links im ➝ WWW und damit das Wechseln von einem Dokument geschieht durch Anklicken des Hyperlinks mit der Maus. Dabei spielt es keine Rolle, ob auf eine Datei des lokalen Webservers oder eines weit entfernten Servers zugegriffen wird.
ICANN	Abkürzung für Internet Corporation for Assigned Names and Numbers. ICANN koordiniert das Namensvergabesystem (➝ DNS) im Internet, regelt die Vergabe der ➝ IP-Adressen, entwickelt neue Standards für Internetprotokolle und organisiert das Rootserversystem im Netz.
IFS	Abkürzung für Intelligentes Frankiersystem.
IMAP	Abkürzung IMAP für Internet Message Access Protocol. Dieses Anwendungsprotokoll erlaubt den Zugriff auf und die Verwaltung von empfangenen E-Mails, die sich in einem Postfach auf einem Mailserver befinden.
Information	Zweckorientiertes Wissen.

Infrarotschnittstelle	Daten können mittels infraroten Lichtes über kurze Strecken (100 cm) mit Sichtverbindung übermittelt werden.
International Roaming	«Internationales Wandern». Es ermöglicht, auch im Ausland mobil zu telefonieren und unter der eigenen Mobiltelefonnummer (→ GSM) länderübergreifend erreichbar zu sein. Allerdings muss man neben den Gebühren des örtlichen Netzbetreibers zusätzlich Vermittlungsgebühren bezahlen. Deshalb sind solche Gespräche teurer als Telefone innerhalb der Schweiz.
Internet	Computernetz, das weltweit Universitäten, Unternehmen und Institutionen zum Versenden und Empfangen von Nachrichten für Diskussionsforen, Datenbankrecherchen und Datenübertragungen verbindet. Das World Wide Web (→ WWW) fasst verschiedene Internetdienste unter einer komfortablen Multimediaoberfläche zusammen. Als Kommunikationsprotokoll wird → TCP/IP eingesetzt, die Webseiten werden als HTML-Dokumente abgespeichert, und die Übertragung der HTML-Seiten übernimmt das → HTTP.
Intranet	Das Intranet ist ein Netzwerk innerhalb eines Unternehmens, welches die gleichen Technologien wie das Internet einsetzt. Intranets unterstützen den Informationsfluss innerhalb eines Unternehmens. Von jedem PC aus kann auf interne Daten zugegriffen werden, egal ob es sich um einen Windows-, Unix- oder MAC-Rechner handelt. Beispiele für Intranetanwendungen sind Telefonverzeichnisse, Firmeninformationen, Produktdokumentationen, Preislisten.
IP	Abkürzung für Internetprotokoll. IP ist der Teil des → TCP/IP-Protokolls, der Nachrichten von einem Internetstandort zu einem anderen weiterleitet.
IP-Adresse	Eine klassische IP-Adresse besteht aus vier Bytes, die durch Punkte getrennt sind – zum Beispiel 193.96.28.72. Durch diese Adresse wird ein Computer innerhalb des Internetnetzwerkes eindeutig identifiziert. An der Oberfläche werden üblicherweise Klartextnamen verwendet – so z. B. Domainnamen, wie www.bluewin.ch. Die Zuordnung von Namen zu Adressen übernimmt der → DNS-Server.
ISDN	Abkürzung für Integrated Services Digital Network, übersetzt: dienstintegrierendes digitales Netz. ISDN integriert Telekommunikationsdienste wie Telefon, Fax oder Datenkommunikation in einem Netz. Die Digitalisierung verbessert die Übertragungsqualität und erhöht die Übertragungsgeschwindigkeit gegenüber der herkömmlichen analogen Übertragung.
ISDN-Basisanschluss	Zwei Nutzkanäle (B) zu 64 kbit/s und ein Signalisierungskanal (D) zu 16 kbit/s. Bis acht Endgeräte können angeschlossen werden, und zwei Verbindungen sind gleichzeitig möglich.
ISDN-Primäranschluss	30 Nutzkanäle (B) zu 64 kbit/s und 1 Signalisierungskanal (D) zu 64 kbit/s.
ISDN-Terminaladapter	Mit dem Terminaladapter können digitale und analoge Endgeräte (wie Telefon, Fax, Anrufbeantworter) mit dem ISDN-System verbunden werden.
ISO	Abkürzung für International Organization for Standardization.
ISP	Abkürzung für Internet Service Provider (Internetdienstanbieter). Ein Unternehmen, das Einzelpersonen oder Firmen den Internetzugang bereitstellt. Die meisten ISP bieten ausserdem weitere Internetdienste an, z. B. Website Hosting.
Kalender (Outlook)	Der Outlook-Kalender ist ein vielfältiges Werkzeug zur Organisation der Termine und ist neben E-Mail die am meisten genutzte Funktion. Anderen Personen kann die Berechtigung erteilt werden, Termine einzusehen, zu planen und zu ändern. Auch kann der Terminkalender mit anderen Medien (z. B. Smartphone) synchronisiert werden.
Kanalbündelung	Mehrere ISDN-B-Kanäle können vorübergehend gekoppelt werden, damit z. B. beim Download von Dateien eine höhere Datenübertragungsrate erreicht werden kann.

Kbps	Kilobyte je Sekunde.
Kennwort	Eine Zeichenfolge, die Benutzer eingeben, um bei einem Netzwerk oder Programm ihre Identität nachzuweisen. Die sichersten Kennwörter können nicht erraten oder in einem Wörterbuch gefunden werden und enthalten eine Kombination aus Gross- und Kleinbuchstaben, Zahlen und Symbolen.
Kernkompetenz	Fähigkeiten, Qualifikationen, das Beherrschen von Wissensbeständen und Handlungsmustern, die jeder braucht, um in der modernen Arbeitswelt erfolgreich zu bestehen. Dieses Bündel wird von Personalberatern auch das persönliche Kompetenzportfolio genannt.
Kilobyte	1 Kilobyte = 2^{10} → Bytes = 1024 Bytes
Komforttelefon	→ Telefonapparat, der neben der elementaren Funktion, dem Telefonieren, zusätzliche komfortable Funktionen bietet (z. B. Abspeicherung von Rufnummern, Anrufumleitung, Wahlwiederholung, Display, Freisprecheinrichtung).
Kommunikation	Vorgang, bei dem zwischen mindestens zwei Partnern Informationen fliessen. Als Partner kommen Menschen unter sich, Menschen und Maschinen oder Maschinen unter sich in Frage. Grundlage für die Kommunikation ist die Sprache oder ein → Code, der von den beteiligten Partnern verstanden oder umgesetzt wird. Bei der Kommunikation zwischen Mensch und Maschine kommt der → Schnittstelle eine besondere Bedeutung zu. Je besser sie auf die Eigenheiten der beiden Partner ausgerichtet ist, desto einfacher läuft der Kommunikationsvorgang ab. Beim Informationsaustausch unter Maschinen sorgen → Protokolle dafür, dass Nutz- und Steuerinformationen von den Geräten gegenseitig verstanden werden.
Konferenzschaltung	Mehrere Gesprächsteilnehmer können gleichzeitig telefonieren.
Kontakte	Der Ordner Kontakte ist das E-Mail-Adressbuch und der Speicherort für Personen und Unternehmen, mit denen man kommunizieren möchte. Im Ordner Kontakte werden E-Mail-Adressen, Postadressen, Telefonnummern, Bilder und weitere Informationen zum Kontakt, wie Geburtstag oder andere Jubiläen, gespeichert.
Kurznachrichtendienst	→ SMS, Short Message Service
Lauthören	Komfortfunktion bei Telefonen mit eingebautem Lautsprecher; per Tastendruck können alle im Raum anwesenden Personen ein Telefongespräch mithören.
Link	Ein Link oder Hyperlink ist eine Verbindung innerhalb von einem oder mehreren Dokumenten. Eine Textstelle (oder auch ein Bild) enthält eine Verbindung zu einem anderen Dokument. Dazu wird die genaue Adresse des Zieldokuments bei der Textstelle (oder dem Bild) angegeben. Es sind auch Verbindungen innerhalb des gleichen Dokuments möglich.
Mail	→ E-Mail
Mailbox	Möglichkeit zum Speichern von Nachrichten; hält Mitteilungen fest, die dann abgerufen werden können.
Makeln	Komfortleistung bei ISDN und Telefonanlagen. Makeln erlaubt es, zwischen zwei externen oder internen Gesprächspartnern hin und her zu schalten, ohne dass der wartende Teilnehmer mithören kann.
Mbps	Megabyte je Sekunde.

Megabyte	1 «echtes» Megabyte = 2^{20} Bytes 2^{20} Bytes = 1 048 576 Bytes Ein Megabyte (MB) wird im Computerbereich allgemein als 2^{20} Bytes aufgefasst. Da dies jedoch nicht offiziell genormt ist, verwenden viele Hardware-Hersteller durchweg eine eigene Definition: Sie rechnen mit 1 «übliches» Megabyte = 10^{6} Bytes 10^{6} Bytes = 1 000 000 Bytes. Die Differenz zwischen «echten» und «üblichen» Megabytes liegt also bei 48 576 Bytes = ca. 47 kB.
Mehrfachrufnummer MSN	Bezeichnung für die Rufnummern eines ISDN-Anschlusses. Die Mehrfachrufnummern dienen der gezielten Adressierung der angeschlossenen ISDN-Endgeräte (MSN, Abkürzung für Multi Subscriber Number).
MMS	Abkürzung für Multimedia Message Service. Ermöglicht den Versand von Texten, Melodien, Bildern und Videosequenzen. Dabei ist die Nachrichtenlänge, Gestaltung und Dateigrösse nicht begrenzt – im Gegensatz zur herkömmlichen SMS. MMS wird ermöglicht durch gesteigerte Mobilfunkbandbreiten mit Techniken wie z. B. → UMTS oder → GPRS.
Mobile Tagging	Technologie, welche es erlaubt, dass Benutzer mit der Handykamera einen Code scannen können, um Informationen aus dem Web abzurufen.
Modem	Abkürzung für Modulator/Demodulator. Externes Gerät oder PC-Steckkarte zur Datenübertragung zwischen Computern über Wählleitungen des analogen Telefonnetzes. Der Modem wandelt digitale Daten des Computers in analoge Signale um und umgekehrt. Auch Schnittstellengeräte für Digitalverbindungen mit dem → Internet wie → ISDN, Kabel oder → DSL werden als Modem bezeichnet.
M2M (Machine-to-Machine, Mobile-to-Machine, Machine-to-Mobile)	Kommunikation zwischen Geräten mittels drahtloser Datenübermittlung. M2M ermöglicht die Überwachung und Steuerung von Geräten und Anlagen, das Abrufen von Daten und das Durchführen von Onlinetransaktionen.
Multimedia	Vom Anwender steuerbare Einbindung von Text, Grafik, Ton, Animation und Bewegtbild auf digitalen Plattformen, z. B. PC oder Datennetzen wie → Internet. Multimedia erleichtert in besonderem Masse die Bedienung durch Befehlseingaben per Maus. Kennzeichen: grafische Oberfläche mit Fenstern (Windows) und bildhaften Symbolen. Einsatzmöglichkeiten: für animierte Informationsdarstellung, Präsentationen und zur Unterhaltung, z. B. bei Computerspielen.
Nachrichten	Eine (elektronische) Nachricht wie z. B. ein E-Mail ist eine Datenmenge, die aus dem Nutzinhalt und Metainformation besteht. Der Nutzinhalt umfasst die Daten, welche vom Empfängersystem verbucht werden. Die Metainformation beinhaltet vor allem die Information über die Verarbeitung, speziell über das Senden.
Natel	Abkürzung für Nationales Autotelefonnetz. 1978 durch die PTT in Betrieb genommen.
Netiquette	Regeln und Gebote des Umgangs im Internet; Verstösse gegen die Netiquette können dazu führen, dass der Provider den Internetzugang, den Mailaccount oder beides sperrt.
Nutzkanal	Entspricht einer Telefonleitung im ISDN; beim Basisanschluss stehen zwei Nutzkanäle mit je 64 000 bit/s Datenübertragungsrate zur Verfügung.
Offline	Aus dem englischen «off line» (ohne Verbindung). Verbindungsloser Betriebszustand z. B. des PC.

Ökobilanz	Ökobilanz ist eine Methode zur Abschätzung der Auswirkungen eines Produktes und seines Herstellungsprozesses auf die Umwelt. Bei der Erstellung einer Ökobilanz werden die Lebensstadien Rohstoffgewinnung, Herstellung, Verarbeitung, Transport, Gebrauch, Nachnutzung und Entsorgung des zu untersuchenden Produktes bzw. Verfahrens auf ihre Umweltrelevanz untersucht.
Ökologie	→ Umweltschutz
Online	Aus dem englischen «on line» (in Verbindung). Zum Beispiel der Zustand der Verbindung eines PC mit Datennetzen oder beim Datenaustausch von PC zu PC.
Organisieren	Erstellen einer zielgerichteten Ordnung innerhalb eines Systems.
Pager	Funkrufempfänger; Tonmeldungen, numerische Botschaften und alphanumerische Meldungen können empfangen werden. Ideal für Gruppen- und Sammelrufe.
Paket	Eine Dateneinheit, die zwischen einer Quelle und einem Ziel im Internet weitergeleitet wird. Zusätzlich zu den übertragenen Daten enthält ein Paket Informationen, mit denen vernetzte Computer entscheiden können, ob sie das Paket empfangen wollen. Wenn eine Datei (z. B. E-Mail-Nachricht) von einer Stelle im Internet an eine andere gesendet wird, teilt die TCP-Schicht des → TCP/IP-Protokolls die Datei in kleinere Teile (Pakete) auf. Jedes dieser Pakete beinhaltet die Internetadresse des Ziels. Die einzelnen Pakete werden nicht zwangsläufig über dieselbe Route übertragen. Wenn alle Pakete angekommen sind, werden sie von der TCP-Schicht am Empfangspunkt wieder zur ursprünglichen Datei zusammengesetzt.
PDA	Abkürzung für Personal Digital Assistant. «Persönliche Digitale Assistenten» sind Computer im Westentaschenformat, sogenannte Handheld-PC. Oft verfügen sie über PC-Funktionen wie Büroprogramme (Textverarbeitung, E-Mail usw.). Sie werden auch als Organizer oder Palmtop bezeichnet.
Pflichtenheft	Organisatorische und/oder technische Vorgabe.
Phishing	setzt sich aus den englischen Wörtern Password, Harvesting und Fishing zusammen und beschreibt den betrügerischen Versuch über eine gefälschte Website zu vertraulichen Daten zu kommen, z. B. Zugangsdaten für das Internet Banking. Mittels Massen-E-Mails wird über ein «dringendes Kontoproblem» bei einem Dienstanbieter (z. B. Bank oder Online-Shop) informiert. Die Empfänger der E-Mails werden aufgefordert, eine bestimmte Website zu besuchen, um das Problem zu beheben. Obwohl die aufgerufene Website täuschend echt aussieht, führt der Link in der E-Mail zu einem Server unter Kontrolle der Hacker. Durch das Bestätigen der vertraulichen Daten – meist Anmeldenamen und Kennwort für ein Konto – gelangen diese Informationen in die Hände der Betrüger. Der Urheber der Phishing-Attacke kann die Identität des Opfers übernehmen und Handlungen in dessen Namen ausführen.
PIM	Personal Information Manager. Diese Software organisiert und verwaltet persönliche Daten wie Kontakte, Termine, Aufgaben und Notizen.
PIN	Abkürzung für persönliche Identifikationsnummer. Diese Geheimnummer dient als Schutz vor unberechtigter Benutzung, beispielsweise beim → Natel.
POP3	Abkürzung für Post Office Protocol, Version 3. Ein gebräuchliches Protokoll zum Empfang von E-Mail.
PPP	Abkürzung für Point-to-Point Protocol. Ein Verfahren, mit dem die Verbindung zum Internet über eine Wählverbindung hergestellt wird.
Prepaid-Karte	Auf ihr ist ein zuvor einbezahlter Betrag gespeichert, den der Handybenutzer abtelefoniert. Vorteile: die überschaubaren Kosten und die Unabhängigkeit vom Abonnementsvertrag.

Projekt	Projekte dienen dazu, aus einer Ausgangslage einen neuen Zustand bzw. ein neues Produkt abzuleiten. Das neue System bzw. das neue Produkt soll anschliessend während einer gewissen Dauer genutzt bzw. betrieben werden.
Projektarten	• Organisationsprojekte (Umstrukturierung, Rationalisierung) • EDV-/Informatikprojekte (Aufbau Informationssystem, Einführen neuer DB) • Bau- und Investitionsprojekte (Erweiterung der Fabrikationsanlagen) • Forschungs- und Entwicklungsprojekte (Produktentwicklung inkl. Vermarktung)
Projektmanagement	Oberbegriff für alle planenden, koordinierenden und steuernden Massnahmen, welche bei der Um- und Neugestaltung von Systemen und Abläufen erforderlich sind. Dabei steht nicht die Lösung selbst im Vordergrund, sondern das Vorgehen.
Protokoll	Vereinbarte Verfahrensvorschrift für den Aufbau, die Überwachung und den Abbau von nachrichtentechnischen Verbindungen. Das Protokoll enthält genaue Regeln für die Verkehrsabwicklung zwischen → Hard- und → Software unterschiedlicher Hersteller.
Provider	Ein (Internet-)Provider ist eine Firma, die den Internetzugang für Firmen, Privatpersonen, Vereine, Organisationen usw. anbietet.
Prozess	Eine Folge von Aufgaben, Tätigkeiten oder Funktionen, mit dem Ziel, eine bestimmte Leistung (Wertschöpfung) zu erbringen.
Prozessorganisation	Ausrichtung der internen Abläufe auf die Kundenbedürfnisse.
PST-Datei	Outlook speichert (fast) alle Daten in einem persönlichen Ordner mit der Dateiendung *.pst. Bei der Erstinstallation wird eine outlook.pst angelegt. Es können beliebig viele persönliche Ordner angelegt und verwaltet werden.
PWLAN	Abkürzung für Public Wireless Local Area Networks. Drahtlose Breitbanddatenübertragung. Stark frequentierte Orte, wie beispielsweise Flughäfen, Bahnhöfe, Konferenzzentren und Hotels werden mit der schnellen Datenübertragungstechnik (bis 2 mb/s) ausgestattet, sodass der Kunde diese mit → PDA und Notebooks nutzen kann.
Quadband	Quadband-Mobiltelefone unterstützen die vier Haupt- → GSM-Frequenzen und können in jedem GSM-Netz der Welt eingesetzt werden.
Recyclingpapier	Der richtige Name für die oft fälschlich verwendete Bezeichnung «Umweltschutzpapier». Dabei werden je nach Recyclinganteil eine bestimmte Menge an recycelten Papierfasern zugesetzt. Ein geschlossener Recyclingkreislauf ist bei der Papierherstellung nicht möglich.
Regeln	Regeln können für eingehende und ausgehende Mails erstellt werden. Mit Regeln können beispielsweise Mails automatisch in bestimmte Ordner verschoben, weitergeleitet, beantwortet, gedruckt oder gelöscht werden.
Roaming	Leistungsmerkmal zellularer Funknetze (wie z. B. Mobilfunknetze), das die Erreichbarkeit aktivierter Mobilstationen standortunabhängig in allen Funkzellen des gesamten Versorgungsbereichs eines Netzes sicherstellt. Roaming kann sich auch über gleichartige Netze verschiedener Netzbetreiber, wie beispielsweise beim internationalen Roaming im europäischen GSM-System, erstrecken (→ International Roaming).
Router	Ein Router verbindet zwei räumlich getrennte Netzwerke über eine Telekommunikationsleitung. Der Router stellt beispielsweise die Verbindung von einem Heimnetzwerk via → ISDN, → DSL oder TV-Kabel zu jenem eines → Providers her.

RTF, Rich-Text	Das Rich-Text-Format (RTF) ist ein Dateiformat für Texte, das von Microsoft 1987 eingeführt wurde. Es kann als Datenaustausch zwischen Textverarbeitungsprogrammen verschiedener Hersteller auf verschiedenen Betriebssystemen dienen.
Rückruf bei Besetzt	Leistungsmerkmal im ISDN. Eine Verbindung wird automatisch hergestellt, sobald der Besetzt-status am Zielanschluss aufgehoben ist. Nach Freiwerden des Anschlusses erfolgt die Signa-lisierung beim Anrufer. Sobald dieser dann seinen Hörer abhebt, wird die Verbindung auto-matisch hergestellt. Zuvor muss jedoch der Rückruf vom Anrufer an seinem Endgerät (Telefon) aktiviert werden.
Rufnummernübermittlung	Die Telefonnummer des Anrufers erscheint auf dem Display, bevor das Telefonat entgegen-genommen wird.
Rufumleitung	Ein ankommender Anruf wird an einen vorgegebenen Telefon- oder Mobilfunkanschluss wei-tergeleitet. Zwei Arten von Rufumleitung werden unterschieden: Die absolute Rufumleitung lenkt alle eingehenden Anrufe sofort um, während die bedingte oder fallweise Rufumleitung das nur unter bestimmten Bedingungen tut, etwa bei Nichtmelden.
Ruhe vor dem Telefon	Der Telefonanschluss kann für eine bestimmte Zeit für eingehende Anrufe ausgeschaltet wer-den. Für abgehende Verbindungen sowie den automatischen Weckdienst bleibt der Anschluss weiterhin offen.
SAR	Abkürzung für Spezifische Absorptionsrate. Dieser Begriff aus der Physik gibt die Grösse und das Mass für die Absorption von elektromagnetischen Feldern in biologischem Gewebe an; er wird in Watt pro Kilogramm Gewebemasse angegeben (W/kg). Häufig wird bei Mobiltele-fonen ein SAR-Wert angegeben. Dieser liegt bei modernen Geräten bei etwa 0,5 W/kg, unter dem von der Weltgesundheitsorganisation empfohlenen Grenzwert von 2,0 W/kg.
Schnittstelle	Als Schnittstelle werden Übergangsstellen zwischen Mensch und Maschine, verschiedenen Hardwareeinheiten (→ Hardware), verschiedenen Softwareeinheiten (→ Software) oder zwi-schen Hard- und Softwareeinheiten bezeichnet. Mit diesen Übergängen wird die sinnvolle Zusammenarbeit der beteiligten Einheiten erst möglich. Die gegenseitige Anpassung der Eigenschaften erlaubt den Informationsaustausch. Als Beispiel für eine Mensch-Maschinen-Schnittstelle seien hier die Tastatur und der Bildschirm eines Personalcomputers erwähnt.
Selbstdatenschutz	Internetbenützer müssen sich selbst vor den Gefahren im Informationszeitalter effektiv schüt-zen können und mit persönlichen Daten vorsichtig umgehen. Sie wissen, welche Massnah-men sie in Bezug auf Datenschutz und Datensicherheit ergreifen sollen und sind sich der Bedrohungen des offenen Netzes bewusst.
Sendebericht	Funktion von Faxgeräten, die Sendedaten protokolliert, z. B. Zielrufnummer, Zeit, Datum oder Fehlermeldungen.
Sendeerkennung	Kopfzeile, die Faxdokumenten automatisch hinzugefügt werden. Sie enthält z. B. Datum, Uhr-zeit, Name und Faxnummer des Absenders.
Server	Ein Server ist ein zentraler Rechner, der in einem Netzwerk Informationen zur Verfügung stellt.
Signal	Darstellungsform von Daten oder Informationen mithilfe einer physikalischen Grösse, wie z. B. elektrischer Spannung, Strom, Lichtintensität oder Schalldruck.
Signaturen	Die digitale Signatur ermöglicht, dass die Urheberschaft und Zugehörigkeit zur Nachricht geprüft werden können. Als Signatur werden auch die oft automatisch eingefügten Absenderangaben und Informa-tionen zur Autorin oder zum Autor am Ende eines Mails oder Newsartikels bezeichnet.

SIM-Karte	Abkürzung für Subscriber Identity Module. Chipkarte mit Prozessor und Speicher für GSM-Telefone, auf der die vom Netzbetreiber vorgegebene Teilnehmernummer gespeichert ist.
SIP	Das Session Initiation Protocol ist ein Netzprotokoll zum Aufbau einer Kommunikationssitzung zwischen zwei und mehr Teilnehmern. In der Internettelefonie ist das SIP ein häufig angewandtes Protokoll.
Smartphone	Vereint den Leistungsumfang eines Mobiltelefones mit dem eines → PDA.
SMS	Abkürzung für Short Message Services (Kurznachrichtendienst). Dient zur Übertragung von kurzen alphanumerischen Nachrichten mit Texten bis zu 160 Zeichen.
SMTP	Abkürzung für Simple Mail Transfer Protocol, mit dem der Versand von → E-Mail-Nachrichten gesteuert wird.
SNV	Schweizerische Normen-Vereinigung.
Social Media	Sammelbegriff für soziale Netzwerke im Internet.
Software	Sammelbegriff für alle in einem Computer verwendeten Programme. Die Systemsoftware bildet das Betriebssystem und ermöglicht die Kommunikation mit dem Computer. Die Anwendersoftware umfasst Programme, die für bestimmte Anwendungen des Benutzers zur Verfügung stehen (wie z.B. Textverarbeitungsprogramme) oder Programme zur Steuerung eines Gerätes.
Spam	Unerwünschte Werbebotschaften per E-Mail.
Spit	Der Begriff steht für Spam over Internet Telefony. Spit ist noch ärgerlicher als herkömmliche Massenmails: Das Telefon klingelt ständig und der Empfänger muss zum Aussortieren die Nachrichten alle abhören.
Spyware	Spionagemodul in der Software. Über einen Computer mit Internetanschluss können Marketingfirmen und Softwarehersteller mit einem – unbemerkt installierten – Spionageprogramm persönliche Daten über den ahnungslosen Internetsurfer sammeln.
Stand-by	Zeitspanne, während der zum Beispiel ein → Handy ohne Aufladen betriebs- und empfangsbereit ist. Die Dauer hängt ab vom Energieverbrauch, der je nach Hersteller, Gerät, Sprechzeit und Netz variieren kann.
Surfen	Surfen ist das beliebte (oft ziellose) Anklicken von interessanten Links.
TCP/IP	Abkürzung für Transmission Control Protocol/Internet Protocol. Übertragungsprotokoll für Netzwerke. Überwiegende Anwendung bei der LAN-/Internetkommunikation.
Telefax	Bezeichnung für Fernkopieren (Kurzform Fax). Zur originalgetreuen Übertragung von Texten, Grafiken und Dokumenten über das Telefonnetz.
Telefonie	Form von individueller → Kommunikation. Die Telefonie ist die bedeutendste und leichteste Art, Informationen rasch und im Dialog auszutauschen. Von allen Kommunikationsformen hat die Telefonie weltweit die grösste Verbreitung.
Telekommunikation	Datenaustausch über die Telefonleitung.
Telematik	Aus dem Französischen (Télématique) stammender Begriff. Er bezeichnet die Informationsform, welche durch das Zusammenwachsen von Telekommunikation und Informatik entsteht.
Toner	Die «Farbe» der Kopiergeräte und Laserdrucker. Hauptsächliche Bestandteile sind bei schwarzem Toner Russ und Harze.

Track & Trace	Sendungen, welche mit einem Barcode versehen sind, können auf dem Transportweg verfolgt werden. Auch via Internet kann festgestellt werden, wo sich die Sendung gerade befindet und wann sie der Empfänger erhalten hat.
Triband	Handys, die auf drei Frequenzen, also in drei verschiedenen Netzen, funken können. Sie nutzen sowohl die in Europa üblichen E-Netze auf etwa 1 800 MHz als auch die D-Netze auf 900 MHz. Zusätzlich können sie auch auf der Frequenz 1 900 MHz funken, die zum Beispiel in den Ballungsgebieten der USA benutzt wird.
TVA	Abkürzung für Teilnehmervermittlungsanlage. TVA ist ein privates, autonomes → Vermittlungssystem und wird auch → Haustelefonzentrale genannt. Ihr können bis mehrere tausend → Endgeräte angeschlossen werden.
Twitter	Englisch für «zwitschern». Ist eine kostenlose Internetanwendung, bei der Kurznachrichten (Tweets) mit maximal 140 Zeichen publiziert werden können. Das Schreiben dieser Nachrichten nennt man twittern. Wenn gewünscht, kann man Tweets von bestimmten Absendern abonnieren.
Übertragungsrate	Die Anzahl Bits pro Sekunde, die z. B. im Telefonnetz oder ISDN vom PC oder Faxgerät übertragen werden.
UMTS	Abkürzung für Universal Mobile Telecommunications Systems, auch 3G genannt, die dritte Generation der Mobiltelefonie. Sie soll in Zukunft → GSM ablösen. UMTS ist ein mobiler Breitbanddienst mit einer sehr hohen Geschwindigkeit; verschiedene Transportprotokolle (wie GSM oder WAP) werden unterstützt. Auf UMTS-Handys kann wie am PC im Internet gesurft werden, es lassen sich Videos abspielen oder Videokonferenzen abhalten.
Umweltschutz	Zusammenfassende Bezeichnung für alle Massnahmen, welche die Biosphäre (= der von Lebewesen bewohnte Raum) vor schädigenden Einflüssen schützen und gegebenenfalls eingetretene Schäden beseitigen oder mildern sollen. Umweltschutz umfasst insbesondere die Bemühungen zur Reinhaltung von Luft und Wasser, die Abfallbeseitigung, den Lärm- und Strahlenschutz sowie die Überwachung von Lebensmitteln und Arzneien.
Upload	Datentransfer bei Onlineverbindungen, wobei Dateien von dem eigenen PC auf einen anderen PC oder zu einem Datennetzserver übertragen werden.
URL	Abkürzung für Uniform Ressource Locator. Bezeichnet eindeutig die Adresse eines Dokumentes im Internet. Dabei werden ein gewünschter Dienst (z. B. http:, ftp: oder mailto:) und ein Ziel (z. B. //www.verlagskv.ch) angegeben.
Usenet	Teil des Internets, in dem die Newsgroups zu finden sind. Diese digitalen schwarzen Bretter können mit einem Newsreader (z. B. Outlook Express) gelesen werden.
Vermittlungssystem	Ein Vermittlungssystem hat die Aufgabe, einen Nachrichtenpfad zwischen beliebigen → Endgeräten bereitzustellen.
Verteilerliste	Mit einer Verteilerliste kann eine Gruppe von Adressaten, die immer wieder via E-Mail angeschrieben werden, zusammengefasst werden.
Videokonferenz	Konferenz, bei der Personen, die sich an verschiedenen Orten befinden, über eine Bild-, Ton- und Datenverbindung miteinander kommunizieren können. Neben dem Videobild und der Sprache können auch Texte oder Bilder übertragen und bearbeitet werden. Videokonferenzstudios und multimediale PC ermöglichen diese Kommunikationsform.

Virtual Private Network (VPN)	Das virtuelle private Netz besteht aus mindestens zwei Teilnetzwerken (bzw. Teilnehmern), die über öffentliche Leitungen (z. B. das Internet) miteinander verbunden sind und bei dem die Vertraulichkeit, Integrität und Authentizität der Daten bei der Datenkommunikation gewährleistet werden soll.
Virus	Ein Programm, das entwickelt wurde, um sich zu replizieren und auszubreiten, im Allgemeinen ohne Wissen des Benutzers oder der Benutzerin. Ein Virus repliziert sich, indem er sich an ein anderes Programm, einen Bootsektor, einen Partitionssektor oder ein Dokument, das Makros unterstützt, anhängt. Viele Viren vermehren sich einfach nur; viele fügen auch Schaden zu. Ein Virus kann z. B. über ein Attachment, das per E-Mail empfangen wurde, auf den Computer gelangen.
Vishing	→ Phishing via Telefon, abgeleitet von Voice Phishing. Beim Vishing werden Benutzer über Internettelefonie aufgefordert, persönliche Daten preiszugeben.
Visitenkarten, vCards	Eine elektronische Visitenkarte zur automatischen Aufnahme ins digitale Adressbuch.
VoIP	Voice over Internet Protocol ist ein allgemeiner Begriff für die Übertragung von Sprache über paketvermittelte Datennetze auf der Basis des Internetprotokolls. Der VoIP-Verkehr kann über ein kontrolliertes privates Netz, das öffentliche Internet oder eine Kombination der beiden Netze erfolgen.
WAP	Abkürzung für Wireless Application Protocol. Protokoll für die Übermittlung von speziell auf Handydisplays zugeschnittenen Internetinhalten und Onlineservices.
Webbrowser	Eine Softwareanwendung, die durch Bereitstellung einer grafischen Benutzeroberfläche die Navigation im Internet erleichtert.
Webseite	Eine einzelne Seite (Dokument) eines Webauftrittes.
Website	Mit Website wird ein komplettes Webangebot oder ein Webauftritt bezeichnet, das/der aus mehreren, auch sehr vielen untereinander verbundenen Seiten bestehen kann.
Wiki	Sammlung von Webseiten, die von den Benutzern nicht nur gelesen, sondern auch direkt online geändert werden können. Wikis ermöglichen es verschiedenen Autoren, gemeinschaftlich an Texten zu arbeiten.
WLAN	Abkürzung für Wireless LAN. Drahtloses, lokales Netzwerk.
WWW	Abkürzung für World Wide Web. Bibliothek aus Ressourcen im Internet. Die Dokumente sind auf einzelnen Internetseiten gespeichert. Grundlage des WWW ist → HTML (Hypertext Markup Language). WWW-Seiten sind über Internetadressen, die sogenannten → URL (Uniform Resource Locators), aufzufinden. Das verwendete Protokoll wird als → HTTP (Hypertext Transfer Protocol) bezeichnet.
Zellstoff (Zellulose)	Das Holz wird zu Schnitzel verkleinert, und unter Beigabe von Wasser und Chemikalien werden diese gekocht, sodass die Fasern herausgelöst werden. Zellstoff dient zur Herstellung von höherwertigen Papieren; sie werden auch «holzfreie Papiere» genannt, weil sie die typischen Holzbestandteile nicht mehr enthalten.
Zielwahlspeicher	Häufig benutzte Rufnummern lassen sich auf Zielwahltasten speichern. Per Tastendruck wird dann die komplette Rufnummer gewählt.
Zugangscode	→ PIN oder → Kennwort